援助論教育と物語

対人援助の「仕方」から「され方」へ

Oyama Satoko

小山聡子

生活書院

まえがき

——身近な他者との敬意に満ちたコミュニケーション

これは、別に社会福祉領域でなくとも人が生きて生活していく上でごく当たり前に実行すべきことであり、人格形成期を通じて普通に教えられることでもある。私たちが身近な他者に対して失礼のないようにふるまい、協力関係を築こうとするのは、なぜ（why）とか、どうやって（how）以前の、または以外の部分で「常識」とも言えよう。

社会福祉援助活動においてたたきこまれる受容や傾聴、共感という「ふるまい」はこうした「常識」的行為と見かけは同じであるとも言えるし、さらに言うなら接客業のマニュアルに記載されているかもしれない「二倍の笑顔」のような行為とも共通点があるだろう。この「ふるまい」としての共通性や類似性が「道具」としての受容や傾聴、共感の立場を危うくしているというのが本書の出発点である。

縁あって障害福祉について学び、障害者支援施設に勤務し、ソーシャルワーカーを自認するようになった私は、どのような専門職者でも抱くであろう単純な思いを持った。

——より優れたソーシャルワーカーになりたい

このフレーズのソーシャルワーカーという職名の部分に数多ある職業の名前を入れてみればよい。それはまともに努力をしようとする大人であればだれもが抱く感覚であろう。「より良い」仕事をし、または「より良い」仕事をする後身も育てるという、まっとうで単純な希望は、しかしながら二〇〇〇年代の前半を境にそう無邪気に言い募ることが難しいという現実に直面することになる。

本書はそのように感じ、考えるようになった、ここ一〇年ほどの間に私自身が所属先の大学で展開してきた教育実践をまとめたものである。教育実践であるから、当たり前ながらそこには受け手としての学生がいて、楽しかったり知的な興奮に満ちていたりする一方で、苦しかったり萎えてしまったりといった日々の現実が「関係」として常にあった。この教育という「関係」のあり方を、対人援助の領域に絞り、「物語」というキーワードをもとにまとめてみた。

私たちひとりひとりのより多様なありかたを保障し、権利侵害のない状況を保つために、そして多様な他者同士の間に生まれる摩擦を解消する知恵を獲得するために、冒頭に述べた「敬意に満ちたコミュニケーション」は諸刃の剣となることを自覚しつつ物語をスタートしたい。

援助論教育と物語――対人援助の「仕方」から「され方」へ　目次

第2章　概念理解と物語

第3章　物語を通した他者理解

私が大学の社会福祉学科で、ミクロソーシャルワークを担当するものとして、新入時の初学者に対して易しいことばで援助について語る時の定義づけは次のようなものである。

——対人援助とは、良かれと思って誰かに関わること。相手の役に立つようにふるまうこと。例えば、介助する・見守る・話を聞く・相談に乗る・支持する・励ます・教える・叱る・代わりに何かをする（代行とか代弁）・こんがらがった人間関係を調整するなど。

まともに常識を兼ね備えた社会人であれば特段の教育訓練を受けずとも行えそうな内容である。今日ソーシャルワーク一般に限らず、職業としての対人援助は、必要な人に対して的確に支援の手を届けるという意味でますます重要であると同時に、対象規定が恣意的であるとか、職域拡大におけるサービス提供側の利益確保が優先されているといった批判にもさらされるという困難に直面している。はたして対人援助とは、特別な教育訓練によってより質の高いものになりうるのか、はたまたむしろ「しろうと」同士の助け合いの方が有効に働くものなのか。このような問いは、どの立ち位置から見るかによってはいかにもばかばかしい内容とも言えるだろう。今に始まった議論ではなく、また次元を替えればどちらとも言いうることだからである。かように、決して一筋縄ではいかない援助の仕事の中でソーシャルワークについて見てみよう。国際ソーシャルワーカー連盟によるその定義は次のとおりである（1）。

――ソーシャルワーク専門職は、人間の福利（ウエルビーング）の増進を目指して、社会の変革を進め、人間関係における問題解決を図り、人々のエンパワメントと解放をうながしていく。ソーシャルワークは、人間の行動と社会システムに関する理論を利用して、人々がその環境と相互に影響し合う接点に介入する。人権と社会正義の原理はソーシャルワークのよりどころとする基盤である。

つまり、ソーシャルワークにおいては、私が易しいことばで表現したようなミクロな対人援助を含みつつも、第一義的には社会変革が目指されていることがわかる。そして、いわゆるミクロソーシャルワークに絞るにしても、その介入対象は「人々」と「システム（制度）」の交互作用に対してということであるということになっている。さらに、そうした援助活動の背後には、価値と倫理がよこたわっており、その中には、健康の追求や病の回復といった、一見我々の日常生活においては当たり前すぎて暗黙の背景に溶け込んでしまっているような諸種の事柄も含まれている。ただ、これから論じようとする援助活動においてはひとりひとりの生きづらさを軽減し、より多様な存在の共存をめざすためには、これら暗黙の了解とされているような内容にも再度検討の目を向け、いわゆる「価値の増殖」（石川 1999：51）ということを考えて行かねばならないだろう。「価値の増殖」とは、特定の方向に向けて人に適応を迫り、そのために治療したり、訓練したりするだけではなく、そのままの姿で生きていけるように社会体制を整え人間関係を変化させていくことを意味する。これらは当然社会変革の中で追及されるべきことであろう。定義の上では明言されている社会変革が具体的にソーシャルワーカーの仕事の中でどれほどまっとうに追及されうるのか、特にミクロな支援実践に携わる現場の一人一人がこのことを決して忘れないための教育とは何かを考えつづけたいというのが本書の第一目標である。

1　私とソーシャルワーク

『援助論教育と物語』と題する本書を始めるにあたって、まずは私自身を少々物語っておきたい。私は、大学で社会福祉学を専攻し、足かけ十数年にわたる障害領域のソーシャルワーク実践に携わった後、大学教員になった。社会福祉士教育における相談援助演習などを担当し、現在でもアイデンティティの半分がソーシャルワーカーである。

もともと社会問題と呼ばれる状況や、社会構造の矛盾に対して課題意識を持って社会福祉学科への入学をしたため、大学生時代には社会運動に興味を持ち、ソーシャルワークで言えば、どちらかというとマクロな側面に関心を抱き、学生自治会の活動に携わってもいた。ただ、恩師の勧めにより卒後直後に就職した先は、脳性まひを中心とする障害のある子どもたちの利用する病院（医療法人）かつ施設（社会福祉法人）であり、学齢前の幼児に対する「遊び」の保障や、直接介助という、究極のミクロ実践としての対人支援の仕事をスタートしたのである。個人を中心に同心円状に広がる援助実践がメゾ、マクロと位置づき、関連づけられるイメージで当時の仕事を認識しようと努力する一方で（末広 1983）、私自身は保育も、そして直接的なケアについても専門的には学んでこなかったという若干の違和感を併せ持つ時期であった。

その後、勉強を継続しようと留学した北米の大学院での専攻がリハビリテーションカウンセリングであったため、私自身の興味は対個人支援の理論と技法へと大きく傾いて行った。当時の教科書に「Helping People Change」(2)というタイトルのものがあったように、まさしく個人が変容することを手伝うということである。ちょうど重度身体障害者を中心とする自立生活運動の理念と方法が脚光を浴び、リハビリテーション法に自立生活に関する章が付加される時代ではあったものの(3)、北米のリハビリテーションカウンセリングは、もともと職業リハビリテーションからスタートしているため、いかにして障害者を職業生活に戻すか(=納税者へ)という部分での理論や技法の学びが多かったと言える。

そんな私が帰国後ついた職業は、知的障害のある成人の入居型施設における生活支援員(当時の職名は生活指導員)だった。当時はまだ措置制度時代であり、ある意味でパターナリスティックな援助手法に染まった部分もあると自覚している。今にして思えば、中軽度の知的障害者も入居しておられたが、家族を説得して何とか地域に移行することに向けた努力をしようという発想は足りていなかったし、いわゆる「担当の」利用者のことについては私に聞いてくれと言うような傲慢な感覚もあったと自覚している。

入居型の成人知的障害者施設の次についたのが、国立の総合リハビリテーションセンターにおけるソーシャルワーク職である。ここでは約一〇年間肢体不自由や視覚障害のある利用者への支援を行うことになった。九〇年代の半ばまで勤務することになった当該リハビリテーションセンターにおいては、それまでに行った援助実践の中で最も「ソーシャルワークらしい仕事」を遂行したという気持ちがあり、そのプロセスではおおむねソーシャルワークというものを、個人もシステムも、そして制度も見渡せる「すてきな仕事」であると認識していた。これはもちろん生活モデルの考え方に基づく認識である。ちょうど精神保健福祉士法についての議論が展開した時期でもあり、賛否両論ある議論の渦中で、当該センター独自にリハビリテーションソーシャルワークの専門性ということについて調査をし、検討もした(小山 1995)。根底には、より「専門性」の高いワーカーになり、もしくはそのようなワーカーを養成して、より「間違いのない支援実践」にとりくみたいという、ある意味真面目でまっとうで、かつ無邪気な希望があったと言える。

大学で社会福祉学科の教員になってからも、私自身は個別援助の方法論がソーシャルワーク体系の中にどのように位置づけられるかについて考え、特に日本の社会福祉教育の中ではあまりメインにとりあげられることのないカウンセリングの理論と方法について長らく三年生対象のゼミでとりあげてきた。各理論における人間観や、不具合とは何かについての基準、そして改善する（治る）とは何を意味するのかということがそれぞれに違っていても、それらを折衷しつつ、共通項としてはリレーションを築くことによって個人が自己変容していくことの妙味を最重要事項のひとつととらえてきた（國分 1980）。使うべきところに自分のエネルギーを投入できる「合理的な」個人、ないしは社会変革に向かう「強い」個人を目指した支援ができるからでもある。

一方、一九九〇年代の半ばごろから、関連する学会に参加したおりなど、私の耳に「ナラティヴ」とか「ナラティヴ・アプローチ」と言う言葉が入ってきて、当時はその根底に社会構成主義というような現代思想の一端があるということを知る由もなかったが、いずれにしても単純に属性モデルで語る専門職性の危うい足元が少しずつ自覚されるようになる。阪神淡路大震災を契機に一九九七年には日本福祉のまちづくり学会が設立され、立ち上げ時から学会運営にかかわるようになったこともあり、対個人支援というよりも取り囲む社会環境改変に着眼する活動の重要性を改めて自覚するようになった。その後二〇〇〇年には、社会福祉領域のありかたに大きなインパクトを与えることになる社会福祉法の改正と介護保険制度のスタートによる措置から契約への転換があった。さらに私自身に大きな影響を与えることになる障害学会が二〇〇三年に設立され、障害とは何かをめぐる社会モデルの議論に身を置くようになる。当初、私自身は生活モデル（交互作用モデル）に基づく障害理解の中に、個人にも環境（制度）にも同時に対応する理想像を見出していたが、障害学における議論の中でその不十分さを自覚するようになっていったのである。

2 ソーシャルワーク批判と物語

障害学におけるソーシャルワーク批判は、かなり厳しいものである。特に生活モデルに基づいて、対制度政策の機能をうたいつつも、現実は対個人及びごく狭い範囲の仕事が中心であるといった意見がひとつ。これは、当該の業務につくワーカー個人を責めるというよりは、個人モデルによる職業構造の中で現実問題としてそのようにしかなり得ないことを俯瞰した見解である（杉野 2007：252）。生活モデルを眼高手低と表現する論もある（松岡 2012：187）。障害の社会モデルの見解によれば、障害を環境サイドの不備による抑圧の経験ではなく、個人が克服すべき悲劇としているという批判になる（Oliver et Sapey 2006：22-23, 46）。また、前述のナラティヴ・アプローチがよって立つ理論であるところの社会構成主義の考え方に基づけば、ソーシャルワークに限らず、あらゆる援助実践は、客観性や科学性という名のもとに専門職の価値観をおしつけ、治る方向を限定し、権力関係に巻き込むといった物言いも成り立つのである。

つまりこれらの批判は、ソーシャルワークやソーシャルワーカーに対してのみ向けられているというわけではなく、対人援助一般、ひいては第1章に述べるとおり、制度としての専門職一般への批判に関連づく動向の中にあり、どのような文脈で語られたものかという判断および内容の確認は丁寧になされなければならないだろう。ただ、いずれにしても私自身が専門にし、より良いものにしようと努力してきたミクロなソーシャルワーク実践をして「不十分な制度を背中にしょった利用者懐柔のわざ」のように言われることには残念さと心外さを禁じ得ない思いがあった。

もちろん、確かにこうした批判には真摯に耳を傾けるべき意味があるだろう。例えば、ミクロなソーシャルワークで取り上げられる技法の数々をそれのみ取り出して検討した時に、売り上げ倍増を目指すホスピタリティー産業における「おもてなし」とどこが同じでどこは違うのかを問うてみる。すると、「受容・傾聴・共感」という援助関係を構築する時の根本原則ひとつとりあげても、論者によってその根拠、目的と、それを遂行しようとする時に起きる援助者側の感情処理において、微妙に違った見解が示されていることがわかる。つまりソーシャルワークの枠内で行われる現下の教育内容には整合性の問い直しが課されるのではないか。

3　方法かつ対象としての「物語」

さて、こうした問いに直面して、「物語」と言うタームに着眼したのは、一義的には、二〇〇〇年代に入ってから前述のナラティヴ・アプローチとの関連で社会構成主義の考え方に大きな影響を受けたからである。客観と言う状況は存在せず、どのような「知」も権力性を帯びており、論じる自己を不可視化した議論など無効であるというつきつけは、私にとって非常に新鮮で衝撃的なものであった。また、私自身がもとより読書好きで、小説を読みながらそこに自分の専門活動領域で流通している概念を当てはめて解読したり、また、我が子が幼少期に持ってきた童話や民話などが概念理解のたとえ話として使えて面白いと思ったりしてきたせいである。物語的把握は我々の認識活動にとって一つの本質的な型になっていることが認められている（青柳 1996：48）。

ただ、「物語」とは何かということを学ぼうとすればするほど、それはいかに超ジャンル的な存在であるかが自覚され、枠組み設定は困難に感じられた。社会構成主義を論じるガーゲンは「これまでにも、語りの特徴を明らかにしようとする多くの試みが、文芸理論、記号論、歴史記述、社会科学などの領域でなされてきた。」と論じている。「物語」は現在最も領域横断的なテーマとして復権しつつあるとも言われる（野矢 1996）。私自身は、「物語論」の森で迷子になることなく、かつその森の探索をあきらめることなく継続的に研究することを心に誓いつつも、大学での二〇年近い教育実践における試みを、現在の私が理解しうる範囲の「物語」を軸にひとまずまとめることによって、同じく迷い悩みながら日々の対人援助や教育実践に取り組む人々との議論の場を開き、かつこれからの作戦を練ってみたいと考えた。

4　本書の目的と構成

これらの内容を踏まえて本書の目的は、前述の「困難」に直面した私が行ってきた教育実践をあるがままに提示し、ソーシャルワーク教育の在り方を巡る議論の一助とすることである。それは特にミクロソーシャルワーク教育（4）における面接のイロハが、社会変革をおざなりにしたまま、陰に陽に個人内変容を強要する技としてネガティブな評価を受けた挙句、単純に棄却されてしまうのではなく、かといって防御的に従前のやり方に固執するのでもない方法の考察に結びつくべきものである。つまり、ソーシャルワーク全体におけるそれらの位置づけを再考する議論が必要だと考えた。

ただし、物事には一〇年先二〇年先を見据えたドラスティックな改革論議がある一方で、たとえ不十分な制度環境という制約のもとでも、今日明日レベルで人々の安寧を探さねばならないというように、いくつかの観点が同時に存在する。そしてそれらの観点は、それぞれの文脈から外して単純に並べ検討した時には大いに矛盾する側面を含んでいる場合も多い。私自身は、現に社会福祉士教育を含む対人援助職の養成に携わっており、今あるソーシャルワークの枠組みを前提としたうえで、その働きをより良きものにするにはどうすればよいかというスタンスで論じるものであることを断っておきたい。それはある種の限界として本論に枷をはめるとともに、より現実的な議論に資するものともなると考えている。とりあえず自分のよって立つ枠組みの内外から聞こえる批判の声に誠心誠意耳を澄ますという仕事をしたいと考えている。

本書においては、主として社会構成主義にいう「物語」を想定しつつ、次のような構成で教育実践記述を中心にとりあげる。第1章では、まず本書をつらぬくキーワードとしての「物語」について概観する。前述のように超ジャンル的存在の物語であるが、ここでは現代思想の流れにおける言語重視の考え方を簡単に辿り、その上でいくつかの来歴を持つと考えられる社会構成主義の、物語叙述を巡る系譜に注目する。その上で社会福祉領域の内外で提起されるソーシャルワーク批判というものについて、カウンセリング批判を含めて検討整理し、そうした批判対象の一つである「受容・傾聴・共感」という面接技法のイロハを説く時のソーシャルワーク教育内の不一致について確認する。

第2章では、対人援助関係の概念理解にあたって「物語」を利用した教育実践を論じる。ここで取り上げる概念は、「物事が、ああも見える、こうも見える」と言うシステム論的な見方、及び共感的態度が「関係」に及ぼす影響の二点である。題材としては、まず子どもの読む昔話や童話、次に比較的アクセスの容易な小説何点かを取り上げる。第3章では、1章で見た社会福祉援助教育における「受容」概念の脆弱さをふまえた上で、それを読み替えた「他者理解」を追及するために小説を中心とする「物語」の読み説きを利用した導入的教育実践について論じる。

第4章は、「物語」が必ずしも言語的手段を必要としないこと、及び言語を介した認知理解のみでは解決されえない、ないしはむしろつながりを硬直化させてしまう対人関係について感知した上での「わかり合い」の教育について、非言語メッセージに着眼した演劇的手法による援助論教育の事例をとりあげる。

第5章〜第7章は、教員–学生関係という一種の援助関係がはらむ両者の非対等性を自覚し、かつ学生メンバー同士の平らな関係構築に留意しつつ、自分たちの中にあるドミナント・ストーリーを明らかにしようとした語りの実験報告である。第5章では、「恋愛」という二〇歳前後の学生にとって最もホットで身近なテーマを巡る語り合い、第6章は第4章でも取り上げた演劇的手法と構造論的な物語モデルを使ったお話づくりの実験、そして第7章は「就職」というこれまた学生にとって喫緊のテーマを巡る語り合いを通した気づきの実験である。

これらはどれも、前述のような来歴を持つ私自身が、一教員として誠実に援助論教育に向き合おうとする過程で行われたいくつかの実践であり、2章は担当する一年次基礎演習の導入授業の内容である。3章と4章は勤務先の学内倫理委員会の許可を得て行った教育実践を対象とする研究成果である。また5~7章は三年次ゼミメンバーと共有した社会構成主義をめぐる議論の末に行った語りの実験を、共同名義で文章に残した実践記録である。一時も止まることなく援助論教育の実践を続けていく立場の者として、短期的及び中長期的スパン(5)で何が言いうるのか、何を改変していかねばならないのかを探してみたい。

[註]

(1)二〇一四年七月にメルボルンで開催される国際ソーシャルワーカー連盟(IFSW)及び国際ソーシャルワーク学校連盟(IASSW)の総会において本定義の改定案が採択される予定となっているが、「社会変革」が冒頭に置かれることに変化はない。

(2)Helping People Change は対人援助にかかる各種のカウンセリング理論と技法について論じたテキストブックである。
Kanfer, Frederick & Goldstein, Arnold ed.(1980)*Helping People Change A textbook of Method Second edition* Pergamon Press.

(3)北米のリハビリテーション法は職業リハビリテーション法からスタートして、一九七三年に「職業」の文字をとった包括的なリハビリテーション法に改正され、その後何回かの大統領拒否権発動を経て、一般雇用を目さす就労以外の自立生活をもそのゴールに含むものとして自立生活に関する1章を含みこむようになったのが一九七八年のことである。

(4)ここで言うミクロソーシャルワーク教育は、すなわち本書のタイトルに含まれる「援助論教育」とほぼ同義である。ただ、援助論教育とは、筆者が担当する社会福祉士の指定科目としての社会福祉援助技術論(相談援助の理論と方法）や社会福祉援助技術演習（相談援助演習）、社会福祉援助技術現場実習等の他に、入門レベルの基礎演習及び人間関係コースのアイデンティティ形成科目（フィールドワーク）、そして筆者の担当する社会福祉演習（三－四年次のゼミナール）など、社会福祉援助について取り扱う科目一般の内容を広く示すものとする。

（5）筆者は、次元や目標に至る時間の想定ごとの検討を、便宜上次のように整理してきた（小山 2011：11-12）。第一が諸サービスを利用する中で、ないしは利用すべきサービスの決定的不足を感じる中で現状の仕組みに疑問を抱き、社会運動に取り組むいわゆる「当事者」の視点、第二が現行の法制度の中に組み込まれて日々働くソーシャルワーカーとして、その仕事を今日明日レベルの時間的スパンの中で少しでも良くしようとする観点、第三が制度的な限界や矛盾を認識しつつ、中長期的スパンで仕組みを変えることを視野に入れた例えば研究者の視点、第四がソーシャルワーカーや社会福祉職と名乗らずともその働きの中にソーシャルワーク機能を活用しつつ現状を少しでも良くしようとする視点、第五が今後の支援を担う人（「当事者」がその任を担うべきことを含め）に対して、目指すべきあり方について伝えていく視点である。

［文献］

青柳悦子（1996）「物語の潜在構造」土田知則他編著『現代文学理論　テクスト・読み・世界』新曜社、41-48

石川准（1999）「障害、テクノロジー、アイデンティティー」石川准・長瀬修監修『障害学への招待』明石書店

國分康孝（1980）『カウンセリングの理論』誠信書房

杉野昭博（2007）『障害学　理論形成と射程』東京大学出版会

松岡克尚（2012）「交互作用モデルの課題と社会モデル」一般社団法人日本社会福祉学会編『対論社会福祉学４　ソーシャルワークの思想』中央法規出版、174-198

野矢啓一（1996）『物語の哲学　柳田國男と歴史の発見』岩波書店

Oliver, Michael and Sapey, Bob（2006）*Social Work with Disabled People,third edidion,* Palgrave Macmillan.

小山聡子（1,995）「ソーシャルワーク専門分化におけるリハビリテーション・ソーシャルワーク」日本女子大学社会福祉学科・日本女子大学社会福祉学会『社会福祉』35号、181-193

小山聡子（2011）「障害学とソーシャルワーク、シンポジウム開催趣旨」障害学会編『障害学研究』明石書店

末広聡子（1983）「療育施設におけるリハビリテーション」小島蓉子編『社会リハビリテーションの実践』誠信書房、3-26

第1章
対人援助と物語

1　本書における物語

前述のとおり、筆者が物語に注目したのは、社会構成主義の言説に触れたからである。ただ、社会構成主義自体が、Social constructionism の言語を社会構成主義と訳すか、構築主義と訳すかということに関連しつつ複数の系譜を持ち（千田 2001：9）、かつその背後にはソシュールによる言語の発見、すなわち構造主義の思想が強くこだましている（上野 2001：ii）ことがわかる。また、さらに探っていくと、レヴィ・ストロースの「発見した」プロップの物語形態学のように、構造主義の原型を作ったとされるロシアフォルマリズムがあることもわかる（青柳 1996：47）。「物語」の概念がすぐれて超ジャンル的であることを十分に自覚しつつ、本書で必要な範囲を社会構成主義における「物語叙述の系譜」と定め、その中で扱う「物語」の意味するところをまとめておきたい。

一九九二年にマクナミーとガーゲンは〝Therapy as Social construction〟を著して、野口らがそれを翻訳紹介した（Gergen et al 1992=1997）。後の野口は、このあたりの時期からソーシャルワーク界において社会構成主義を巡る反響を感じるようになったと記している（野口 2005：240）。ガーゲンらは、「今日『問題』をつきとめ『治療』を施すといった科学的な改善方法への楽観的信頼はかなり揺らいでいる」と記し、心理学者の立場から様々な分野よりよせられる批判や新たな模索について、「押し寄せる波」と表現した（McNamee & Gergen 1992=1997：15）。すなわち、心理学におけるセラピスト自身から、そして家族療法家、コミュニティー心理学、フェミニズム、現象学、コンストラクティヴィズム、解釈学さらに精神疾患患者だった人々自身からそれぞれに「科学者としての治療者」という従来の見方に変わる方法論が生み出されるようになったという。これらの方法を統合する手段となるのが「社会構成主義（Social constructionism）であるとし、次のように説明をした。

我々が真実としたり、正しい事であると判断したりする時の基準は、社会や人間関係の中に埋め込まれているため、これまでの科学知識を合理的で優れたものとだけはせず、それらは、むしろそれ以外の見方を抑圧しながら文化的歴史的に採用されたプロセスであると見る。そしてこのような考え方に影響を与えたのが文芸批評や修辞学、記号論などの分野であるというのである。複雑で膨大なこれらの研究から導き出される最も重要なメッセージは、我々の見ている「現実」は、その用いる言語体系によって導かれ、同時にそれによって制約されるという考え方である。こうしたものの見方はおそらく次節で述べるソーシャルワーク批判の根底にある最も大きな思想的うねりの一つと言えるであろう。

ただ、社会構成主義における主張及びその来歴は決して一枚岩ではないことを千田は説明している（千田 2001）。千田は構築主義の定義をざっとたどり、その外延を支持する暫定的な規定として三点挙げた。一つは社会を知識の観点から検討しようという思考を持つこと、二つは、それらの知識は人々の相互作用によって絶えず構築され続けていることに自覚的である必要があるということ、三つは、知識は広義の社会制度と結びついていると認識しなくてはいけないという以上三点である。ソーシャルワークに限らず専門職批判というのは特にこの三点目からくることが多い。すなわち特定の人々について病気や不具合があると誰が規定し、進む方向を誰が決める権限を持っているかという点である。

さらに千田は、複雑な構築主義を三つの系譜に分けて整理した。すなわち、①社会問題を巡る系譜、②物語叙述を巡る系譜、③身体を巡る系譜の三つである。本書では、その中の物語論の系譜を議論の際の理論範囲とする。その理由は、筆者自身がもともと野口の紹介したナラティヴ・アプローチから勉強を始め、社会心理学者のガーゲンにたどりついたこと、そして教育において大切に取り上げるのが「物語」や「語り」だからである。この物語叙述を巡る系譜には、歴史叙述の問題（どのような現実もある特定の視角から問題化されたものに過ぎないという主張）と、物語性への着眼（個々の出来事や記憶はある物語の中で解釈されて、初めて意味を持つ）があり、本書では主として後者を取り上げている。

そうなると、本書で言う「物語」とは第一義的には「ナラティヴ」のことになる。ナラティヴとは「語り（という行為）」と「物語（という語られた結果の成果物）」の二つを含んだ総体のことである。（野口 2009：1）そして、ナラティヴ・アプローチとはこのナラティヴの考え方を使って何らかの現象にアプローチする方法のことである。従ってナラティヴの分析が目的なのではなく、ナラティヴという概念を使用して何らかの現象に迫ることが目的となる。この説明でいけば、本書はミクロソーシャルワーク教育における「ナラティヴ・アプローチ」の書ということになる。以下に野口による説明を振り返ることで、ナラティヴの特徴、内容、分類等を確認しておきたい（野口 2009）。

ナラティヴとは複数の出来事を時間軸上にならべたものであり、ナラティヴにプロットすなわち筋立てを加えたものがストーリーである。ストーリーには「意味」が含まれる。野口は多くのナラティヴの中にストーリーは含まれていると述べている。つまりストーリーの上位概念としてナラティヴを置いているということになる。実証性を重んじる科学的思考の中では、通常セオリー⇓エビデンス⇓ナラティヴの順で順位が低くなるわけだが、しかしこのことに異を唱えるのがナラティヴ概念をとらえる姿勢であるといえよう。

またナラティヴは多様であり、例えばリオタールの述べた「大きな物語」と「小さな物語」とは、ポストモダンの思想について考えるときのキー概念となる。一方、ホワイトとエプストンはドミナント・ストーリーとオルタナティブ・ストーリーの概念を提唱した。この概念は、筆者の教育実践の中でも特に小グループにおける語りの実験の取り組みの中において重要な位置づけを持っている。野口によればドミナントとオルタナティブ両ストーリーの区別は状況依存的であり、それはある状況において自明の前提とされているかどうかにかかっているし、また一旦オルタナティブ・ストーリーの存在が語られた後のドミナント・ストーリーは相対化されているという意味で、すでにドミナントではありえないという。また、そのオルタナティブ・ストーリーが次の段階でドミナント化する可能性もあれば、過渡期には両者が膠着する場合もある。

ナラティヴには、誰が（語り手）何について（主題）、誰に向かって（聴き手）語るのかによっていくつかの種類がある（表1）。この表に当てはめて考えるなら、筆者の取り組みは、2章と3章がDにあたり、4章は非言語メッセージを行為者の「ふるまい」にあてはめた時にAになり、5章と7章が主にABのミックス、6章がBとDのミックスということになろう。

さて、今まで見てきたナラティヴの概念を踏まえた上で、本書が「援助論教育とナラティヴ」ではなく「援助論教育と物語」と銘打つのは次の理由からである。第一にそれは、物語論の系譜に依拠するとはいえ、ホワイトとエプストンの論のみに基づいて「ナラティヴ」を述べるのではなく、そこにつながる思想の流れと、特に文学・文芸理論の流れを背景に置いてナラトロジー（物語論）にも射程を広げて教育実践を論ずるためである。ナラトロジーには二つの潮流があると言われる。一つは物語の内容に即した原型論・類型論であり、もう一つが物語という特殊な言説の言語形式に関心を向けるテクスト分析であり、現在は主に後者を意味する（青柳 1996：449-459）。カラーによると、ナラトロジーはプロット、多様な語り手、物語のテク

表1

	語り手 行為者	主題	聞き手 観察者	主語の 人称	例
A	自分	自分	他人	一人称	自伝、セラピー、宗教的告白、グループ内の語りあい、ドラマケーション
B	自分	他人	他人	二人称 三人称	相手へのコメント、噂話
C	他人	自分	自分	二人称 三人称	セラピー、リフレクティング・チーム
D	他人	他人	自分	三人称	歴史、小説、ドラマ、ニュース、噂話演劇

野口裕二編（2009）「語り手・主題・聴き手によるナラティヴ」
『ナラティヴ・アプローチ』勁草書房、p.16の分類をもとに筆者が加筆

ニックといった概念を含む物語の構造の理論に依存している（Culler 1997=2003：123）。本書においてそれそのものを追及することはできないが、筆者が取り組む教育における文学文芸の取り上げにおいて、何が素材として的確なのか、そしてそれはなぜかを掘り下げるにあたって重要な内容を含むものと考えられよう。第二にそれは、第4章でとりあげるような非言語メッセージに対して同等の注目をするからである。言い換えるなら「ふるまい」ないしは「ふるまわれた行為」としての物語を論ずると言ってもよく、その場合に「ナラティヴ」ということばでは包含しきれないものがあると考えた。

野口によればナラティヴの中には、語られた結果としての「物語」も含まれるとされるが、一方、筆者が教育実践に活用する小説やドラマ、映画、演劇などの「物語」は総じて文学文芸研究の対象としてそれそのものが長い歴史を持つ。ナラティヴの考え方は、セラピー実践という生きづらさの解決手法の中から出ており、一方文学理論は現代思想の流れと関連しながら豊かな内容を備えてきた。子どものころから人々は絵本や紙芝居、寝る間際の「おはなし」をせがみ、長じては小説やドラマ、映画に夢中になり、熱狂し、様々なことを考え生み出してきたといえる。そうした、私たちにとってより身近なことば「物語」を上位概念としておくことにした。

本書で筆者が言う「物語」には、少なくとも次のような意味が込め

られている。一つ目は、ストーリー（筋のあるもの）、物語、二つ目は語り（という行為そのもの）やふるまい、個人や小集団でのナラティヴ、三つ目は虚構、フィクション、そして四つ目が文学や文芸そのものである。これらはそれぞれに重複する要素を持ちつつも、微妙に強調点、趣向の違う概念であると考えている。次に、各章における「物語」の意味をまとめておきたい。

まず、2章における概念理解のための物語は、ストーリー、虚構、そしてメタファーの集合としてのアナロジーである。ソーシャルワーク教育実践の上で、どのような物語を提示することが妥当であり、かつより学生の興味をかきたてるのかということを考え続けなくてはならない。次に3章における他者理解教育のための物語は、虚構のストーリー、ナラティヴや語りである。このことにおいて、ソーシャルワーク教育が用意する事例検討にとどまらぬ「虚構としての物語」を用意することの意味は社会調査における調査者とインフォーマントの関係になぞらえて後述した。

4章における身体のコンテクストは、非言語メッセージのはらむ物語を意味している。ここについては、もう少し説明が必要であろう。ガーフィンケルは記述の用語は科学においてであれ、日常生活においてであれ、根本は文脈依存的な性質を持つとのべた。つまり、それらの用語の意味は使用される文脈に応じて様々に変化しうるということである（Gergen 1999=2004：56）。このことは、非言語メッセージにおいても同様であり、それらに着眼するために演劇的手法（特に即興性）を取り上げることが有効であると考えた。演劇の組み立てにおいては、監督と役者、役者同士、そして役者と観客の間それぞれで、「コンテクストの摺り合せ」という概念が重要になる（平田 1998=2008）。ここでいうコンテクストとは、ひとりひとりが使う言語の範囲といったもので、そこには「言語のコンテクスト」と同時に「身体のコンテクスト」も存在する。様々に存在しうるコンテクストのずれをすり合わせることで、人同士はわかりあうことができるし、また、その場をリアルなものとして感じることができるというのである。

役者は、①自分のコンテクストの範囲を認識すること、②目標とするコンテクストの広さの範囲をある程度、明確にすること、③目標とするコンテクストの広がりに向けて方法論を吟味し、トレーニングを積むことが求められる。これは、ソーシャルワーカーが様々な「世界」に住む利用者、クライエントを理解するときに行われる行為とよく似ている。

5章から7章までは関係を問う、語りの実験に見られる個人と小集団のナラティヴである。ここでは前述の社会構成主義に基づき主にナラティヴによるドミナント・ストーリーの発見と語り直し(語りの更新)をそれぞれのテーマのもとに行っているため、物語は主として「語り」の意味となっているものの、7章においては短いものながら実際に虚構の物語を作る試みをした。

2 対人援助への批判動向

ソーシャルワークを含む対人援助一般への批判動向は、前章でみたようなセラピーや治療という文脈への批判を申し述べた心理学者たちによる社会構成主義からの主張がまずは強く影響していると考えられる一方、注意深く検討するといくつかの種類があることに気づく。それらを輻輳がありつつも分類し、順に見て行こう。まずはこの社会構成主義の考え方によるセラピー批判の言説からスタートしたい。

(1) 社会構成主義の言説

北米のソーシャルワーク理論においては、一九五〇年代後半から一九六〇年代にかけて精神分析理論に依拠する個人の内的世界に着眼した課題対応の姿勢が批判され、コミュニティーオーガニゼーションやマイノリティの権利擁護へと関心が高まった。その後注目されるようになったシステムモデルが生態学と統合され、結果「生活モデル」が個人と環境との同時一体的な関係を総体として取り上げ、その交互作用に取り組むとされるようになったのは周知のとおりである。しかし、対個人であろうが対環境であろうが、いずれにしても科学的な理論構築を試みようとする流れそのものを懐疑するポストモダニズムの思想に位置づけられる理論が台頭してきた。それが論理経験主義に対するところの社会構成主義の考え方である（加茂 1995）。

わが国でも特に一九九〇年代以降、「言語が現実を構成する」という社会構成主義の考え方がソーシャルワークの世界にも影響を与えるようになった。これは客観性や科学性の名の下にサービスを必要とする人に対して専門職の価値観を押し付け、ひいては権力関係に巻き込んでいるのではないかといった批判につながった。

ガーゲンは構造としての対話における物語（ナラティヴ）的現実に触れ、人々に受け入れられる「適切な語り」を満たす条件として四つの特徴を挙げている（Gergen 2004：102-108）。ひとつ目が説明されるべきこと、到達すべきことといった「収束ポイント」が設定されていること、二つ目がその収束ポイントを説明する関連事項、三つ目が語りの順序、四つ目が何かを説明する因果的連関である。ガーゲンは語りの種類として「前進する語り」「後退する語り」「シンデレラ物語」「英雄物語」「悲劇物語」「コメディ－ロマンス物語」を挙げ（一七一ページ参照）、セラピーを受けに来る人は暗に「後退の物語」を求められると述べる。つまり、セラピストは個人の悩みがどこから来ているのか探ろうとし、特にそれが精神分析的な理論に基づく場合は、その人が現在抱えて悩んでいる問題というポイントに収束し、それに先立つ出来事はこの結末に向かって「後退する語り」であることが求められるようになり、そこに見合う出来事を選択して語るようにしむけられてしまう。こうして一旦定められた「問題」は無敵の強者としての各セラピストが拠って立つ学派のブランド名に応じて判断され、「自我の自律」や「自己実現」、「合理的評価」、「感情表現」等のどれかを重んじる人生コースを歩かされることになると言う。ここで言う「セラピー」を対個人支援（ミクロソーシャルワーク）と読み替えれば、多かれ少なかれ社会福祉支援を行う個別の実践現場にも通じる指摘と言えるだろう。

野口はナラティヴ・アプローチを論じて、援助やケアを「関係」と見れば、そこは二つの自己が出会う場であると説く（野口 2002=2003：35）。そう考えると、そこでは例えば「手に負えない利用者」だけではなく、「援助がうまくいかずにがっかりしている援助者」という双方が同時に可視化されるべきであって、一方的に利用者の状況を問題視したり、専門職としての援助者が駆使する各種の技法のみ取り出して「上手い下手」など論じたりすることはできないと言う。援助者側の可視化は、あるべきと設定した方向性自体を再考する余地を生む可能性を秘めているため重要であろう。

また、三好は、高齢者福祉における人の成り立ちを「機能」と「関係」の掛け算でとらえており、それは従来の足し算でとらえる考え方とは大きく異なる（三好 1997=1999：116-122）。掛け算でとらえるなら、機能回復に向けた働きかけがどんなに確保されようとも、そこに「関係」の維持や修復がなければ全体はゼロに帰すると言っている。

こうした主張は、援助する側の持つ「価値」の押し付けを自覚させ、利用者の立場から見た多様なあり方を保障する、より人間的な支援に資するものと評価できよう。しかし一方でソーシャルワークが従来大切にしてきた価値と倫理そのものをも相対化してしまう矛盾にさらされることも指摘されている（木原 2000：80）。急激な社会変化の中で、「正しいこと」と「誤ったこと」の仕分けは存外難しく、仕分けの作業そのものが新たに排斥するグループを作り出してしまう矛盾と向き合いつつも、児童虐待への危機介入のように、待ったなしに動かねばならない場合も多い。このような状態を称して三島は、ポストモダン論議で提示される理論で自らを装っても結局ソーシャルワークは批判の対象となった「管理装置」としての役割から脱却できる保障はないと表現している（三島 2007：193）。

（2）専門職幻想と言う文脈

三島による別議論では、属性モデルから降りた専門職論を展開しなければ今日の批判への応答はなりたたないとする（三島 2012）。つまり、今まで採用されてきた専門職の属性主義はもう時代に合わないと述べるのである。属性主義においては、科学としてのソーシャルワークを目指すわけで、それは、特定の専門職になるためにその条件を列挙し、それを満たせば専門家として認知されるという考え方であり、これだけポストモダンの見方が受け入れられている現在であるゆえ、行き詰まりを見せるのも当然であるとする。ポストモダンのアプローチは、ナラティヴモデルであれ、ストレングスモデルであれ、これまでの属性アプローチの専門職論とは整合性が取れないわけである。なぜならそれはある意味で「専門家」としての自立性を手放すことであるのだから当然と言えば当然である。となると、前述の児童虐待における緊急一時保護のように、公権力による介入が始動するシステムも皆無ではないソーシャルワークは、従来の専門職論とポストモダンの専門職論が同居をせまられる場所ということになる。

三島は、こうした時代の変化を踏まえ、脱・フレックスナーの専門職論を展開したらいいと唱える。フレックスナーがモデルとした医療業界も、インフォームドコンセントが義務づけられ、大きく変化している。脱フレックスナの専門職像とは、必ずしも科学化やアカデミックな理論を必要としない専門家像、従来の専門家像から見ると知識水準が「低い」と見られがちな、「利用者の主観」という、次元の違う専門性に軸足を置く専門家像であるとした。

さて、属性モデルから降りるという考え方は、そもそも専門化を推し進めてきた近代からの脱却とも言いうるだろう。少し時代を戻して、そうした俯瞰の視点で専門職批判をしたイリイチの言説をたどっておきたい。イリイチは、一九七八年に「専門家時代の幻想」という論文を著し、援助職のみならず、近代のあらゆる「専門職」をあげて、学校化、医療化等を推進する専門家のサービス提供がつまるところ人間・顧客・素人を無力化、不能化していると述べた（Illich 1977＝1984）。
イリイチは二〇世紀中葉を人々の能力を奪う専門家の時代と命名し、人々が問題を持ちエキスパートたちが回答を出し、科学者たちは諸種の能力やニーズ等本来測定しえないものを数量化しようとしたと述べる。専門家の時代とは、誰が何を必要としているかを独占的寡頭体制に決めさせる時代であり、同時に学校化の時代といえる。すなわち、前もって指示されている必要教科を学んだうえ、「専門職」の押し売りを甘んじて受ける人となるようにさせるのが「学校化」である、と辛辣である。従って彼は、専門職確立が及ぼしている影響と、押し付けられたニーズの特徴と、我々を専門家による管理の奴隷にした諸幻想を理解する必要があると述べるのである。

支配的な専門職の諸機関は新しい種類のカルテルであり、教育者も医師もソーシャルワーカーも学ぶべきことやニーズを生み出す法的権力を手に入れているのみならず、人間のニーズそのものをコントロールし、何が正解かも決めている。そして人を顧客と定義し、その人の必要を決定し、その人に処方を申し渡せる権威こそ専門家の特徴であるというのである。さらにそうした専門職は国の後ろ盾（＝資格化）を持ってさらに強力に人々を支配するようになるとも述べる。このように専門職が支配的になったのは、エキスパートが人々に押し付ける不足を人々が実際に必要なるものとして受けとめるようになっていったからであり、そもそも動詞であった「ニード」という言葉が名詞化したところにもそれは見て取れる。こうして確立された代表的な専門職は身体や精神に技術的な処置を施すと同時に、それがしていることに対する信頼感をも生み出す強力な儀式によって人々を無力状態に追い込む。医療、学校、自動車、弁護士、新聞等がなすこうした専門化はある種の幻想であり、今後人々は脱専門家時代に向かうだろうというのがイリイチの主張であった。

このように言い切れば、身もふたもなく当該職種のより良き明日を丁寧に考えるという短期的スパンにはそぐわないように感じられるかもしれない。しかし、ここで重要なのは、第一に専門職化そのもののありようを俯瞰する視点をもつこと、及び第二に、ソーシャルワークに対する批判論調のある部分はこうしたそもそもの専門職幻想議論にルーツを持つと考えられるような言説があることにまずは気づくべきことの二点である。野口の言う「近代化」と「脱近代化」二つの社会変動が同時に存在し交錯する時代を生きているという認識（野口 2005：167）をまっとうにもつことによって、批判論調への冷静な向き合いをし、時間的スパンを分けた丁寧な取り組みをすることが可能になる筈である。

(3) カウンセリングや心のケア批判

専門職における自己批判の中でも心理学領域で行われた議論は、ある意味でソーシャルワーク領域におけるものよりもずっと先鋭で本格的なものであったと言えるかもしれない。日本臨床心理学会では、一九六〇年代から心理テストやカウンセリングを柱とする心理臨床のアプローチに疑義を呈する議論が展開されてきた。分離独立した日本社会臨床学会では，小沢らが「こころのケア」や「カウンセリング」への批判を展開している。小沢はカウンセリングの歴史をひもとき、アメリカ合衆国における展開を概観して、業務や戦争遂行における心理テスト等による能力差の測定があり、同時にその過酷な構造をやわらげるためにセットで導入されたものとして「カウンセリング」があると位置づけた。特にロジャーズ理論を取り上げ、受け手が相手の物言いの「感情」に焦点を当てて投げ返す手法を「ずらし」と表現し、問題の所在を個人に還元するやり方であると批判した（小沢 2000, 2002, 2008）。

小沢らの批判の背後には日本臨床心理学会における臨床心理士資格認定をめぐる論争があり、一九九一年に厚生省の意図する臨床心理士の国家資格づくりへの協力如何をめぐる対立を経て、一九九三年に日本社会臨床学会が独立している。彼らは不登校やいじめ問題に対応するこころの専門家としてのスクールカウンセラー制度に反対するという枠組みの中で、対個人支援の技であるカウンセリングを批判している。

堀は、精神医学関連学会の学会改革運動における上記日本臨床心理学会の学会改革運動に焦点を当て、六〇年代から七〇年代にかけてクリニカルサイコロジストがいかにして自らの専門性の持つ抑圧性を認識し、臨床心理業務の総点検を行ってきたのかを論じている（堀 2013）。

（4）社会モデルからの批判

セラピー批判は、問題の個人還元主義を批判していた。障害学が拠って立つところの社会モデルにおいても「できない身体」に対抗する概念としての「できなくさせる社会」を問題にし、インペアメントに対するディスアビリティを社会的障壁として主要な取り組み対象としてきた。したがって、社会モデルの考え方は、場合によってインペアメントに対する医学的なリハビリテーションにも疑義をはさんできた。背景には障害当事者が主体的に取り組んだ自立生活運動などの障害者運動があることはいうまでもない。二〇〇三年に日本でも学会が成立し、研究や運動が盛んになっている「障害学」の領域からは、ミクロソーシャルワークをはじめとする対個人支援においては「障害を環境サイドの不備による抑圧の経験としてではなく個人が克服すべき悲劇としている」（Oliver/Sapey 2002：22-23, 46）とし、また障害受容といった概念とその促進にむけた心理的なアプローチに対しても医学モデルに基づくものであるという批判が展開されてきた。

松岡は、生活モデルを巡る議論の中でソーシャルワークの中核部分を大切にしつつ、変えるべき点を変革することにしようというスタンスで次のように述べる（松岡 2012）。ソーシャルワークにとっての中核部分とは、周知のとおり「交互作用モデル」である。つまり、ジャーメインやギッターマンらが提唱した生活モデルで、環境にも個人にも介入する、というより、その両者のインターフェイスに介入するものである。しかし、これはよく考えてみれば、認識論的には了解できても、結局象徴性を帯びたスローガンにすぎないのではないか。なぜなら、実際の働きかけは対環境、対個人に分裂するからであり、挙句の果てに、個人側への過剰な介入が起こり、同時並行でなされるべき環境への介入は弱体化しがちだからである。

松岡は、こうした二元化を認識論レベルでも回避しなければいけないと述べる。そしてそのために、身体の社会学が言う「社会的構築物としての身体」という見立てを採用することを提唱するのである。社会的な障壁が身体を通して経験されるのが「インペアメント」であり、そうとらえれば、障害の社会モデルがインペアメントを軽視しているという批判にも応答することができる。このように考えると、例えミクロ的な介入（＝対個人支援）であっても、それは対社会の介入になりうるといえよう。

ただ、最後に残った問題は、この機能の担い手が専門職としての「ソーシャルワーカー」である必要があるのかどうかで、このことに対する明快な答えはないとする。これについて強いて言うなら、障害者と介助者が「共同の身体」を構築して共同作業を展開する過程の深い話を、ソーシャルワークにも援用して考えることはできるかもしれない。障害者支援を通してソーシャルワーカーが、インペアメントのない自分自身の身体が持つ意味を問い直し、そもそもインペアメントとは何なのかを自問するという意味でソーシャルワークのクレオール化（1）が起こる。これには意味があるのではないかと。

いずれにしても、特にミクロソーシャルワークに従事する者は対個人支援の仕事の中で、それがたとえ直接的には個人変容への支援であったとしても、その行為を通じていかに社会変革が実行されうるかを常に念頭に置かねばならないと言えるであろう。

（5）ソーシャルワークの職業構造にみる限界論

さて、こうした非難を受ける個人個人としてのソーシャルワーカーが勤務をする「場」の構造に着眼して「職業実践の制度的枠組みが個人モデルを基礎として制度化されている」と述べる杉野は，「サービス提供の政治的分析を欠いた臨床論や実践論には説得力がない」と断じた（杉野 2007：223）。前述のように、交互作用モデルの中で対環境の働きかけすなわち社会変革をその重要な仕事の一部とするソーシャルワーカーであるが、多くの実践者は特定の組織機関に雇われて、そのサービス利用を希望する個人に対峙しているのであり、法律にのっとってその機関が提供する枠組み自体を、一朝一夕に変革することは不可能である。そうした構造自体への着眼なくして個人個人のソーシャルワーカーの社会変革への無力を批判する場合議論がうまくかみ合わなくなる可能性もある。

ソーシャルワークにおける構造的な問題を丁寧に扱ったのがジョーダンの『英国の福祉』（Jordan 1984=1992）である。ジョーダンは、政治とソーシャルワークをめぐって次のように述べる。「ソーシャルワークは、社会的施策が対照的な諸制度において、様々な役割を果たし、多くの政治的目的に役立ってきた。その大きな長所――つまり、ほとんど際限なく社会状況に順応できるということ――がまた、ソーシャルワークがあらゆる種類の政策目標のために搾取されることを許容している」つまり「すべてのソーシャルワーカーが専門的技術や人道主義的動機を持っていると主張するにもかかわらず、政治的イデオロギー、行政構造、宗教的伝統などの他の理由から引き出される政策によって大きく決定されうる役割と業務を担っていることを示している」ということである。

それでもジョーダンは、ソーシャルワーカーがこうして困窮する対象者と国の政治統制を行うものの間にはさまれつつも、クライエントが政治過程にもっと十分に直接的に参加するよう援助しなければならないと説くのである。

（6）SSTやエンカウンターグループへの懐疑

ソーシャルスキルトレーニングは自己主張訓練等いくつかの生活技能訓練に取り組むグループワークであり、一方エンカウンターグループとはホンネとホンネのふれあいを促進するグループワークである（國分

2001=2004）。発達障害の領域でこの両者を概観したすぎむらは、これらも目的を遂行するための一手法であり、その時の目的によってファシリテーターの注意点やコメントは異なってくるとしながらも、日常生活においてすでに常識や規範となっていること、例えば「相手の文脈にそって話を盛り上げる」「傷つき回避」等をメタレベルでは前提としつつ、これらが心の教育や円滑なクラス経営の一環として取り組まれる場合の危険性について触れている。こうしたグループワークによって人とのかかわりが上手く取れない人がスキルを身につけることを通して改善することは多々あると認めつつも，これまで暗黙裡にあった「タブー」を自明なものとし、より明示化されたタブーにすることに加担しているのではないかという懸念である（すぎむら 2010：132）。

同様の懸念は精神障害者に対して行われるＳＳＴが個人変容や社会への適応強要という文脈で批判される場面にも見出される。北海道でユニークな活動を展開した向谷地は、こうした批判議論の中に含まれる「良心」に共感しつつも、精神障害当事者がセルフヘルプ運動を行うためにこそまずはコミュニケーションスキルを「アップさせる」ためのＳＳＴが必要であったと述べる（向谷地 2012：259-260）。

こうした議論は，同じ援助技法も「誰が」「どこで（どのような制度の下で）」使うかによって全く逆の作用を示すという解釈を喚起することになる。当事者グループにおけるセルフヘルプについて研究を続けている松田は、アメリカにおける精神障害者向けリカバリープランＷＲＡＰ（Wellness Recovery Action Plan）に触れて、それは「きわどい」物であると述べる(2)。なぜなら、当事者の活動や運動を豊かにする可能性を持つ一方で、専門職者が「クライエント」をコントロールするツールとして用いる危険性をはらんでいるからである。苦しい状況を生き延びてきた人がその体験を通して身につけた知恵や工夫に光を当て、それをその人が使えるようになったり、仲間と分かち合ったりするべきものであり、どこでだれが使うかによって大きく意味が変わってくるという認識である。

（7）ソーシャルワーク教育批判

横田は、近年のソーシャルワーク教育を概観して、利用者との信頼関係構築のためにコミュニケーションを重視するとらえ方に対して、ミクロな関係性の構築とユーザーのニーズ把握をその基本とするために、ともすればソーシャルワーク実践をホスピタリティ産業の一部としてとらえるような枠組みを意図せずして提供すると述べる（横田 2008：4-6）。横田はソーシャルワーク実践者の一義的な機能をあえてそうしたところにはおかず、激変する現代社会における新たな公共性の担い手養成教育として位置づけることを提案した。その内容は①援助実践の場における自他行為を構築する技能の伝承、②ソーシャルワーク実践を規定する歴史的・社会的文脈の理解、③エンパワメント概念の理解を伴うアクション志向の実践的経験がバランスよく含まれるべきというものである。

横田は、心理学と社会学の理論に依拠した対人援助方法論が座学及び演習を通じて教えられる中で、初学者が誰に対しても普遍的に通用するコミュニケーションの方法を体得し、かつ効率よくユーザーのニーズを聞きだして利用者の満足度を上げることを可能にするというような学校での教育の在り方に疑義をはさむ。それは他の様々な実践知と同じように多くの部分をインフォーマルな知識の伝承に依拠しているとし、したがって初学者であってもソトから委託された実習生ではなく、レイヴらによって正当的周辺参加と表現される職業共同体への参加を許されることによって援助実践の文脈ごと学ぶことが必要であると述べる。

以上各種のソーシャルワーク批判論調を振り返ってみた。中には、ポストモダンの思想の流れに位置づく専門職幻想の大きな議論があることがわかる。これらはソーシャルワークのみならずあらゆる「専門化」に対して疑義を唱える姿勢の源とも言え、こうした姿勢は社会福祉領域で言えば、地域福祉を活性化させ、身近な場所における互助や共助を強調する論調(3)や、障害学において、診断名等以前に人が人として「在る」ことそのものをまずは認めようとする論調(4)などと軌を一にするものである。ただ、これらの議論は、いわゆる「専門職」(ないしは準専門職)としてのソーシャルワーカーが今の今どのように鍛えられるべきかという議論を行う場合には若干のかい離があるものとしてとらえなければ、有用で建設的な検討にはならない恐れもあるだろう。それは専門職解体のような極端な議論に走るしかない場合もあるからである。野口が言うように近代化と脱近代化の両方に対峙する時代を生きるものとして、具体的なテーマごとに序章で述べたように時間的スパンを分けて議論する必要がある。その場合に自らの政治的立場(例:学生に対して資格教育を施している現実があること)を不可視化せず、日々の支援に取り組むソーシャルワーカーのリアルから逃げない議論をこれら批判言説から学び、組み立てる必要があるだろう。

これらの指摘を受けて、次の節ではミクロな関係構築において最重要視されてきた受容・傾聴・共感の理論と技法について再考してみたい。

3 問い直しの対象としての受容・傾聴・共感

社会福祉の直接援助関連の教育においては、援助プロセスを通じて貫くべき原則として「受容、傾聴、共感」がたたきこまれる。受容とは、第一義的には相手をあるがままに認め受け止めることであり、これは援助者としての自己が抱く価値観とかけ離れた言動を示す相手に対しても一貫して示すべきものとして教えられる。この技法に対して心理専門職領域で自己批判的に語られる内容は前述した。ここでは、教育場面で学生が示す戸惑いから再考した、内容の矛盾を記す。講義や演習の課題(5)に直面したときに、初心者である学生は、しばしば「自分と全く価値観の違う相手を受容しろといわれても無理だ」といった感覚を言語的、非言語的に表明する。一方、注意深く見ると、「受容する」といった行為自体、その意図と方法が理論や論者ごとに違って位置づいているのも確かである。

（1）各論者の「受容」

バイスティック（Bistic 1957=1996：115）は、「受け止める（受容）」をケースワークの原則の一つとしてあげ、その目的を「援助の遂行を助けること」とした。ケースワーカーがクライエントをありのままの姿で理解し、援助の効果を高め、さらにクライエントが不健康な防衛から自由になるのを助けるとした。このような援助を通して、クライエントは安全感を確保しはじめ、彼自身を表現したり、自ら自分のありのままの姿をみつめたりできるようになる。また、いっそう現実に即したやり方で彼の問題や彼自身に対処することができるようになるとした。その根底には「いかなる人間も、その人に独特な固有の価値を持っている。また生まれながらの尊厳、価値、基本的権利、欲求をもっている。この普遍的に共通する価値は、創造主である神が我々に与えたものである。」というキリスト教に基づく価値がある。したがってこの価値は、ある人が身体に障害を持っていたり、経済的に失墜したり、さらに社会的に失敗したりしたとしても、あるいは逆に成功を収めたとしてもそのために増やされたり減らされたりするものではない。

システム論に基づく家族療法では、技法のひとつとしてシステムへのジョイニング（お仲間に入れていただくこと）を挙げており、これが行為としては受容と良く似ている。「システムとは、ある一定の法則にしたがっているかのような活動を繰り返している複数の部分からなる集合体である」と説明する東によると、具体的には次のような対応が説明される。（東 1993：61-65）

①相手のムードや雰囲気（家族なら家風）にあわせること。

②相手の動きにあわせること。
③相手の話の内容にあわせる事。
④相手のルールにあわせること。

例として、次のような場面があげられる。

——親子で面接に来て、子どもに話を聞きたいのにすぐ口をはさんでしまう母親に対して、それをとがめることをせず、そのたびに繰り返し母親に対し、「お子さんに聞いてもいいですか？」とたずねる。母親は繰り返し大仰に礼儀正しく問い合わせる援助者の姿に笑って遂に子どもの発言に任せる。これは現象としては母親が自発的に行動したように見えているが、実は、援助者が変化を導き出すために働きかけているという認識である。ここでは、援助者の中にある種の「正解」があって、相手のふるまいはそこに合致しないことをわかっているのだが、それを表だって押し付けることは相手の反発を招くことを承知しているために「手法」として相手にお伺いを立てる形をとっていると考えられるのである。

自己理論を展開したカール・ロジャーズ（國分 1980）は、人間を先天的に良くなる（成長する、自律する、独立する）傾向を持った有機体であるとした。よって、自らの体感に正直に、すなわちホンネに気づいた自己一致の状態にならなければならない。それには、人格変容＝パーソナリティ成長のためのプロセスをたどる必要があり、その経過で、援助者に受容される必要があるとする。

ロジャーズは「パーソン・センタード・アプローチ」という論文の中で、その中心的な仮説を次のように述べている。個人は自分自身の中に、自分を理解し、自己概念や態度を変え、自己主導的な行動を引き起こすための巨大な資源を持っており、そしてある心理的に促進的な態度についての規定可能な風土が提供されさえすればこれらの資源は働き始める（Rogers 1989=2001：162-163）。そして人間の成長を目標とする状況ならばどんな場合にも通用する条件として次の三つを上げた。

①純粋性、真実性（realness）、自己一致（congruence）

②受容（acceptance）、心を寄せること（careing）あるいは尊重すること（prizing）、総じて無条件の肯定的配慮を持つこと（unconditional positive regard）

③共感的理解（empathic understanding）

社会構成主義に基づくナラティヴ・アプローチでは、「受容」と地続きのところにあると考えられる「傾聴と共感」に関して次のように述べる。援助者とクライエントの間に信頼関係を樹立するためという目的は自己理論などと同じである。しかし、ナラティヴ・アプローチでは、「自己の核心」というものを想定せず、自己とは常に社会関係の中で構築されてゆく存在であるととらえる。目的はパーソナリティの成長ではなく、未だ語られなかった物語の創造である。成長という概念には、変化のプロセスに一定の望ましいコース（方向性）を想定する考え方が根底にあるが、ナラティヴ・アプローチではそう考えない。よって、そこで起こると想定されるのは、上記それぞれの理論に見た「今すでにあるものの変化」に対して「今ないものの創造」というとらえ方になる（野口 2003：37-40）。

一方、ナラティヴ・アプローチと同じく社会構成主義に基づく感情社会学では、「人はその所属する社会や文化、コミュニティが決めた礼儀作法、ルール、儀式、規則にのっとってふるまおうとし、さらに感じようとする」ととらえ、その適切さの基準を「感情規則」と呼ぶ（石川 2000：266）。これは、違う文化における気持ちの表し方の差に戸惑う例や、育児において「そんなことで泣くんじゃない」と声かけをする親の姿を思い浮かべれば容易に理解できることである。我々が、その所属する文化の中で想定されるようにふるまうとするならば、対人援助における「受容」とは一種の感情労働ということになる。

（２）学生の戸惑い

実際の演習場面に来たときに多くの学生が戸惑いを示すのは、自分の中にわきあがる相手の言動への違和感や自分の感覚とのズレをどう整理、処理しながら「受容」に該当する姿勢をとるかというところが了解しきれないからではないだろうか。感情社会学はさらに、感情規則と実際に実感された感情のずれを埋めるために用いられる管理技術を「感情管理」と呼んでおり、その中に「表層演技」と「深層演技」があるととらえる（Hochschild 1983：36-37）。ホックシールドはデルタ航空の客室乗務員の乗客への感情の処理の仕方をとらえて両「演技」について論じる中で、表層演技をするとき人は自分が本当に感じていることを他者に対してごまかしてはいるが、自分をごまかしてはいないと述べた。一方、人々と接する必要のある職業では、労働者は誠実であるように、つまり作り物の笑顔以上のことを要求されるとし、その場合深層演技では、やや逆説的な表現であるが、装う必要がないようにすることによって、装うことをたやすくすると述べる。

さて、こうした内容を踏まえると、この表情や身振りなどを作るとされる表層演技は前述のシステム論に基づく家族療法におけるジョイニングに近く、一方、自己誘発した感情を自発的に表現するとされる深層演技は状況によってはバイスティックやロジャーズの言う「受容」に近いと言えるのではないだろうか。システム論における家族療法では、特定の価値観に与しない、ないしは様々な価値観をメタレベルから見ることを心がけるため、相手の文化や文脈にとりあえず同調する行為としてのジョイニングがなされる。それに対してバイスティックのように宗教的観点や、ロジャーズのようにそれも含む人間観という価値基盤の上でこう接するべきであると説く受容は深層演技に近いと考えられる。このように見てゆくと、同じ違和感の整理や処理もその考え方が立場によって違うのではないだろうか。

また、社会福祉援助活動には、その歴史をたどると隣人への友愛や地域での感化といった他者への篤志的働きかけ、いわば「心」をそのオリジンとする部分があり、倫理、価値の基盤を重視する教育姿勢が存在する。ところが、多様な他者の思考や思想を尊重することの必要性を同時に訴えるため、場合によってはそのような価値（他者の多様性）を認めない、というような人の言動をも一旦は受け止めざるを得ないことになる。

一方、慈善や慈悲から脱却して、当然の権利や差別禁止の範疇で生活保障と各種サービス受給を訴える近年の流れにより、「心」や「やさしさ」のようなものは、むしろサービス提供側と受給側の強弱、上下関係を作るものとして排斥される場合もある。こうした援助論の原理内部に潜む矛盾を整理することなく学生に「受容」を伝えた場合、学生ごとにさまざまな位置づけをもつ未消化感をひきずることになると考えた。

こうして筆者の担当する社会福祉援助技術論Iでは、とりあえず前述の各観点による受け止めの違いを明示した上で、「受容」のここでの定義づけを「相手の言動が援助者としての自分の好みに合おうと合うまいと、現実にありうることであるとリアルに感じ、腑に落ちること」と提起し、また、どうしても相手の全面的承認と誤解されがちな「受容」という用語を改め、もっと中立な響きを持つ「他者理解」という用語を提案してきた。これについては第3章で見ることにしよう。

［註］

（1）「クレオール」とは言語学の用語で、異なる言語が接触しあうことで生まれる簡略化されたピジン言語が、世代を重ねることで独自に安定した文法構造や語彙を含む言語に発展したものである。松岡は、手話においても起こったこのクレオール化という現象を、介助関係という異なる身体同士の接触に当てはめて考えた。インペアメントのない介助者が、相手の世界観と自己のそれの相違に気づいた時、自己の身体が物理的に変わるわけではないが、改めてインペアメントを有しない自分の身体を問い返さざるを得なくなること、したがって世界観や価値観に変化が起こることをソーシャルワーカーのクレオール化と呼んだ。

（2）松田博幸による二〇〇八年三月二八日づけ障害学ＭＬへの投稿による。

（3）厚生労働省（2008）「今後の地域福祉のあり方に関する研究会報告書（http：//www.Mhlw.go.jp/shingi/2008/03/s0331-7a.html, 2009.10.16）

（4）野崎泰伸による第六回障害学会での口頭発表『ディアスポラとしての障害』（http://www.arsvi.com/2000/0909ny.htm, 2010.10.30）

（5）社会福祉士関連の演習科目のうち最初に受講する社会福祉援助技術演習（相談援助演習）における初期のロールプレイにおいてこの傾向が強い。

［文献］

青柳悦子（1996）「ソシュール言語学から構造主義文学批評へ――現代文学理論のはじまり」土田知則・青柳悦子・伊藤直哉著『現代文学理論　テクスト・読み・世界』新曜社、25-40

Biestek, Felix P（1957）*The Casework Relationship*, Loyola University Press.（=1996 尾崎新・福田俊子・原田和幸訳『ケースワークの原則――援助関係を形成する技法』誠信書房）

千田有紀（2001）「構造主義の系譜学」上野千鶴子編『構築主義とは何か』勁草書房、1-61

Gergen, Kenneth J（1999）*An Invitation to Social Construction*, Sage publication.（=2004 東村知子訳『あなたへの社会構成主義』ナカニシヤ出版）

東豊（1993）『システムセラピスト入門』日本評論社、61-65

平田オリザ（1998=2008）『演劇入門』講談社現代新書

Hochschild, Arlie（1983）*The Managed Heart: Commercialization of Human Feeling*, University of California Press（=2000 石川准・室伏亜希訳『管理される心　感情が商品になる時』世界思想社）

堀智久（2011）「専門性のもつ抑圧性の認識と臨床心理業務の総点検――日本臨床心理学会の 1960/70」障害学会編『障害学研究　7』249-274

Illich, Ivan et al（1978）*Disabling Professions*, Marion Boyars Limited.（=1984 尾崎浩訳『専門家時代の幻想』新評論）

石川准（2000）「感情労働とカウンセリング」日本社会臨床学会編『カウンセリング幻想と現実』現代書館

Jordan, Bill（1984）*Invitation to Social Work*, Basil Blackwell Ltd.（=1992 山本隆監訳『英国の福祉――ソーシャル

ワークにおけるジレンマの克服と展望』啓文社）
加茂陽（1995）『ソーシャルワークの社会学』世界思想社
木原活信（2000）「ナラティヴモデルとソーシャルワーク」加茂陽編『ソーシャルワーク理論を学ぶ人のために』世界思想社、53-84
國分康孝（1980）『カウンセリングの理論』誠信書房、72-102
國分康孝・片野智治著（2001=2004）『構成的グループ・エンカウンターの原理と進め方——リーダーのためのガイド』誠信書房
松岡克尚（2011）「障害者ソーシャルワークにおける新たな交互作用モデル——『開き直り』戦略をとおして」松岡克尚・横須賀俊司編著『障害者ソーシャルワークへのアプローチその構築と実践におけるジレンマ』明石書店、55-92
McNamee S & Gergen K. J（1992）*Therapy as Social Construction*, Sage Publication Ltd.（=1997 野口裕二、野村直樹訳『ナラティヴ・セラピー——社会構成主義の実践』金剛出版）
三島亜希子（2007）『社会福祉学の〈科学〉性——ソーシャルワークは専門職か』勁草書房
三島亜希子（2011）「障害者ソーシャルワークの提案する専門家像——フレックスナーの専門職論の呪縛から離れて」松岡克尚・横須賀俊司編著『障害者ソーシャルワークへのアプローチ——その構築と実践におけるジレンマ』明石書店、93-132
三好春樹（1997=1999）『関係障害論』雲母書房
向谷地生良（2012）「ソーシャルワークにおける当事者との協働」一般社団法人日本社会福祉学会『対論社会福祉学4 ソーシャルワークの思想』中央法規出版、245-273
野口裕二（2005）『ナラティヴの臨床社会学』勁草書房
野口裕二（2009）「ナラティヴ・アプローチの展開」野口裕二編著『ナラティヴ・アプローチ』勁草書房
野口裕二（2002=2003）『物語としてのケア——ナラティヴ・アプローチの世界へ』医学書院
野矢啓一（1996）『物語の哲学——柳田國男と歴史の発見』岩波書店
Oliver Michael & Sapey Bob（2006）*Social Work with Disabled People third edition*, Palgrave Macmillan.
小沢牧子（2000）「カウンセリングの歴史と原理」日本社会臨床学会編『カウンセリング・幻想と現実 上巻 理論と社会』現代書館、16-67
小沢牧子（2002=2003）『「こころの専門家」はいらない』洋泉社新書
小沢牧子（2008）『「こころの時代」と教育』青土社

Rogers, Carl R（1989）Kirschenbaum, H Henderson, Valerie L ed. *The Carl Rogers Reader*, Sterling Lord Literistic Inc., New York（=2001 伊東博・村山正治監訳『ロジャーズ選集（上）』誠信書房）

すぎむらなおみ+「しーとん」（2010）『発達障害チェックシートできました』生活書院

杉野昭博（2007）『障害学　理論形成と射程』東京大学出版会

上野千鶴子（2001）「はじめに」上野千鶴子編『構築主義とは何か』勁草書房、i-iv

横田恵子（2007）「ソーシャルワーク実践における援助技術教育」横田恵子編『解放のソーシャルワーク』世界思想社、3-40

第2章

概念理解と物語

本章では、初学者向けの授業において、対人援助をめぐる各種の概念理解に物語を利用した例について論じる。特に前半は、筆者があまり社会構成主義の視点を意識していなかった二〇〇〇年代冒頭にスタートした教育実践である。従って1章で、ある面からは批判の対象として位置づけたタームとしてのカウンセリングや、社会構成主義が凌駕しようとしたとも考えられるシステム論の考え方を学生に説いているが、しかし対人関係及び援助関係全体構図の中でこの両概念共に未だ意味を失ってはいないと考えている。ひとつひとつの理論や技法が問題なのではなく、それがどのような文脈で「誰」として「誰」に対して活用するものなのかによるからである。

1 「きつねのおきゃくさま」にみる援助論

学生を社会福祉現場実習に送り出すにあたって、おかれた相談援助演習の最初に行う面接技法習得のためのロールプレイを指導していて、まずは相手を共感的に理解するカウンセリング・マインドを体得することの重要性と、そして一対一の面接技術のみならず、援助者としての自らをも全体システムの一部ととらえた援助関係のシステム論的な理解を図ることの重要性を感じてきた。これらの観点を同時に伝え、かつ対人援助職の魅力を感じてもらえるような導入教育はないだろうかと考え、筆者自身が一人の生活者として取り組んできた重要な活動の一つであるみずからの「子育て」を通じて出会った児童文学をたとえ話として取り上げたところ、学生からの確かな手ごたえを感じた。我々の生活にメタファーやたとえ話、アナロジーは深く浸透しており、言語の差を凌駕して「人間的な意味の形成の問題」というレベルでの対応がみられるという見解もある（瀬戸賢一 1995：36）。メタファーやたとえ話は、抽象的思考対象について語ろうとしたときに必須のものと言えるだけに教育における使い方に間違いは許されない。「援助論教育の方法」という「場」で児童文学、カウンセリング・マインド、そして援助のシステム論指向を統合する試みは成功したのだろうか。より良い授業を作るためには何に留意すればよいのだろうか。

（1）授業の構成と内容

学部一年次に対する各教員顔見世の導入授業（正式名称は基礎演習である）で筆者が担当する「対人援助とは何か」で断続的に一〇年以上繰り返している内容で、形式は九〇分の講義型授業である。まず、学生に対し、先に結論を示す。それは①カウンセリングマインドが大切だ、②システム論的なものの見方をしようの二つである。これらについては、その場では細かな説明は加えず、明言して板書する（近年はパワーポイントのスライドで見せる）にとどめる。その上で想定としての援助の構図を「私が誰かを援助すると、事態が改善して、その人が喜ぶ。私も嬉しい。」と設定し、提示する。これは、おそらく対人援助ということに関して初心者が漠然と抱くイメージであると長年の教育経験を通じて受けとめてきたためである。また、同時にそうは単純に考えていない人に対しても思考の出だしをそろえてもらう意図を持って提示する。もちろんこの構図がどのように揺らされるかというところが腕の見せ所となる。

次にあまんきみこ作「きつねのおきゃくさま」を読み、設問に答えてもらう。あまんきみこは一九三一年旧満州の撫順で生まれ、敗戦後一九四七年一五歳で日本に引き上げた（宮川 2000：66）。そして二一歳で結婚し、後に日本女子大学の児童学科を通信教育で卒業した。その後、坪田譲治が創刊した児童文学の同人誌「びわの実学校」の同人となった作家である。最初に出版した「車のいろは空のいろ」がベストセラーとして読み継がれているほか、小学校の国語の教科書に多くの作品が掲載されている。「きつねのおきゃくさま」は、小学校二年生の教科書に載っている作品である。ここであまん氏ご本人に許可を得て転載させていただいた物語を配り、教員が音読する。

［教材となる物語］

きつねの　おきゃくさま　　　　あまん　きみこ

むかし　むかし、あったとさ。
はらぺこきつねが　歩いて　いると、　やせた　ひよこが　やって　きた。
がぶりと　やろうと　思ったが、やせて　いるので　考えた。
太らせてから　たべようと。
そうとも。よく　ある、よく　ある　ことさ。
「やあ、ひよこ。」
「やあ、きつねおにいちゃん。」
「おにいちゃん？　やめて　くれよ。」

きつねは　ぶるると　みぶるいした。

でも、ひよこは　目を　丸く　して　言った。

「ねえ、おにいちゃん。どこかに　いい　すみか　ないかなあ。こまってるんだ。」

きつねは、心の　中で　にやりと　わらった。

「よし　よし、おれの　うちに　きなよ。」

すると、ひよこが　言ったとさ。

「きつねおにいちゃんって　やさしいねえ。」

「やさしい？　やめて　くれったら、そんな　せりふ。」

でも、きつねは、生まれて　はじめて「やさしい」なんて　言われたので、少し　ぼうっと　なった。

ひよこをつれて　帰る　とちゅう、「おっとっと、おちつけ　おちつけ。」

切りかぶに　つまずいて、ころびそうに　なったとさ。

きつねは、ひよこに、それは　やさしく　たべさせた。そして、ひよこが「やさしい　おにいちゃん」と
言うと、ぼうっと　なった。

ひよこは　まるまる　太って　きたぜ。

ある　日、ひよこが　さんぽに　行きたいと　言い出した。

——はあん。にげる　気かな。

きつねは、そうっと　ついて　いった。

ひよこが　春の　歌なんか　歌いながら　歩いて　いると、やせた　あひるが　やって　きたとさ。

「やあ、ひよこ。どこかに　いいすみかは　ないかなあ。こまってるんだ。」

「あるわよ。きつねおにいちゃんちよ。あたしと　いっしょに　いきましょ。」

「きつね？　とうんでもない。がぶりと　やられるよ。」

と、あひるが　言うと、ひよこは　首を　ふった。

「ううん。きつねおにいちゃんは　とっても　親切なの。」

それを　かげで　聞いた　きつねは　うっとりした。

そして、「親切な　きつね」と　いう　ことばを、五回　も　つぶやいたとさ。

さあ、そこで　いそいで　うちに　帰ると、まって　いた。

きつねは、ひよこと　あひるに、それは　親切だった。

そして、ふたりが「親切な　おにいちゃん」の　話を　して　いるのを　聞くと、ぼうっと　なった。

あひるも　まるまる　太って　きたぜ。


ある　日、ひよこと　あひるが　さんぽに　行きたいと　言い出した。

――はあん。にげる　気かな。

きつねは、そうっと　ついて　いった。

ひよこと　あひるが　夏の　歌なんか　歌いながら　歩いて　いると、やせた　うさぎが　やって　きたとさ。

「やあ、ひよこと　あひる。どこかに　いい　すみかは　ないかなあ。こまってるんだ。」

「あるわよ。きつねおにいちゃんちよ。あたしたちと　いっしょに　いきましょ。」

「きつねだって？　とうんでもない。がぶりと　やられるぜ。」

「ううん。きつねおにいちゃんは　かみさまみたいなんだよ。」

それを　かげで　聞いた　きつねは、うっとりして　きぜつしそうに　なったとさ。

そこで、きつねは、ひよこと　あひると　うさぎを、そうとも、かみさまみたいに　そだてた。そして、三人が「かみさまみたいな　おにいちゃん」の　話を　して　いると、ぽうっと　なった。
うさぎも　まるまる　太って　きたぜ。

ある日。くろくも山の　おおかみが　下りて　きたとさ。

「こりゃ、うまそうな　においだねえ。ふん　ふん、ひよこに　あひるに　うさぎだな。」

「いや、まだ　いるぞ。きつねが　いるぞ。」

きつねは　とび出した。

きつねの　体に、ゆうきが　りんりんと　わいた。

おお、たたかったとも、たたかったとも。

じつに、じつに、いさましかったぜ。

そして、おおかみは、とうとう　にげて　いったとさ。


そのばん。

きつねは、はずかしそうに　わらって　しんだ。

まるまる　太った、ひよこと　あひると　うさぎは、にじの森に　小さい　おはかを　作った。
そして、せかい一　やさしい、親切な、かみさまみたいな、そのうえ　ゆうかんな　きつねの　ために　なみだを　ながしたとさ。
とっぴん　ぱらりの　ぷう。

設問は、①きつねは、いつ動物たちを食べるのをやめることにしたのか。または最後まで食べるつもりだったのだろうか。②きつねは、なぜくろくもやまのおおかみと全力でたたかったのだろうか。③きつねは、なぜ恥ずかしそうに笑って死んだのだろうか。の三つで、約一〇分程度実際に考え、書き留める時間をとる。その後、説明ではまず、①は三匹目がやってきた後、最後まで半々の思いだった、結果的には食べられなかったが本当は食べる気でいたなどの例をあげ、要は、国語的に読み取りうる答えの他に、きつねの「邪悪さ」が最後まで無くなっていない方向の回答もありうると示す。しかし、それでも小動物たちがケアされ、守られた事実には変わりがないことを投げかけるのである。「事態を良くするために特定の人を改心させる必要はない。なぜなら価値観は相対的だからである。私が信じていることを相手に強要することはできない。」と結ぶ。価値観の相対性については、もちろん許容範囲に限度はあるということを補足する。②についても同じように、大事な三匹を守るため、食料を取られないためという両極端な回答の例を示し、やはりどちらをとっても三匹が守られたという結果は同じであると提示する。ただ、いずれにしても、守られた側の心により、きつねは癒され、変わった……**かもしれない**と結ぶ。ここで、相互作用とか、円環的循環の説明をする。つまり、「変わった」きつねの「良い対応」で三匹がまたさらに「良くなる」といった状況である。しかし、ここで肝心なのは、前述の「かもしれない」の部分である。つまり、小学校二年生の国語教育の視点から見れば、きつねは最後に改心して死んでいったのであろうが、しかし、現実はそんなにきれいなものではなく、人は、もっと矛盾撞着した存在ではないかという投げかけをする。次に③の回答は、①、②の結果によって様々であろうと伝える、教員の側からきつねの気持ちの例示として出したのは、次の二つである。

①君たちを誤解させたままだったね。本当はぼくはやさしいきつねなんかじゃなかったんだ。実は、君

たちを食べようと思っていた。でも、全力で君たちを守れて幸せだったよ。有難う。

②本当は君たちを食べるつもりだったのにこんなことになっちまって、僕ってドジだったよ。あーあ、あほらしい。

次に、結論を導くための問いを次のように立て、説明と例示を加えてゆく。ひとつ目は、「『援助する』とはどういうことか。しようと意図して必ずできるものなのか」である。そしてそもそも最初に設定した援助の構図はあっているのか、を問いかけることになる。ここでは、障害のある人の例で、いくつか説明する。障害特性などを知らずにおせっかいをして、結局迷惑をかけてしまう例や、また、専門職には心開けない人が同じ課題と向き合う人たちのセルフヘルプグループで変わっていく例などである。さらに、物語のきつねのように、もともと食べる気だった、つまり敵対者の位置にいたのに、結果として援助してしまうようなことがある話も加える。

二つ目は、「誰が誰を援助する?」である。物語で、きつねは小動物を援助するのみならず、自らも小動物たちに援助されていた。ここでは、援助する側が実は、援助できると感じる状態にもたれかかり、相手のいわゆる「問題行動」を維持、助長してしまう「共依存」の説明をする。良く言われる例としての、アルコール依存症者を含む過程における「飲んだくれのおとうちゃん」と「けなげに世話する妻」の話を出す。また映画の「シックス・センス」(1)を例にして、援助関係の主体と客体は思うより複雑であることを説明する。

三つ目は、「援助するって難しい?」で、初心者が陥りがちな姿勢について触れる。相談関係は、「黙って座ればぴたりと当たる」世界ではなく、広い意味の「きく」姿勢が重要であるという話である。これは主にカウンセリングマインドの説明となり、人は、基本的に他人から理解されたい、暖かい関係を築きたいと思っている存在であることを強調する。ここでは、宿題をせずにテレビを見ているわが子に対する親の反応二パターンを創作し、一人芝居で学生に見せた。パターン一は頭ごなし型、パターン二は共感型である。

四つ目は「犯人は誰？（原因は何？）という問いは正しいか？」という問いで、ここでシステム論的なものの見方を説明する。システムを「あたかも関連し合っているように見える物事の集まり」と定義し、犯人捜しは直線的な因果論であること、枠のかけかえ（リフレイミング）をして、とがめだて抜きに状況を変えようという話をするのである。ここでは、筆者が障害児者福祉の現場実践で実際に経験した例をいくつか盛り込む。

五つ目、最後が「援助するって素晴らしい？」である。ここまで、さんざん援助関係の一筋縄ではいかないことの説明をするので、最後に、しかし援助活動は素晴らしく、面白いという「セールス」を一気に行ってしめる。ここでは、筆者自身の実践活動における失敗談をあえて開示する。うまく行かないことは多いが、しかし、多くの部分については修正がきき、相手と自分の「良かれ」にむすびついてゆくものであること、また、うまく行かないことそのものをどうとらえるかを、それぞれの状況の中で見つめることが興味深い作業であることを語るのである。

(2) 学生のリアクション

①設問への回答

二〇〇〇年と二〇〇一年の授業で回収した学生からのペーパーを集計したところ、設問①への回答は「きつねがひよこに出会ってやさしいと言われた時」から「おおかみがやってきたとき」までの時系列の各ポイントに少しずつ位置づいていた。特にこの最初と最後の時点を回答した人が多く見られた。ただ、これらはすべて文章記述から読み取った答えであり、例えば、最後まで食べる気だったとした人も、きつねの心の矛盾撞着を表現しており、また、どこかのポイントを答えても、徐々に変化した過程を書く人が多く見られた。

設問②への回答は、圧倒的に「小動物たちを守るため」と答えた人が多かった。ただ、なぜ守るのかのニュアンスに違いが見られ、「ひよこたちの信頼により、本当にやさしいきつねに変わったから」というもの、「小動物たちの信頼を裏切りたくない」、「かみさまみたいな……と言ってくれる仲間を失いたくないから＝もっと言ってほしい」などが表現されていた。愉快な例を二つあげる。「正義は勝つっていう感じかなあ。きつねの邪心にひよことあひるとうさぎの信頼が競り勝ったのだと思う」「かみさまみたいと言われて、かみさまは、その下々のことを救ってやると言う義務があると思ったから」。

設問③への回答では、キーワードとして「恥ずかしい」が圧倒的多数を占め、「嬉しい」「照れくさい」が次に並んでいた。「恥ずかしい」の理由は、当初食べようとしていたことそのもの、誤解させたままだったため三匹からの感謝に値しないという自覚、といった内容が多く、これは照れくささの理由にもなっている。「照れくさい」の理由はほかに、柄にもなく良いやつになってしまった自分に対して、というものもあった。「嬉しさ」の理由は三匹を守り通せたことと、感謝されたことへの思いがほとんどを占めた。これよりやや数は減るものの、当初食べようと考えていた三匹を結局守ることになった結果に「皮肉」を感じて、という回答もあった。

②リアクションから見る授業評価

筆者が意図した事項を次のように整理し、学生のリアクションの中から読み取れるか否かをカウントした（これらは、代表的なものをすべて資料1に記載した）。ひとつ目が「ある意味で否定するために提示した『援助の構図』は否定されたか」で、結果としては、援助が存外複雑な作用により成り立つことを丁寧に表現する例が一割程度見られた。

二つ目は、「設問に関する『種明かし』（＝きつねが改心しようとしまいと結果は同じ）は納得されたか」で、これは最初から結論を明確に言い切ったせいもあり、約三分の一の学生が何らかの形で肯定した。この内容は、本講義の中心であったため、学生からの反応も賛否両論含めてみるべきものが多く、資料1の15～27までを占めている。17は、「一つの物事を固定的に見ない」という、伝えたかったことのポイントをよくとらえているのがわかる。23、24は「気持ち」が伴わずに援助して良いのかと抗議している。また、27は「読み取れること」と「考えられること」は別だとして筆者の解釈にやはり抗議している。上述の「きつねが改心してもしなくても結果は同じ」はあくまでも「価値観を変えようが変えまいが……」のたとえ話であったはずである。つまり、「食べようとして」と「守ろうとして」の両極端をそのまま事象として認めているわけではないのであるが、しかし、説明不足であった回もあり、それが学生からの反対意見に反映されている面があるととらえた。つまり、「何を」「何に」見立てたのかについては、さらに厳密な説明が必要なのである。この点については考察で詳述する。そのような説明不足があったにもかかわらず25、26では、その不足をも自ら補って、筆者の意図するところを正確にくみ取っているのがわかる。

三つ目は「援助職は難しいが面白いという『セールス』は成功したか」で、約一割の学生が新たな興味対象として援助分野を挙げた。これは資料28～32のあたりで表現されている。

最後四つ目は、「授業は『面白い』という評価を受けたか」で、結果、「面白かった」「興味深かった」「楽しかった」という表現語句の含まれるペーパーが約六割をしめた。これは、我田引水になるのであえて資料に載せなかった。ここでは面白かったかどうかの評価をするようにと言ったわけではなく、単に感想をと言ってこれだけの学生が面白さを記載するということは、少なくとも筆者の担当する他科目での経験と比べて、見るべきものがあると評価した。

(3) 考察

①「児童文学」をたとえ話として使用したこと

筆者が「きつねのおきゃくさま」に出会ったのは、援助論教育のためと意図した素材探しの目的がはじめにあったわけではない。その点において偶然の出会いと言える。しかし一方、援助論教育に携わる「一人の全体」としての筆者に多大な影響を与え続けている子育てを通して出会ったという意味では一種の必然性がある。たまたま出会ったその物語がなぜ筆者の心にとまったのかを解明する作業によって、逆に「児童文学をたとえ話に使うことが正しかったか否か」の問いに応えることができると考える。

「きつねのおきゃくさま」は、筆者の長女が小学校二年生の時に国語の教科書で学んでいた作品である。長女が毎日取り組む音読の宿題を通して親子でこの作品に親しみ、内容を語り合ううちに、自らの分野に当てはめての考察が深まって行った。筆者にとって、日常接する様々な事象が自らの専攻する分野の原理や原則を象徴するものと感じられることがしばしばある(2)。そのような中でもこの「きつねのおきゃくさま」は特に強くひかれる要素のある事象としての「物語」であったと言える。それはなぜであろうか。

おそらく、筆者は「きつねのおきゃくさま」に、まずは「親子関係」を読み解いたのである。きつねを「親」、小動物たちを「子」と見立ててみると、初期の親子関係におけるある側面を表していることを感じないだろうか。無力に見える赤ん坊の笑顔が実は多大な力を持ち、それによってコントロールされ、突き動かされるように世話してしまうことは多くの親が体験するであろう。そして、さして立派な人間でもない自分を、疑うことなく慕ってくる存在が徐々に自らを変えていくことも日常である。親と子も一種の援助者－被援助者関係を取り結ぶ存在と言える。とがめだて抜きに相手を理解しようとするカウンセリングマインドも大いに適用可能な世界である。その認識が、援助関係一般に当てはめての理解に広がって行った。

本作品は、まずは音読を通じて耳から親しんだ。「語り」にぴったりの昔話の型を持ってそこにあったことも縁であろう。昔話は、伝承文学のひとつで、児童文学の中でも五～八歳程度を対象とする幼年文学の源と言われている（三宅 1999：84)。この年代の文学は、語りまたは読みによって耳から伝えられるという特徴を持つ（岡田 1983：10）。つまり、幼年文学はテーマや筋がはっきりしており、特定のリズムや繰り返しの構造を持って無駄のない展開をするといった特徴がある。音読を通じてそれらの特徴が余すところなく生かされ、しかも様々な読みが可能な象徴性の高い文学としてまとまっていた。

「きつねのおきゃくさま」は前述した幼年文学の特長を備えつつも、あまんきみこの作品群の中では、やや異色のものとも言われている。教科書に掲載された作品のみ見ても、あまんのものは小学校一年〜五年までにわたって、二〇〇〇年段階で一三作品がある（三好 2000：89-95）。「きつねのおきゃくさま」は一九八四年にサンリードから出版された作品で、教育出版の教科書が一九九二年より採用している。通常、幼年文学では悪い人、良い人がはっきりしているか、または悪い人が心を入れ替えて良くなるという構図を持つことが多い。しかし、この作品では最後まできつねの「真の姿」はあいまいなままである。全体を通じて、ユーモラスでいながらペーソスが漂うところにその異色性が出ていると言われている。短いながら、複雑で奥の深い作品であると言える。

そもそも児童文学は、子どものための「お子様ランチ」などではないと言われる。何かを訴えたり啓蒙したりすることが一義的にあるわけでもない。読む楽しみに浸り、別の人生を経験するためにある（上野 1998：52-67）。それを通じて結果としては後述するような人間認識を持つことになろうともである。それは、大人になること、つまり常識を身に着けることによってむしろ見えなくなる「自分の生きている世界の意味」や「人間の姿」について大人と子ども両方の心を持てる作者たち、言い換えるなら子どもの目でものを見つつ、かつ伝達可能な言語表現にたけた人々によって書き表されたものである。河合は、現実の多層性を見ようとする時、児童文学がいかに優れたものであるかを語っている（河合 1990：6-27）。

あまんきみこの現代児童文学における位置づけも押さえておかねばならない。あまんは、前述のとおり、旧満州で生まれ、一五歳までそこで育っている。戦争はあまんの作品に影響を与えており、空襲や植民地を題材にした作品がいくつかある。日本で児童文学を支えた代表的な人々の中で、坪田譲治が一九六三年に同人誌「びわの実学校」(3)を創刊した。その同人として活躍してきたのがあまんきみこである。坪田譲治は小川未明や浜田広介らの童心主義の流れをくみつつも、作家の理想とする素朴で美しく、ロマンチックな子どもではなく、みずみずしい生命をもつありのままの子どもを描く『子供の四季』で一九三八年作家の地位を得ている（西本 1983：54-64）。

総じて、児童文学そのものの持つ力に惹かれ、さらに現代児童文学の支え手の一人であるあまんの、特に異色と言われる作品「きつねのきゃくさま」に惹かれたのである。自らの親としての育児体験と障害児者福祉施設での現場実践体験が「きつねのおきゃくさま」を媒介に「一人の全体」としての筆者の中で統合され、本授業の実践へとつながったと言える。そうした、体感したこととのかかわりで出会えた素材を通じて伝える作業は楽しいものであり、それが「乗り」を生み出したと言える。ただ、ここで断っておかねばならないのは、ことさら子育て体験が援助論教育にプラスに働くと言っているわけではないことである。人は親になることで、見えるようになることと、かえって見えなくなることの両方を得る（宮子 2001：34）。これは他のあらゆる「当事者経験」についても同様であろう。筆者個人にとって子育てを通して出会ったこの作品が意味を持つと述べているだけで、援助論教育に子育てが必要であると言っているわけではないことを明記しておきたい。

②「きつねのきゃくさま」にシステム論の見方を読み解くこと

筆者が学部の一年生に対して伝えようとしていることは、そんなに複雑なことではない。それは、特定の要素を固定的に見て、問題児、問題者などと決めつけないこと、人間関係における相互作用をとらえ、問題状況をどう変えてゆくかという視点をもつべきであるという、ソーシャルワークの基本的視点の強調である。こうした内容を「きつねのおきゃくさま」に読み解くことは果たして正しかったであろうか。

そのことを考えるために、逆に同作品が小学校二年生の国語の授業ではどのような教えられ方をしているのかを見る。西郷によると、国語の授業は、文章や表現のあり方をわからせることや、文章そのものを楽しむことと並んで、人間認識を育てるものである（西郷 2000：63）。佐々木による同作品を使った授業の実践記録によると、①場面が変わっても、繰り返されるきつねやひよこの言動を類比する、②きつねとひよこの関係を対比したり、その言動と自分たちの考えを対比したりする、③きつねやひよこの言動を理由づけて考えて言うなどを通して、人間認識としては、「人は、やさしいと言われたり信用されたりすることでその期待に応えようとして変わっていけるものである」という内容を育てるとしている。現に、一人の児童が授業の過程で、「自分がたたかわなかったら、せっかく太らせたのに食べられなくなる。」と表現していたものが、まとめ読みの段階で「最後は心が変わった」と意味づけを変えたことをプラスに評価している（佐々木 2000：107-117）。つまり、これらを通じて、人を信用することの重要性や人との関係はいいもの、暖かいものであるという人生の土台を築く人間認識を教えていると言えるであろう。

小学二年生に対しては当然と言えるこうした人間認識の土台があってこその「ゆさぶり」が今回授業で展開した内容である。小学生も五年生くらいになると文章に書かれていることが「こうも読める、ああも読める」という、いわゆる矛盾をとらえた読みが可能になると言われる。そこから何年も経過した大学一年生に投げかけたのは、人の心の矛盾撞着や、暖かいだけではだめなのだということ、私にとって良いことが他人にとっても良いとは限らないという問題意識であった。西郷は、ファンタジーの教育的価値を記した文章の中で、「思いやり・やさしさというのは想像力と同じです。（中略）相手の身になれる、自分とは違う人間の気持ちになれる、その人間の立場に立てるということは想像力です。」と言っている（西郷 2000：56）。筆者の授業がこの根本を少しでも否定しただろうか。「相手の身になる」とは、まさに自分とは全く価値観の違う人の思いを想像できることに他ならない。「良いこと」とか、「良くなる」とは万人にとって一つの固定したものではないということを伝えたかった。

③システム論の見方と社会福祉の価値の関係

社会福祉の専門職が純然たるもうけのためにのみ援助の仕事をしても構わないと伝えた覚えはないが、しかし、一部の学生からはそのようにとらえられてしまった面がある。それは、「食うために育てる」と「家族または仲間として慈しんで育てる」の両極端は、あくまでも価値観の違いの「見立て」であると強調することが足りなかったのではないだろうか。筆者がここで問題にしている価値観とは、個人個人が持っていて、簡単にその是非を決めることのできない処々の事柄である。例えば「男は妻子を責任もって養うべきである」「女は男につき従うべきである」または「男女は対等にふるまうべきである」「長男は親を見るべきである」「結婚前にセックスをしてはいけない」「母親は子どもが小さい間はそばにいて育てるべきである」など。「生命を大切にする」といった、そこを外しては元も子もないようなはなしをしているわけではないにもかかわらず、きつねの例が獲って食うか、守るかという話であったために極端な見立てをするという誤解を招いたとも考えられる。

ただ、「もうけのために福祉の仕事をする」ということも確かに一つの価値観ではあろう。これを言い換えると「労働条件の良い福祉の仕事に就く」ないしは「福祉の仕事で生計を立てる」という表現にもなり、至極まっとうな話である。価値観との関連でさらに言うと、社会福祉が特に大切にしている「自己決定」とか、「地域でのその人らしい生活」、「障害や加齢の別にかかわらない、できる限りの自己実現を」、などと折り合わない他人（特に被援助者やその家族）の価値観に直面した時、援助者の立場として葛藤があることは事実であろう。この点に関してもまずは援助をしていく過程で無理やり相手の価値観を変える必要はない、変えようとしても無理である、相手の土俵に乗っかって、相手自身で変わるのを見守るためにもシステム論的な物の見方は大切であり、有効であると伝えることになる。ただ、この内容が学生にとってさらに説得力を

表1

問1　きつねはいつ小動物を食べるのをやめたのかへの回答		
場面	2000年度	2001年度
ひよこに「きつねおにいちゃんってやさしいね」と言われた。	17名	15名
ひよこが丸々とふとってきた	2名	2名
ひよこが散歩に行きたいと言い出した	—	1名
ひよこがきつねを「とっても親切なの」とあひるに説明した	12名	8名
ひよことあひるが散歩に行きたいと言い出した	1名	2名
2匹がきつねを「かみさまみたい」とうさぎに説明した	7名	14名
うさぎも丸々とふとってきた	2名	3名
くろくも山からおおかみが降りてきて、きつねが戦う	23名	36名
最後まで食べるつもりだった	12名	7名
その他（不明、決められない、はじめから）	6名	3名
計	82名	91名

持つには、そのような観点で取り組む支援の実践例を豊富に語ることが必要であろう。

（4）おわりに

社会福祉学科に入学した学生の「対人援助」への姿勢や距離とは、これを偽善などに関連づけて引いてしまう、「引き系」から、ぜひとも人の役に立ちたい、現に立っている、立てるのだという「入れ込み系」までの連続線上の様々な場所に位置づくと考えられる。これらの姿勢に対する一種の中和剤として、たとえ話を投じたことの効果は一定程度あったのではないかと考えている。「きつねのおきゃくさま」については、一回完結の授業に使うには最適の分量と形態、内容の奥深さを兼ね備える、優れた作品であったこと、筆者が体感した援助活動が投影されていたことの両者により、乗りのある授業を展開することができた。

ただ、前述のように「やさしさ」や「暖かさ」といった心が大切であるとする観点と、さしたる人格者でなくとも、システムを整える中でまともな援助はいくらでもできるとする観点のバランスについては誤解を招きやすく、さらに丁寧な説明を要することがわかった。「やさしさ」「あたたかさ」がむしろ価値観の押しつけや、優位に立った援助を呼ぶおそれにつながるという点を理解することと、「自分の利害のみを考えて援助して良い」と受け取ることとは全く別の話である。

また、その人が発達上のどの位置にいるのかということは重要な点である。困っている人には駆け寄って手を差し伸べる、という普通の人格教育が前段にあってこその本授業展開である。ということは、逆に、筆者は学部の一年生は基本的な人格形成が終わっており、総じて一定の常識とやさしさを備えている人々と考えていることに気づく。しかし、学生の中にも様々な状況の人がいることを考えれば、本授業のような取り組みは、ややもすると率直な善意を打ち砕くことになりかねないことを自覚した。「たとえ話」は面白いだけに、その使用と説明には慎重を期するとともに、学生のリアクションを丁寧に検討して、場合によってはフォローアップすることが必要であると考えている。この授業では現に講義へのリアクションを寄せてくれた学生の何人かとは個別の話し合いを持った。

資料1

授業評価項目
①否定するために提示した「援助の構図」は否定されたか
②設問に対する種明かしは納得されたか
③援助職は難しいが面白いという「セールス」は成功したか
④授業は「面白い」という評価を受けたか

学生のリアクションから（学生に了解を取って掲載）

（カウンセリングマインドの関連）

1　人が変わるためには、人とのコミュニケーションが必要なのだと思いました。「きつねのおきゃくさま」のきつねも、ひよこたちとのコミュニケーションで変わったのだと思います。

2　私たちは、人とのかかわりなくして生きていくことはできない。その人間関係をうまく築きたいと誰もが願っているだろう。しかし、なくてはならない人間関係の中で悩んだり、トラブルを招いたりすることがある。機械のように説明書通りに行かない。目に見えない。壊れやすくて、取扱いが難しいものであると感じる。その反面、私は人間関係に支えられているし、そこから学ぶことも多い。実際にある友人との出会いが私の考え方に影響を与えたことがあった。人は一人で生きていくことはできない。人は人とのかかわり合いの中で成長していく。この授業で改めて強く感じた。

（カウンセリングマインド＋①の関連）

3　この話を読んで「人を助けるとじぶんもうれしい」の意味が良くわかりました。また、同時にきつねは三人に身体的なケアをされたわけじゃないけれども、今まで会った邪悪な心を取り除くという心のケアをされたと思った。

4　きつねのように、実際援助するつもりはなくても相手を救い、また自分も助けられるということもあれば、相手を助けてあげたくても助けられないこともあるところが援助することの魅力であるとも思った。ひよこの「きつねおにいちゃんってやさしいねえ」の一言は、ひよこに援助するつもりはなくても、どれだけきつねを援助したか計り知れない。この会話でやさしい気持ちを持ち、相手にとって批判的な態度をとるのではなく、その人の話に共感する態度で接することが傷ついた人にとってどれだけ救われることかよくわかりました。

（①の関連）

5　今まで、ボランティアとかしようと思っても、どうしても踏み込めなかったけれど、今日の授業で援助に対する考え方を変えるきっかけを得た気がするので、ボランティアなどの実践の場でいろいろな経験をして、「少しずつ援助に対する価値観を変えていきたいなと思いました。

6　「援助」というと援助する側は、感情的になってしまうような気がしていたのですが、客観的にいろいろな角度から見て、相手の立場や状態、状況を考えてからしなければいけないのだとわかりました。

7　援助に対する気持ちに不安を持っていましたが、誰もが悩むことなんだなとわかってちょっと安心しました。きつねのような行動をとれるようになりたいなと思いました。

8 援助は自己満足ではいけないと思うし、相手の意図を汲み取ることは、福祉の分野以外でもとても大切であると思う。相手の意図を汲み取ることは本当に難しく、「くみとろうとした」だけではすまされないこともあるから、一生かかっても習得できないかもしれないが、きっと一生考えていきそうな気がする。

9 今まで、援助というものは一方通行だと思っていました。できる人ができることをできない人のためにやってあげるという感覚がありました。けれども「きつねのおきゃくさま」を読み、授業を聞いているうちにその考えが変わってきました。

（①及び②の関連）

10 どんな考え方で接していたとしても結果は同じということは、納得はしたが、不思議にも感じた。それは、授業でやった想定としての援助の構図という「私が誰かを援助すると事態が好転して、その人が喜ぶ。私も嬉しい」という発想しか私にはなかったから。私はある人に以前「そういう考え方が強すぎると例えば重度の知的障害の方と接して、こちらが一生懸命やっていても伝わらないと気に、虐待してしまったりする危険があるんだ。」と言われたことがある。「援助してあげる」という気持ちが強すぎても、逆になさ過ぎてもそれは援助に携わる身としては不適なのではないかと思った。

11 （前略）これを介護で考えると、最初介護する人は誰かの役に立ちたいという気持ちから始めるのだと思いますが、もしかしたら人からほめられたいという気持ちもあるのかもしれません。介護される人は、何で他人に介護されなければならないんだろうという気持ちもあるかもしれませんが、徐々にお互いを必要とするようになると思います。動機は何であれ、他人との交流を通し、相手をおもいやり、最終的に成長できればいいのではないかとこの話を読んで感じました。

12 今回の授業で一番心に残っていることは、物事を行う際に例えば人に支援をする際などであるが、それを行うという行為にとらわれがちであるが、結果によって後から行為に対する理解を得ることも出来るというところである。何かと「行う」という行為に気持ちが捕らわれてしまって私自身満足してしまうことがある。また、結果に向かっていくまでの過程の中での形、特に、美しくスムーズに物事進行させたいと思うことやその物事に取り組むものがすべて善良な考えで行わなければならないと思っているところが私にはある。しかし、結果に結びつく過程の中ですべてが素晴らしく進行することは実際には難しい事であり、その素晴らしく物事進めるということも自己満足にしか過ぎないのではないかと感じた。

13 「経過」と「結果」って、何につけても難しい問題だと思う。他者を助けたとして、それがおせっかいだったら……そういう話がでていたけれど、そんなことを言っていたら何もできないと思う。結局、この世の中、結果良ければすべてよしなんだろうなあ。そりゃ、結果が良いに越したことはないけれど、経過が人間の価値を育てていくものだと思うから、経過も大切だと思う。きつねの話だって、ある経過を経て結果につながったわけだから。

14 私がきつねが最後まで「えさ」としてひよこたちを思う心がほんの少しでもあったかもしれないと考えたのは、きつねを私に置き換えるならそこまで強くなれるかしらと思ったからです。人の心の隅には、どうしても弱い部分があって、それを責めることはできないのではないかと考えたからです。もし、きつねが死なず、四人で幸福に暮らしていたとしても何らかの理由で食べ物がなくなり、四人とも飢え死にしそうになったとき、きつねはどうするのでしょう？　ひよこたちを食べず四人で仲良く死んでいくのでしょうか？　先の先まで想像して、飛行機事故で遭難して、死んだ人を食べて生き残った人たちの話まで思い出して考えてしまいました。

それから「人に頼られること」「人に必要とされること」は気持ちのいいことであるという話も自分の中で思いあたることがあり、自分を振り返りつつ人と接してゆく必要性を痛感しています。

（②の関連）

15 人が変われば、状況が変わり、状況が変われば人が変わるということを考えさせられました。社会においてもその通りだと思いました。そして授業後半の介護する側とされる側の共依存についてはなかなか考えさせられるものがありました。自分の好意からした行為が実は自分の自己満足の世界になってしまっていたりするところ等、難しい問題だなあと思いました。

16 援助をする人というのは人間的に欠点のない人というイメージを持っていたのですが、良く考えれば人間は二元論にあてはまらないし、先生の言うことはもっともだと思いました。自然と自分の中で福祉のことに対して固定的に思っていることがあるので、これから知識を増やし、柔軟に物事を考えて行きたいです。

17 この話で実に興味深いのが、きつねの心理変化です。私はこの学科に入ることを決めたのは、「資格が取れるから、就職に有利だから」という安易な気持ちからでした。入学したらしばらくは案の定後悔する日が続きました。「自分は本当に福祉の道へ進みたいのだろうか、もう福祉の道に踏み込んでしまったから引き返すことはできない……」とかなり落ち込んだこともありました。しかし、講義が進み、今まで知らなかった福祉について勉強していくうちに、今度は「もっと福祉について知りたい！　人の役に立てる人間になりたい！」ととても勉強が楽しくなってきたのです。自分でも不思議なくらい私の心は一八〇度転換しました。

そんなことがあってか私はこのきつねにとても親しみを感じました。はじめはいい加減な気持ちで入った社会福祉学科でしたが、今は心から福祉を勉強したいと考えています。

18 私は介護をするとき、偽善の気持ちはないかとか、本当に純粋に社会福祉学科を選んだのかについて不安になることがあるけれど、この話を読んで、先生の話を聞いて、どんな気持ちでいたとしても、介護をされる人の役には立っている、ということを知って安心した。

19 援助というのは愛情が根底になければできないと思っていた。でも、今日の授業で援助をしてくうちに愛情がわくということもあると気づいた。考えてみればカウンセラーやソーシャルワーカーなどが相手にするのは、ほとんど他人と言う場合が大部分。その人がどこでどう生きようが自分には全く関係ないとすらいえる。それでも、人を助けたいという思い、実際援助していくということは、人間と言う存在そのものに対する愛があるからだと思う。

20 今まで「援助をする人は良い人だ」と思っていたけれど、人を守るためには別にそんなものは関係なく、しようと思えば誰だってできるものなのだということを感じた。

21 小学校の頃も国語の授業でこのようなことを考えたと思いますが、昔と今では考えることが違って来ているように思いました。小学生の頃だったら純粋にきつねはひよこ達を食べるのをやめようと思い、最後には自分の命を捨てて助けてあげたと考えていたと思います。しかし、今ではきつねは最後まで食べようと考えていたとかあまり良い方向に考えることも出来なくなっている自分に少し悲しくなりましたが、いろいろなことを考えられるようになったという考え方もあります。

22 きつねは、最後まで食べる気だったと私は感じた。（恥ずかしそうに笑ったから）しかし、おおかみと戦う場面を何回読んでも獲物をとられないために戦ったとはどうしても思えない。何だかとても矛盾していて変だと自分でも思った。私は心の底では「いいきつね」だと思っているのだろう。人が変わらなくても状況は良くなる。私は最初「えっ？」と思った。私はひよこたちが守られ、きつねに対する信頼も深まったという結果だけだはなく、きつねは本当は「いいきつね」であることも求めていた。みんなが「いい人」になって「いい状況」になり丸くおさまり、笑顔で「良かった、良かった」ということを安易に考えていたことに気付いた。

23 人が根本的に良くならなくても状況が良くなることはある。例えば、思いやりがなくても生活のために福祉で働き、人に援助する。援助された人は当然助かるということだ。しかし、やはり思いやりを持って接した方が介護される人からするとうれしいだろう。ひよこは、きつねが本当は食べようとしていたのにわからなかった。最後まできつねを信じ続けた。人間は違うと思う。もっと他人の気持ちを察する能力があり、まして障害者や老人はもっと敏感に感じるのではないか。重度の知的障害者の兄でさえ、偏見を持っている人には近づいて行かない。市役所の福祉課の人たちだって、親身になってこっちの言うことを取り合ってくれる人は少ない。そうなると、状況は良くなっていない。思いやりも大事だ。少なくとも私は思いやりを持った人間になろうと思った。

それと、これは私の考えすぎだろうが、実はひよこの方が頭脳明晰で、きつねを尊敬しまくり、たくさん感謝して喜ばせておいて、きつねの心をコントロールしていたかもと考えてしまった。感謝の気持ちで人間の気持ちをコントロールできる。そう信じたい。

24 きつねの考えがどうであるにせよ、結果的にひよこたちの命は救われた。援助者が被援助者に対してどのような目的、意図で働きかけようとも、現象的には同じ結果がもたらされる場合があるようだ。きつねとひよこたちの関係が援助者と被援助者の関係にあてはまるということなのだが、被援助者にとって良い状況になれば、とにかくそれで良いということなのだろうか。（中略）たとえ働きかける方法が同じで、予想通りの良い結果が得られたとしても、援助者の姿勢が真に被援助者の立場に立ったものでなければ、いい関係を維持するのは難しいのではないか。

25 一つのことに対して様々な見方を考えることは面白いと思います。けれどもそうするうちに、ふと、何を信じたらいいのかなあと不安になったりすることがあります。どうしてだろうと考えました。多分それは世の中のことが正しい事と、そうでないことに分けられたら楽かもしれないなあと心の中で思っていたからでしょう。でも、こうやって言葉にすると私ちょっと危ない人みたいですね。一つのことに対して様々な見方から考えることが大切なのは、それだけ、いろんな人がいて、一つの物差しだけでは測りきれないことが山ほどあるのだということなのでしょうか。

26 「人が変わらなくても状況は変わる」ということは、きつねの例に当てはめてみるとすごく納得できたけれど、この言葉は、なぜか私にはちょっとしたショックのようなものがあった。（中略）私がショックを受けたと言ったのは、状況が変化する時に人の心情は全く関係がないのである、と言葉の意味をとらえ、人の心と言うのは現実にはうずまっているという、そんな寂しいものなのかと思ったからである。しかし、いろいろとお話をきき、考えてみると、状況を良い方向にもっていくためには、まず人を変化させようとするのではなく、その状況を良くさせることを考える、そこには自然に心情の変化が伴うということを感じた。

（③の関連）

27 私が一つ疑問に思ったのは、先生は「読み取れること」と「考えられること」のどちらを考えていらっしゃるかということです。「考えられること」では無限の可能性があります。きつねは結局食べるために育て続け、獲物として守り、自嘲して死んでいくという最悪のケースも「考えられ」ます。しかし、一つ一つの言葉の意味や役割を理解でき、「読み取れて」いればおのずとわかってくるでしょう。このケースにあてはめてはならないことが。文の解釈に「正しい答え」はありませんが、「ふさわしい答え」というものがあると思っています。

（③の関連）

28 この授業を受けて、人の役に立つことなんてそうできるものではないけれど、できるものなら福祉関係の専門職に就きたいなあと思いました。

（①及び③の関連）

29 私は、一時社会福祉とは、人に善意を押し付けるようなものと、福祉サービスを受ける人の中に感じている人がいて、自分を受け入れてもらえなかったりすることがこの先あるんじゃないかと考えてしまったことがあったのですが、今日の授業でその不安の部分が消えたように感じています。

（②及び③の関連）

30 価値観の話には「ああ！そうか！」と思いました。つい最近、人との価値観の違いについてすごく考えることがあったので、相対的なものなんだ、と、人を改心させる必要がないという話で目の前のモヤがすっきり晴れた感じで、今までよりもうまく伝えられそうな気がしました。（中略）「援助」の方にあまり興味はなかったのですが、すごくやりがいがありそうだと、奥が深くて興味がわいてきました。

（③及びカウンセリングマインドの関連）

31	今回の授業の最後に「援助するって素晴らしい？」という質問がありました。私も素晴らしい！と言いたいけれど、何だか見る人によっては偽善のように見えてしまう気がして、援助することの難しさも感じました。きつねのお客様を読んでいると、ひよこのやさしい心によってきつねの心の変化が起こっていることに、人に対する接し方にもいろいろあって、答えなんてないから援助は本当に難しいと思いました。だけど、答えがないからこそ援助と言うのは自分も成長できる良いことだと思います。人の話がきける「聞き上手」になれるようがんばりたいです。
32	私は、社会福祉学科に入っておきながら、「援助」したいけど、したくない、という躊躇するような、おびえるような感じもまだ少し残っているのですが、今日の「援助するってすばらしい？」の中で「たくさん間違いを起こすけれど、自分をふりかえりつつできる」というお話に勇気づけられました。
	(④の関連)
33	小学生の教科書を読む時、援助論とつながっているなどとはもちろん考えずに読んでいて、今回、そういうことを念頭に置いて読んでみたら、本当につながっているんだなと感じました。「社会福祉」というものは日常のあらゆるところにあって、探そうと思えばヒントはどこにでもあるのだなと思いました。
	(②および④の関連)
	「きつねのおきゃくさま」は以前何かで読んだことがあるが、改めてよんでみて、今回のように福祉の面から見て見ると、とても興味深い話に感じた。どの講義でも私とって新しい哲学的な思想が含まれているように感じ、その思想が福祉の基本となるのだと思っている。今回の講義では特にそれを感じうまくいえないが「福祉とは～」というより「人間って～」を学んだように感じる。聞き上手になろう、価値観は相対的だ、などこれらは福祉の面に限らず、私のこれからの友人関係、家族関係をより良くするものだと思う。

2　その他の作品と援助論

前節でみたように、援助論におけるいくつかの概念理解をはかるために物語をたとえ話として利用することについては、大平が類似のことをその診療活動で述べている。患者を診たり、家族に説明したりするときに精神科医である大平は「込み入った事情の全体像を直感的に丸ごと理解してもらえる」童話や昔話の力を強調する（大平 2004：44-59）。援助論の教育においても複雑な援助プロセスや矛盾に満ちた援助‐被援助関係などについて理解を助けるものとして「物語」を登場させる意義が十分にあると考えてきた。援助論系の科目において素材として取り上げてきた作品は以下のようなものである。

（1）三年とうげ（李 1998）

李錦玉『三年とうげ』（昔ばなし）。これは小学校三年生の国語の教科書に掲載される朝鮮半島の昔ばなしである。春には様々な花が咲き乱れ、秋には美しい紅葉が彩るその峠には次のような言い伝えがあった。「三年とうげで転ぶでない。三年とうげで転んだならば、三年きりしか生きられぬ。長生きしたけりゃ、転ぶでないぞ。三年とうげで転んだならば、長生きしたくも生きられぬ」この言い伝えに、みなそこをおそるおそる歩いたというが、ある秋の日に、反物売りに行ったおじいさんがその帰り道、あまりの美しさにしばらく休んで眺めた後、日が暮れるとあわてて帰ろうとしたところ、石につまずいて転んでしまう。そのおじいさんがあと三年しか生きられないと恐れおののいて、実際に病気になっていたところへ、水車屋のトルトリ少年が見舞いに来る。そして「三年で死ぬ」を「三年間生きる」に読み替えて、その坂で何度も転んでみれば生きられる年限が増えると提案し、おじいさんが実行し元気になるという物語である。

これは、「三年とうげで転ぶと死ぬ」という言い伝えを固く信じて、実際に転んだ人が、自分は死ぬと思い込み、抑うつ状態になって、実際に体調が悪化するという悪循環をとらえ、三年で死ぬという言い伝えの見直しをし、三年は生きると言い換えるいわゆる「枠のかけかえ」をしているという例示としてまずは説明が出来る。また、これは枠をかけかえているだけであって、おじいさんの持つ価値体系を批判したり否定しているわけではないというところにトルトリ少年の援助者としての技があるとも読める。トルトリ少年は実際に三年とうげに出かけて転んで見せるおじいさんをそっと見守り、横合いから歌を歌うことで励ましている。一連の支援を社会福祉援助プロセス及び側面的支援のあり方になぞらえて説明を試みた。社会福祉援助技術論Ⅰの冒頭で導入の例示として引用した「物語」である。

表2

藪の中（記入例）			
相手／自分	妻	夫	多襄丸
妻	凌辱された自分を恥じる気持ち。 死にたいと思ったが死にきれなかった。	夫を思いやったが、さげすみの目で見られた。 そのことに大変な腹立ちを感じる。夫を殺した。	夫をあざけっていた。
夫	盗人に対してうっとりしていた。それが大変妬ましかった。盗人に対して夫を殺せと頼む。逃げた。	絶望して自ら命を絶った。	妻に言い寄っていた。最後は自分にも情をかけた。
多襄丸	妻が女菩薩のように見えた。美しいと思い手に入れたかった。けなげな妻に魅力を感じ、愛する気持ちが生まれた。妻には結局逃げられた。	夫をだまして呼び出した。妻の懇願に殺すしかないと考えた。しかしひきょうなやり方は嫌だったので、縄をほどき、五分と五分の戦いをした。	極刑にしてくれ（されたい）。

各自の正当化（自分をどう思われたいか、思われたくないか）
妻：傷つけられた自分をさらにあざける夫への絶望。恥知らずとは思われたくない。
夫：簡単に心変わりしてしまう妻に絶望。やさしくない人間とは思われたくない。
多襄丸：妻の気概に触れ、気持ちがそそられた。夫は夫で五分と五分の戦いがあっぱれ。色欲だけの人間とは思われたくない。

（2）藪の中（芥川 1968）

これは同作品が黒澤明監督により羅生門という映画になり、「羅生門アズリアリティー」と語られる有名な作品である。今昔物語の第二九巻、第二九話をヒントに芥川龍之介が作品化したもので、検非違使の庁（現在で言う警察件裁判所）に引き出された当事者や証人たちの言葉をそのまま写し取って並べたという形式をとる。登場人物は、きこり、旅法師、放免（検非違使の使用人）、侍の妻の母親、盗賊、妻、死んでしまった侍の霊である。侍とその妻が旅しているところに出会った盗賊がむこうの山に古塚があり、財宝が埋まっているとだますというストーリーである。実際に盗賊多譲丸と、侍およびその妻三者が述べる内容が大きくくい違っており、いわゆる「同じ現実」を経過しても個人個人がいかに違ったもののとらえ方をし、違った語りをするかということを感じさせる作品である。これら主要な三者が、それぞれ自分と残りの二者をどう見たかについて表を埋める形で他者理解の感覚をつかむための導入ワークとした（表2）。

年によって、作品自体を事前に読んでくることを要請したり、成り立ちの説明をざっとした上で主要な三名の語り部分のみ授業内で読んでもらいながら表を埋めることを要請したりといったやり方のちがいがある。毎回印象的なのは、「一体誰が本当のことを言っているのか……」というようなリアクションとともに記入に大変苦労をする、ないしは止まってしまう学生がいることである。時代の設定が、援助について語るリアルな現代とはかけ離れた状況であることに伴う戸惑い以外のある種の「固さ」を感じる部分である。

（3）奥田英朗の三作品（奥田 2004, 2006a, 2006b）

援助者と被援助者の関係、特に社会福祉援助の専門職が持つ「専門性」の問い返しについて、また感情労働における表層演技と深層演技の考察に関連して取り上げた。奥田英朗著の『イン・ザ・プール』『空中ブランコ』『町長選挙』。これは『空中ブランコ』が第一三一回直木賞を受賞している作品で、この三作を通じて伊良部というはちゃめちゃな精神科医が登場する一種の誇張されたワンパターンストーリーであり、大変笑える物語でもある。注射フェチでマザコンな伊良部医師が患者の訴える「病理的な」状況を、すべてその人の病理とはとらえず相手の言うとおり環境を何とかする方向に（例：何人ものストーカーがつきまとうと言う患者にボディーガードを増やせというように）徹底してジョイニングをしてみせるわけで、そのひとつひとつが表層演技なのか、深層演技なのか、はたまた実際に信じ込んでいるのかが曖昧模糊と描かれるところに、専門性や援助者－被援助者関係に潜む欺瞞を揶揄する絶妙な空気を感じる「物語」である。

社会構成主義が言うところのセラピー文化批判において、無敵の強者としてたちはだかるセラピストは社会福祉援助活動に従事するソーシャルワーカーになぞらえることも可能であり、そうした援用による理解の媒体としてこの精神科医の登場する「物語」に注目した。このような「なぞらえ」は時代の流れとともに適切な作品群が次々と現れるのではないだろうか。

（4）田口ランディ作品（田口 2006：215-269）

援助活動に従事する動機づけの振り返り、及び援助のむずかしさについて田口ランディ『富士山』の中に収録されている「ひかりの子」を取り上げた。この作品では、自ら暖かな家族関係に包まれて成長した主人公が看護師になり、生命の誕生に立ち会う診療科ということで選んだ産婦人科で、理不尽に「殺されていく」胎児の中絶手術に立会い、どうしても患者＝被援助側に対する敵意やネガティブな思いからのがれられないという苦悩が描かれる。そこにはおしゃれに憂き身をやつし、場のルールも無視して、例えば病院内で携帯電話を利用したり、病院食をそっちのけに差し入れの食べ物に手を伸ばしたりする患者としての少女が描かれ、ほしくとも子どもを産むことができないような状況に立ち至ったある事件の被害者である女性が同時平行で描かれることによってその理不尽さを強調して見せる。同時に、表面上いいかげんな考えで妊娠し、中絶を選択する少女が、親からの暴力を受けるといった別の被害者性を抱えている現実も描かれ、総じて「誰かの役に立つために」と単純に援助職を選ぶことなどはできない現実や、また加害者と被害者、良い人と悪い人、ひいては援助者と被援助者が単純に二分化されるわけではないことなどを感じさせる「物語」である。

おそらく学生の目線から見て反感を覚えやすい対象としての作中人物「少女」を巡るシーンを題材に「理解」のプロセスを描くことを要請する試験問題に使用したこともある。

（5）乃南アサ作品（乃南 1997, 2002）

逸脱行動や問題状況を通常被援助者側となるであろう側の語りとして描き、そのリアリティへの共感から援助者自身を含む多くの人の中に共通して存在する思いや病理であると実感させる「物語」として、乃南アサの『家族趣味』『躯（からだ）』を取り上げた。これはエスカレートする美容整形や摂食障害につながる極端なダイエットなど、場合によっては病理とみなされるような状況をその当事者の側からみごとに描き、多かれ少なかれ我々の中に存在する「毒」として自覚させてくれる作品である。

『躯（からだ）』の中に収録されている「尻」という作品では、親のコネで地方の高校から東京の大学に入学し、寮生活に入る女子学生が描かれている。その地方ではそれなりに目立つ存在であった本人も学業、外見、ふるまい方すべてにおいて気後れするような環境に入り、地元で仲の良かった男友達も失う中で、あるときちょっとしたきっかけで気になりだした自分の体型を何とかすべく食事制限や食べ吐き、下剤の使用などを行うようになるプロセスがその女子学生の言葉で表現されている。通常こういう被援助側に位置づけられてしまう人々には語る適性が割り当てられないために（3章で詳述する）どうしても援助者側の語りを通して「理解」の試みがなされることになることを考えると、有意義な「物語」であると考えた。

3　今後に向けて

援助論教育に限らず、「良い授業」の要素には、学生にとって理解しやすく、教員の意図がストレートに伝わる、学生の中に問題意識を芽生えさせる、そして教員自身が乗れる（＝楽しい）ということが含まれるはずである。社会福祉援助論を扱う授業は、教員自身が援助方法やその過程を「知る」とともに「感じて」いなければ伝わらない。おそらく、筆者自身が「感じる」過程、言い換えるなら感情が動かされる過程を経た作品を媒介として伝える作業がある程度できた場合に「乗る」ことができ、また学生も「反応」してくれたのではないかと考えている。

今後は文学理論の検討を踏まえて、こうした教育に奏効すると考えられる「物語」の妥当性について詳細な説明を積み上げてゆく必要もある。大塚は『物語消滅論』（大塚 2004：223-224）の中で次のように述べる。「マルクス主義が終焉し、それに変わる、世界を説明するための新しく、相応に普遍的な原理は確かに見当たりません。資本のあり方も国家間の利害も人々の生き方もあまりに複雑すぎて、なかなかすっきりと説明できないでいます。しかし、その複雑さと向かい合おうとしない怠惰さの表れとして「物語」の単純さで世界を説明してしまおうという動きが急なようにぼくには思えます。」「物語」はおもしろく、大平の言うように直感的に状況を理解する面接の鏡ともなりうるものである。それだけに、矮小化された社会福祉援助の狭いスキルやテクニックを読み取らせる「くさい」結びつけに終始することのないよう留意することが常に必要である。

［註］

（1）ブルース・ウィリスとハーレイ・ジョエル・オスメントの演技で話題を呼んだこの作品は、援助関係の妙味を語るためのたとえ話としても最適であると考えられる。主人公マルコム・クロウが児童精神科医として、フィラデルフィア市長より優秀功労賞を受けた現実と、それでも治療に失敗した（援助できなかった、ないしは症状が改善しなかった）子どもはたくさんいる現実の対比、そしてもう一人の主人公コール・シアーを治療しよう（援助しよう）と親身に働きかけるその構図が最後に大逆転する運びに、「援助関係」の難しさと素晴らしさを読み解いた人は多いのではないだろうか。

（2）例えば、ベストセラーになった鈴木光司のSFホラー三部作「リング」「らせん」「ループ」の三作目「ループ」について紹介した。「ループ」では、ループ界が山村貞子の自己増殖により単一遺伝子に収斂されていくことによって、転移性ヒトガンウイルス増殖の直撃を受け、滅亡に向かうというストーリーがあり、そこに「多様性を認めない社会は弱くもろい社会である。」という思想を読み取り、実際授業の中で紹介した。また、宇多田ヒカルの楽曲In My Roomの歌詞に障害構造論を読み取り、授業で紹介した。

（3）坪田譲治が「びわの実学校」を創設したのは一九六三年であり、一九八二年の譲治の永眠後も続けられ、一九八六年に一三四号を持って終刊した。同年一〇月に同人によって『季刊・びわの実学校』が発足し、一九九四年三〇号をもって終わる。三年の空白後、一九九七年『びわの実ノート』が創刊された。編集長が松谷みよ子で、同人メンバーは、あまんきみこ・今西祐行・沖井千代子・砂田弘・高橋健・寺村輝夫・前川康男・松谷みよこ・宮川ひろの九人である（松谷 2000：6-7）。

[文献]
芥川龍之介（1968）『藪の中』新潮文庫
あまんきみこ（1998）「きつねのおきゃくさま」『新版国語　2上』教育出版、52-60
Gergen, Kenneth J（1999）*An Invitation to Social Construction*, Sage publication.（=2004 東村知子訳『あなたへの社会構成主義』ナカニシヤ出版）
東豊（1993）『セラピスト入門――システムズアプローチへの招待』日本評論社
松谷みよ子（2000）「びわの実ノートとあまんさん」西郷竹彦責任編集『文芸教育79』No.2、明治図書
宮川健郎（2000）「あまんきみこの『原型』」西郷竹彦責任編集『文芸教育79』No.2、明治図書、66-72
三宅興子（1999）「童話と幼年文学」三宅興子・多田昌美著『児童文学12の扉を開く』翰林書房
宮子あずさ（2001）「親が憎い……。だから何?」『つらい心への処方箋』ポプラ社
三好修一郎（2000）「教科書掲載・あまんきみこ作品の変遷」西郷竹彦責任編集『文芸教育79』No.2、明治図書、89-95
西本鶏介（1983）「坪田譲治・リアルな目で描く童心の世界」『子どもの本の作家たち』東京書籍
乃南アサ（2002）『躯（からだ）』文春文庫
乃南アサ（1997）『家族趣味』新潮文庫
大平健（2004）『診察室にきた赤ずきん』新潮文庫
岡田純也（1983）『児童文学への誘い』創世記
奥田英朗（2004）『空中ブランコ』文芸春秋
奥田英朗（2006）『イン・ザ・プール』文春文庫
奥田英労（2006）『町長選挙』文芸春秋
大塚英志（2004）『物語消滅論－キャラクター化する「私」、イデオロギー化する「物語」』角川oneテーマ21
李錦玉（1998）「三年とうげ」『新版国語3上』教育出版
西郷竹彦（2000）「ファンタジーにはどんな教育的価値があるのか」西郷竹彦責任編集『文芸教育79』No.2、明治図書
佐々木智治（2000）「『きつねのおきゃくさま』の授業」西郷竹彦責任編集『文芸教育79』No.2、明治図書、107-117
瀬戸賢一（1995）『メタファー思考』意味と認識の仕組み、講談社現代新書
田口ランディ（2006）「ひかりの子」『富士山』文芸春秋、215-269
上野瞭（1998）「児童文学はお子様ランチか?」今江由祥智・上野瞭・山下明生著『宝島へのパスポート』解放出版社

第3章

物語を通した他者理解

概念理解を中心に物語を取り上げた前章に続き、本章では事例ではなく、フィクションとしての小説等物語を中心に取り上げることによる他者理解トレーニングについて論じる。

1　文芸・文学作品利用の意味と方法

(1)「物語」利用の経緯とメリット

そもそも筆者が物語の全体像を考えることで、受容・傾聴・共感の下地を作る、という目的のもとに、初心者レベル（一〜二年生）の学生に対し、小説、童話、漫画、ドラマ、映画などストーリーのあるものを題材にトレーニングすることを勧めたのは、自分自身の読書体験から得た次のような実感があったからである。筆者が読書を愛好する者として、ある時期読んだものに、京極夏彦著『嗤う伊右衛門』（京極 2001）があった。これは、四代目鶴屋南北の書いた歌舞伎の台帳「東海道四谷怪談」を題材にして、新たなお岩さん像、伊右衛門像を描いたものである。筆者としては、ややエキセントリックであることを感じつつも、お岩の人間像にどこか共感できるものがあった。そこで、原典をこどもむけに書き直した四谷怪談に接してみたところ、著者の高橋克彦が以下のように述べている場面に遭遇する（高橋 1995：330-331）。

「……（原作のおもしろさが映画などではダイジェスト版になってしまい描きされていないと残念に思っていたところ、）台本を小説の形に直して、しかもいまのわれわれにわかりやすいことばでという依頼が来た。やりがいのある仕事だ。……原作があるのだから、そんなに厄介な仕事ではないと甘くみていたのに、実際は反対だった。なぜここでお岩さんがこういうことばを使うのか？　なぜ伊右衛門はこれほど無慈悲になれるのか？　南北の真意がなかなかつかめない。そのままわかりやすい言葉に直すのは簡単でも、私が納得できないと一行も前に進めないのだ。結果として一年がかりの仕事となった。……」

これは、私達が社会福祉援助において自分と状況や価値観の違う他者の言動に違和感を覚え、どうしても納得や受け入れが出来ない状況と酷似しているのではないだろうか。そこで、「物語を通して、他者の人生ストーリーに敬意を払う姿勢と柔軟に理解しようとする想像力を養い、同時に自分の持っている価値観に気づくことが出来るのではないか」と考え、学生に対してその根拠を次のように説明した。

第一に、物語は現実の要素を多分に含んだフィクションであり、現実世界では容易にアクセスできないであろう領域についても倫理上の不安なく、安全に学べる。例えば犯罪行為をはじめとする社会的な逸脱行動について学び、理解しようとする時、実際の事例にアクセスすることは多くの場合困難であり、倫理的な課題をともなうことも多い。第二に、場合によってたとえ話として援助論理解を助ける。第三に、何より、おもしろい（へたな事例よりもリアルである）。大塚は、ノンフィクションも自然主義小説も「おもしろさ」とは「事実」ないしは「体験」のおもしろさとして常にあると述べている。さらに、悪く言えば「私生活の覗き見」に始まって、ノンフィクション的、ドキュメンタリー的な「事実」そのものに私達は「おもしろさ」

を感じるという。つまり、他人の体験はそれだけでおもしろいという「おもしろさ」のあり方を指摘している（大塚 2003：220-223）。第四に素材が豊富で選び放題である。第五に、自己とはセルフストーリーであるというナラティヴモデルの考え方を重視するためである（野口 2003）。総じて、優れた小説にはこうした様々な状況に対する豊かな想像力に満ち溢れたものが存在すると考えた。

(2) なぜ事例ではなく「物語」か

では、これらの作業がなぜ実際にあった事例ではなく、それを含む「物語」なのかについて前節に引き続いて掘り下げる。これについては、社会構成主義をベースとする質的な社会調査の一手法であるアクティブ・インタビューについて記述したグブリアムらの説明を援用することができる（Holstein et Gubrium 2004）。通常の社会調査においては、誰に回答を求めるかという判断をするときに働く社会的な装置について考慮されることはなく、回答者として不適であるとカテゴリー化された人々の声や、その人々が自分の生活について語る特定の「内容」はインタビューのデータの中から消えてしまうとされる。ここで言う不適とされた人々の中には判断力に制約のあるとされる「子ども」や「老人」も含まれるであろうことは想像に難くない。「女性」一般についてもそうである。グブリアムらは、フェミニスト研究者が文化的で実践的なカテゴリーセットとしてのジェンダーが社会全体、とりわけ社会科学や行動科学においてどのような物語として表現されるのかということに関心を持つとし、自分達の生活や経験でありながら女性達はその主体として不可視化されてしまうと述べた。「男性」という、「女性」とは別にジェンダー化され、制度化された語彙を通して女性の経験が表現されるという記述の「男性」に「援助者」を、「女性」に下に述べるような「被援助者」を当てはめると、本稿で議論している「物語」の意味が見えてくるのではないだろうか。

社会福祉援助技術の教育で取り上げるいわゆる「事例」とは、通常援助をすると期待される側、すなわちソーシャルワーカーや看護師、保健師、教員、ケアマネジャー、保育士等の語りによる「物語」である。ということは、それらの人が援助の対象とした人々のうち、特に前述のような社会的逸脱行動や病理と表現されるようなくくりの中にいるとされる人々の声は不可視化されるか、ないしは援助者側のフィルターを通した語りに変更されている可能性が高いと言える。その場合、後述の他者理解ステップで示すような「世界と個人の相互関係解読」にいたるような手順は踏みづらくなるのではないかと考えた。社会福祉援助の領域で例をあげるなら、虐待の加害者側とされる親やＤＶの加害者側である夫、薬物やアルコール依存となる人々や摂食障害に直面する人々、ホームレスとなる人、ゴミ屋敷の住人、多重債務で夜逃げをする人、いじめの加害者や、引きこもりやニートと言われる若者など。これらの人々を単純に援助する側からステレオタイプなくくりを前提に「理解」しようとすることには無理があるという場合、すぐれた小説をはじめとする物語に想像力涵養の場を求めることに間違いはないと感じるのである。

（３）「物語」の解釈

筆者は一年次の導入教育において、援助論の理解に向け、２章で示したように童話を「たとえ話」として利用することを行ってきた。そのプロセスで、いわゆる「国語」の読解として「物語」に接した学生が、筆者の提示する様々な解釈のバリエーションや読みの可能性をめぐって違和感を抱くことがあるという事態にも直面した（七一ページ）。しかし、社会構成主義における「理解」の意味を踏まえて、こうした様々な角度からの解釈を前提として文学を利用することの根拠は文学理論の中に見出すことができる。

ジョナサン・カラーは、作品に対してある反応を示すとき、読者はどのような手続きを踏んでいるのかに着眼して、何が意味を決定するかについて論じた（Culler 1997=2003：98-102）。すなわち、何が意味を決定するかということに関して、文学理論においては次のような立場が考えられるとされる。第一の立場は、話し手、書き手の意図が意味を決めるというものである。第二は、意味はテクストの中にある。すなわち意味は、言語そのものの産物であるという見方である。第三は、コンテクストが意味を決定するという立場。つまり、特定のある発話が何を意味しているかを知るためにはそれが現れる状況や歴史のコンテクストを見なければならない。しかもコンテクストには際限がない。第四は、テクストの意味とは読者の経験するもののことであるという立場である。

これらのどれを支持するにせよ、そうした議論がなされるということ自体が「意味」とはいかに複雑かを示すものだという。今日、文学理論において、その作品の解釈をめぐる議論は「神託」すなわち作者におうかがいをたててもわからないという論が強く、かといって単にテクストの属性でも、読者の経験でもなくテクストの中にあって、われわれが理解しようとするもの、強いて言えば前述第三の立場、コンテクストによって決定されるという見方が強い。

このように意味がコンテクストによって縛られているにしても、そのコンテクストなるものは無限である。そして解釈学には二種類あるとされる。すなわち、もともとの生産のコンテクスト、すなわち作者をとりまく状況とその意図を再構築しようとする「回復の解釈学」と、テクストが依存している可能性のある未だ分類されていない前提、例えば政治的、性的、哲学的、言語的な前提を明るみにだそうとする「疑いの解釈学」である。こうした議論を知ると、ひとつの「物語」をめぐって多様な読みの可能性を提示し、限られた自分個人の価値範疇からは到底理解できないと感じる作中人物に対して、その言動に必ずしも同意や賛意を示さずともそれまでとは違った「理解」をすることは出来るし、社会福祉援助論の勉強にとって有効であると考えられるのである。

（4）考証の手続きの逆利用

このように、文学理論の変遷を概観した時に、コンテクストが意味を決定するという第三の立場を取ることが妥当であり、それは、社会福祉におけるライフストーリーを踏まえた相手の理解と呼応するものがあると考えた。文学作品の読み解きにおけるこの立場を逆から見ると、その小説の持つ「意味」のリアリティを大切にしようとした物語創造時のステップが想定できることになる。これを記述したのが、キャラクター小説において架空の世界をリアルに感じさせるために押さえるべき観点を解説した大塚の記述である（大塚 2003）。大塚は、若年層向けのライトノベルズやゲーム等二次創作としての文庫をキャラクター小説と呼んで、一般の文学作品とは別に創造の方法を説いた。しかし彼が本当に追求しようとしたのは、一義的にはいわゆる文学作品より一段低い位置にあると見られがちなキャラクター小説創造の仕掛けを説くことによって、「文学とは何か」という根源的な課題を提起することであった。いわゆる小説の書き方について表立ってテクニカルな部分で論じられることは少ないであろうことを考えた時に、大塚が構造論のもとになったと考えられるプロップやグレマスの議論を下敷きに現代の物語作りを論じたことは興味深く、ここに他者理解教育のヒントを逆読みすることとなった。

大塚は、歌舞伎における「世界観」にヒントを得て、キャラクター（作中人物）の個性とは、①キャラクターの性格や生い立ちその他個人の特殊性に由来するもの、②キャラクターが所属する「世界」の物の見方の価値観に由来するものの二つから成り立つと述べる。よって、架空の世界を読者にリアルに感じさせるには、その「世界」に根ざした物の見方や行動をするキャラクターが不可欠だし、逆にキャラクターをリアルに表現するのは作者が生きている現実の世界ではなく、架空の「世界」とのかかわりとの中であるとも述べている（大塚 2003：223）。自然主義小説における登場人物設定の方法として想定されるこの枠組みは、他方でソーシャルワークにおける生活モデルの構図と酷似していると言えるだろう。

このようにして、作者がフィクションをリアルに感じさせるために使う手法を、現実読み解きの側から見直したときに、我々が他者理解において必要なステップも見えてくるというのが筆者のアイデアである。つまり、

図１　架空の世界をリアルに見せる考証のテクニック

※キャラクターの個性は以下の２つから成り立つ
①キャラクター自身の性格や生い立ちその他個人の特殊性に由来するもの
②所属する「世界」のものの見方や価値観に由来するもの

（大塚英志（2003）『キャラクター小説のつくり方』講談社新書、223より筆者作成）

図２　世界・キャラクターそれぞれに含まれるもの

①生まれ持った性格、体質や体力、知的能力、風貌、性別、年齢、インペアメント、家庭環境、生い立ち等個人にまつわる事柄
②時代や年代、場所（国や地域）、社会経済情勢、政治体制、気候、文化、これらにともなう特徴的なものの見方や価値観等
③上記世界とキャラクターの関係

現実世界はフィクションではないという意味で現実であり、そこには必ず何らかのリアリティがある。その「リアルな他者」を理解できないというのは、その他者における大塚の言うところの①と②およびそれらの相互作用について理解する過程のどこかに齟齬があるととらえられるのではないか。

授業では、この課題意識を踏まえて図３を示しつつ、他者理解に向けたステップの説明をする。つまり、読み手が「物語」内のある対象者①を理解（受容）するには、単に現世界④に存在する個別の自己として対象者①（作中人物）を取り出して、「わかる」「わからない」の議論をしてはならず、必ず対象者が含まれる世界②の状況とそこに流布する価値観や慣習を十分に踏まえ、かつ対象者①の持つ個別状況も勘案した上でそれらがどのように交互

図３考証のテクを逆利用して人物を読み解く

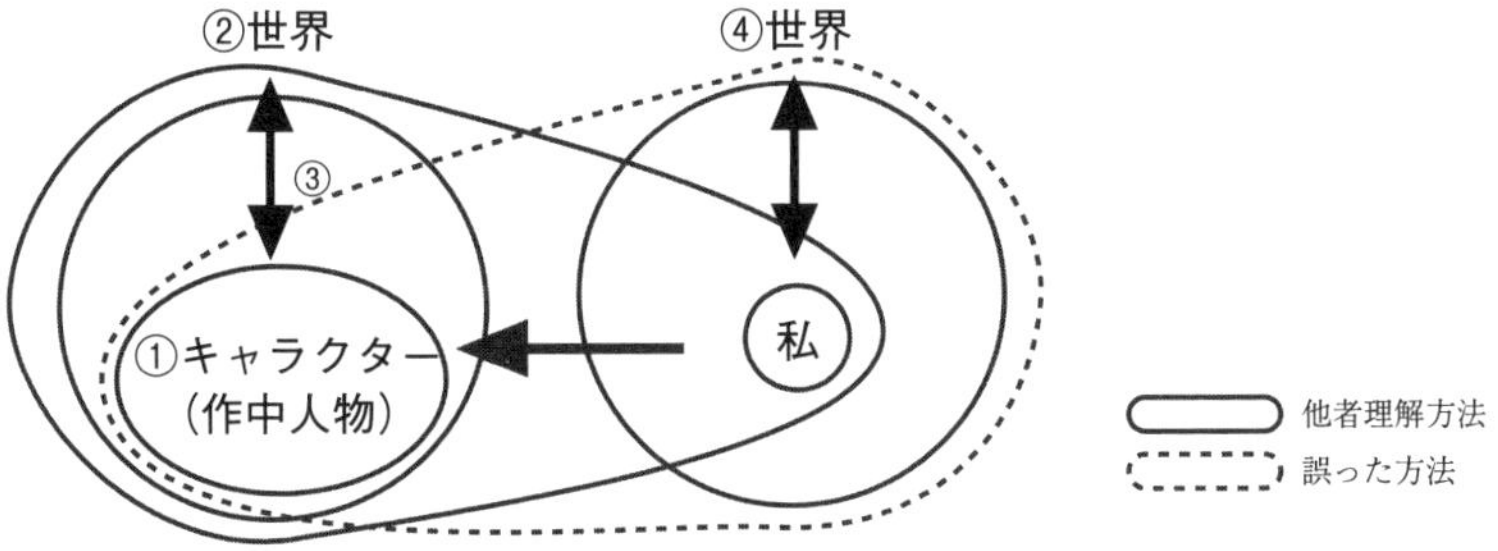

（筆者作成）

に作用しあうかという③を検討する必要があるという内容である。「理解」を試みる対象者における前述の①、②、③について順を追って確認するということは、必然的に読み手である自己が含まれる世界④と、その世界が自分とどのように作用し合い自己の価値観が形成されているのかについて確認する作業を伴うことになる。

２　実際の取り組み

筆者が長らく担当している講義科目、社会福祉援助技術論Ⅰ（社会福祉士の指定科目名としては「相談援助の理論と方法」）は、前述のとおり社会福祉士の指定科目となっているため、当該シラバスが述べる様々な内容をカバーしてきたことはもちろんで、評価方法についても期末の試験（多肢選択と論述）にした年、中間に小リポートを課し、期末試験を行った年、中間テストとリアクションペーパー組み合わせた年、期末のリポートのみを課した年など様々な方法を取ってきた。そのような中で、「受容」をとらえ返し、「他者理解」として物語を通してその実践をトレーニングすることを繰り返してきた。

日々移ろう生き物としての授業とは毎回の実践が本番である。厳密に研究デザインを決めて分析に取り組むというよりは、毎年違ったメンバーによるその時々の特性も踏まえつつ、事後的な気づきも加味して試行錯誤を繰り返してきた取り組みを本節では便宜的に二つに分けて記述する。

(1) 二〇〇四年度と二〇〇五年度の取り組み

社会福祉の根本原則のひとつ「受容」を、学生の戸惑いを勘案して「他者理解」と置き換え、その意味を「相手の言動が援助者としての自分の好みに合おうと合うまいと、現実にありうることであるとリアルに感じ、腑に落ちること」と暫定的に示したことは1章の3に記した。年によって素材の選び方や、提出願うリポートの文字数に軽重の違いはあるものの、物語を通した他者理解トレーニングを継続してきたのは、特に学部の一〜二年生のように本領域の初心者レベルにある学生にはかなり有効な方法であることを感じてきたためである。

社会福祉援助技術論Ⅰは、二年次以上を対象とする座学の半期科目で、期末の課題として設定する場合は次のような提示の仕方をした。

——社会福祉援助における「他者理解」の意味と方法について具体的な「物語」を通して論じなさい。

これは、主として戦後の自然主義小説の中から選ぶように伝えたが、読書のあまり好きではない学生に配慮し、かつ単に読解力の違いで差がつくことを避けるために、身近な例や映画、ドラマ等から読み取っても構わないとした。また、前述したような「理解」のステップを改めて確認するプリントを配布した。

①分析方法

二〇〇四年度と二〇〇五年度に回収した最終リポートのうち、A^{+}(1)を取得した計一三名分のリポート内容について、①作者と作品名、カテゴリー、②理解対象人物、③理解困難な言動／理解を試みた言動④理解手法⑤一般化できるポイントに分けて読み取りの作業をし、理解のあり方そのもの及び援助論教育の在り方を巡って一般化できるポイントを探る作業をした。両年度の全体レポート提出者は一七六名である。この一三名に対しては、コメントつきでリポートを返却した後に、「提出済みリポートについてのご相談」という文書を手渡し、趣旨と論文の構成を説明した上で、分析対象として使用してよいか否かについての文書による承諾を得た。身近な事例を取り上げた学生については強制の感覚を与えないよう、遠慮なく断ってかまわない旨記し、結果一三名全員の学生から文書にて了解が得られた。これら一三名には別途聞き取りの機会を設けた。

②分析結果

A^+のリポート中、六点が小説、四点が親族や友人との事例、二点が映画、一点がエッセイを使用していた。読み取りの結果が表1である。

ここでは向田邦子の『思い出トランプ』（向田 1992）を使ったリポートを例としてあげる。理解対象人物は、「姑」で、理解を試みた言動は、「過失により息子に怪我をさせた嫁に対する態度」である。理解プロセスでは、まず、学生自身の価値観を登場人物「姑」とは全く違うことを確認、明示し、次に大塚の図式を敷衍して、姑のライフヒストリーを踏まえて、嫁の行動（毎晩の包丁とぎ）がどう写ったかを想像している。そして姑に対してストレングス視点とエコロジカル視点を適用して考察を深め「理解」を達成していた。

③考察

この一例を含む出来栄えの良かったリポート全体のパフォーマンスから、次のようなことが言えると考えた。まず、第一に理解対象となる人物との関係や距離について。これは、リポートの書き手としての自分から直接作中人物への理解を論じた場合と、作中人物AからBへの理解進展ないしは変化に自らの気持ちをシンクロさせた場合と、さらにまた、作中人物ないしはその家族をソーシャルワークの対象者と見立てて援助活動のメンタルリハーサルを試みつつ理解を図る方法があり、それぞれが有効と考えた。第二に、相手の理解を進めるプロセスにおいて、自分の価値観と対峙せざるを得ないことに気づき、言及し、さらにそれが有意義であったり、過去のトラウマを呼び覚ますという意味で危険であったりするとの指摘があった。これは、読み手である学生が体験したことのある類似の状況を描いた小説等を選んだ場合に起こりうることである。第三に、この類似状況がプラスに働く場合である。つまり、作中人物が含まれる問題状況と類似の体験を書き手である学生が持っていることによって想定や想像がしやすいと感じ、推し進めた例があった。第四に、筆者が授業において紹介した「考証の図式の逆利用」やストレングス視点、エコロジカル視点を適用して状況内人物を読み解いている場合が多かったといえる。第五に、そうした視点や図式を適用しやすい作品というものがあって、それらに出会えている学生の強みが予想された。第六に、ある作品内人物の理解を進めるために連作の続編を読んだり、その内容に関して信頼を寄せる友人と語り合ったりしていた。

その他、学生の他者理解の試みを通じていくつか明らかになったこととして、まず、理解の対象となった人物は小説等の文芸テクスト内の架空人物である場合と両親やきょうだい、恋人といった身近な第三者である場合とがあり、そのそれぞれに選ぶことの意義があったと考えられる。もちろん筆者が目指した他者理解のためには、とりあえずテクスト内の第三者を選ぶことがより望ましかったとは考えている。ただ一方、身近に実在する他者を対象とすることにも大きな意義がある。というのは、実際に葛藤のあった、ないしは反発を感じていた相手と折り合える、したがって本人にとって当面のつらさが減じたり、過去のつらい思い出が書き換えられたりしている。これは、「理解」が進展したことによるその後の相互作用に変化が生じた結果であり、これを行った学生自身、他者理解のもたらす効果についてより実感をともなった理解が進むと考えられるのではないか。もちろんそうした生身の人間関係を再考してむしろ関係悪化をする恐れについても考えておかねばならないことは言うまでもない。

表1

	作者出版社、出版年	作品名／カテゴリー	理解対象人物	理解困難な言動 理解を試みた言動	理解手法	一般化できるポイント
1	田口ランディ 幻冬社 2001年	コンセント／小説	主人公（朝倉ユキ） 主人公の兄	①主人公のシャーマニズムへの興味及び急性錯乱の後すべてを悟ったと自覚している状態 ②兄の引きこもりと自死	連作の続編の読み込み、親友との話し合い、大塚の図式利用。 自らのひきこもり体験への照らし合わせ。	①信頼関係から生まれる肯定的態度、②多角的に見ることの意味、③自分の価値世界自覚の上相手の世界をみるには勇気がいる。
2	重松清 新潮文庫 2004年	エイジ／小説	主人公(エイジ)	事件の加害者（クラスメイト）を理解しようとするプロセス	大塚の図式に小説内の説明（自分に重ねたって意味がない）をシンクロさせる。	人は皆違い、わからないことをまずは認める。そこから逆に相手を「排斥しない」が始まる。
3	監督　ジュゼッペ・トリナーレ 1988年公開のイタリア映画	ニューシネマパラダイス／映画	主人公（アルフレード）	トトとエレナの仲を引き裂いた心情と行動	状況をさまざまな角度から検討する。（アルフレードとトトのかかわり、トトとエレナの家庭の経済格差、アルフレードの葛藤）	①一つの言動を様々な角度から見る必要性。②人は才能ある若者に広い世界で活躍してもらうために目前の関係を切ることもある。
4	鴨志田譲 西原理恵子 講談社文庫 2003年	アジアパー伝／エッセイ	①鴨 ②ミヤタさん ③レック	レックに惚れて、手も出さず別れ、そして忘れてしまったこと。働かないこと。 レックのひもとして生き、さらに別の女に乗り換え、事情を知らせずに鴨にレックを押し付けたこと。 雇われ先で金を盗んだこと。売春をしたこと。	未確定の将来に不安を感じる学生としての自分の状況と鴨を重ね合わせて考察する。 体調不良や金を持ち逃げされると言った薄幸な状況を考慮してその言動を考察する。 濡れ衣である可能性も考慮。その上でレックのよって立つ価値基盤を考える。	自分とはあまりに違う世界にいる人を感じ、認めることで、自分はそうならないことを確認しつつも、そう決める自分の社会における位置づけを見ることができる。
5	石田依良 文春文庫 2001年	美しい子ども	主人公(ミキオ)	主人公が殺人を犯した自分の弟を理解しようとするプロセス	主人公が弟理解のための行動（フィールドワークと文献調査）を追う。さらに、ハイデガーの言うアイデンティティー構築にヒントを得て、自己像確立に必要な他者理解として主人公の行動をとらえる。	自己像を作るには、他者理解が必要である。
6	アーウィン・ウィンクラー監督 2001年公開のアメリカ映画	海辺の家／映画（ノベライズあり）	①ジョージ ②サム	サムのとる各種のいわゆる（ジョージの目から見た）逸脱行動	ジョージが息子サムの行動を理解するプロセスにヒントを得て、①自分の人生を振り返る、②事実を事実として受け止める、③前記を踏まえて、あり得なくもない行動の中に少しでも敬意を払えることを見出すというステップを踏んで考察。	逸脱行動を表面的に見て非難するのではなく、それまでの経緯や背景を踏まえて本人にとっての意味を考える必要がある。
7	身近な例		友人	寮内における意見の対立	抽象的な言葉を具体的な行動指針に「翻訳」するプロセス等を経て、対立する意見の間の妥協点を見出す。	

8	身近な例		親族	親族内における高齢者の看取りに関する対立構図	問題を①親族関係のもつれ、②ある人が突然見せる本音が他者に与えるショック、③患者の人権を尊重しきれない医療の限界と福祉原則実行の困難、④身内のみで医療や介護を解決することの危険性、⑤一連のストーリーを「知っている」自分の怪しさに整理し、①受容、②医学モデルとストレングス視点、③エコロジカル視点とバイスティックの7原則、④ナラティヴ・アプローチの各視点を適用して考察。	
9	身近な例		父	過去から現在に至る状態（うつ病、アルコール依存、神経症）	父の思いにもとからあったアンビバレンスのプラスの側を見つめることによって①父の世界に思いをはせる、②その弱さを認める、ひいては、「他人に認めてもらってこそ生きていける」ということを確認する。	どんなに「ダメな」家族でも自分には誇らしいという家族への思い。
10	身近な例		以前の恋人	いわゆるニートと呼ばれる生活を営んでいたこと	当時の学生自身の心情を自覚（非難する気持ちあり）を自覚した上で、元恋人のニート状態保持に寄与したと考えられる要因をリストアップし、さもありなんの状況を解きほぐし、考察。	社会的に困りものとされる言動にも事情がある
11	向田邦子 新潮文庫 1983年	思い出トランプ／小説	姑	過失により息子に怪我をさせた嫁に対する言動	①学生自身の価値観を明示（姑のものとは違う） ②大塚の図式を敷衍して、姑のライフヒストリーを確認して、嫁の行動（包丁とぎ）がどう写ったかを想像。 ③ストレングス視点とエコロジカル視点を応用して考察。	①人は、自分の中のゆがみを一つの出来事に乗じて、すりかえの主張をすることがある。②家庭内のコンフリクト、特定の人の意地悪と言った行動にも角度を変えると納得できることがある。
12	重松清 新潮文庫 2000年	キャッチボール日和『ナイフ』／小説	主人公大輔とその家族	不登校の状態と、そのことへの周囲の反応	学生自身が担当のソーシャルワーカーになったと想定して、ソーシャルワークプロセスをメンタルリハーサルする。その際、テキストでシュミレートした①本人、②環境、③本人と環境の接点それぞれへの働きかけを想定。	①ひきこもる人の周囲に対して、エコロジカルなアプローチが必要。②ただ、そうしたアプローチ以前の問題としてその状況の人にアクセスが出来ないことも多い
13	宮本輝 新潮文庫 1994年	泥の河／小説	松本家の家族全員	売春で生計を立て、こどもには逸脱行動が見られるという状況	松本家の状態をパールマンの言う4つのPの枠組みにそって記述をし、問題を①母の職業による家族の負うスティグマ、②子どもの生活ニーズが満たされないこと、③資源不足により母親への負荷が高い事の3つあげ、エコロジカル視点とストレングス視点を使い読み解いた。	スティグマの張り付いた人を援助者としてどう見るかを考えると、ストレングスを見出すことがまずは重要である。

また、この試みを通して、社会福祉援助活動における他者理解以前、または以外の問題として、理解すべき相手にアクセスできるのか否かという観点から「どこの（どの機関の）、誰が（なんという職種が）、誰に対して」行う他者理解なのかを考える必要があることの気づきに結びつく記述もあり、そうしたことをきちんとフォローアップしてゆくことによって一対一の対人援助に矮小化してしまわない可能性が開かれていると言えよう。

さらに、他者理解における間主観性を否定する社会構成主義の考え方を踏まえて、学生が理解の対象として取り上げた「人」と、その行動及びその人が含まれる「状況」を見返すと、それは、底辺にいる人が売春で生計を立てることであったり、ニートと呼ばれる状態や不登校、犯罪行為や女性の「ひも」として生きること、シャーマニズムへの傾倒など様々であった。特定の社会におけるこれらの事象を問い返すことには、複雑な社会における価値の仕分けをするときの境界線のあいまいさや流動性を考えたときに一利あるものと考える。また、このことは、社会構成主義に基づく援助観を採用する際に、「道徳的に空虚なのではないか」という論点に対応する当面の行動指針を与えてくれるとも考えた。

(2) 二〇一三年度の取り組み

①授業構成

従来通り全一五回を基本とする半期の科目で、事前に学内の倫理審査委員会に当該授業の教育内容についての調査研究にかんする申請を上げ、許可を得たうえで学生にはリポートの分析について目的と方法を説明し、文書にて研究参加同意書をもらった。受講者は五九名で、全員が社会福祉学科の学生である。併せて初回の授業と最終回の授業時に無記名で同じアンケートを実施し、受容や傾聴を巡るイメージや、援助実践においてどのような人を理解しがたいと思うか、社会福祉援助のイメージや、現時点での社会福祉援助職に就きたい度合い等を訪ねた。

当該授業の内容は、例年通り相談援助とは何かというイントロから始まって援助の理念とジレンマ、実践モデルの形成過程（歴史）に触れた上で、相談援助の対象となる人々について説明をし、相談援助の過程について順を追って説明するとともに事例に当てはめての理解を同時にはかった。後半部分で相談援助のための面接技術及び各種の援助技法について触れ、かつ集団を活用した相談援助のあり方と内容についても触れている。

他者理解の方法論に関する説明は、「受容・傾聴・共感を中心に―勉強方法の提案―」というタイトルを付けた授業を一〇回目に行い、次のような内容の講義を行った。

①相談援助における自己覚知について学ぶ。
②面接におけるラポール形成に必要な原則について学ぶ（特に受容・傾聴・共感）。
③専門的援助関係を促進するコミュニケーション技法について学ぶ。
④「受容」を「他者理解」と同義のものとしたうえで、「受容しがたい」クライエントを想定した「理解トレーニング」の方法について説明する。
⑤上記基本姿勢を貫く「対個人支援」そのものに対する批判意見もあることを知る。

右記④において、本章1の（4）に述べた理解ステップを紹介し最後にリポート課題を出した。

（リポート課題）

――指定した小説を読み、その中の誰か登場人物に焦点を当て、腑に落ちない（納得できない、反発を感じる）言動を選び、本日解説したような手順でその人を理解するプロセスを記述してください。

――できればあなたにとって腑に落ちない、ないしは納得できない、反発を感じる言動（ないしは人物）が望ましいが、特に誰にも違和感を覚えない場合は誰かを任意に選んでよい。

――取り上げるのは、違和感を覚えた人物の全体像、特定の言動のどちらでも良い。

――国語の宿題ではないので、感想文を求めているわけではないことに注意する。

――その人物の個別性を踏まえ、文化的背景、地域、時代、固有の事情、特性、それら全体の交互作用を、読み解くあなた自身の自己覚知を踏まえて論じる。

――前段で、ここでいう「理解とは何か」を記述すると良い。


対象とする作品については、（1）の取り組みのようにドラマや映画、そして身近に体験したまたは見聞きした実際の事例等を含めることはせず、題材を小説のみに絞るとともに、各自が自由に選ぶのではなく、教員の側から以下の四作品に限定し、提示をした。

①重松清（2005）『トワイライト』文春文庫
②宮本輝（1994）『螢川』新潮文庫
③宮本輝（1994）『泥の河』新潮文庫
④山田詠美（1996）『ぼくは勉強ができない』新潮文庫

これらはどれも比較的手に入りやすく分量的にも過度に長くないことに留意したほか次に述べるような意図を含んでいる。すべて過去の取り組みにおいて学生が自主的に取り上げた作家の作品であり、特に重松清の作品群は学校を舞台にしたものや家族関係を取り上げたものが多く、二〇歳前後の若い学生にとって他者理解トレーニングに最適な題材が多く含まれていることを感じての提示である。小説の舞台も二〇〇〇年代初頭で、現代と言ってよい時代設定であり、かつ登場人物たちが小学生時代を過ごした頃から四〇歳近くになるまでの経過が、背後にある時代背景との関連を考察するうえでも絶好の素材と考えた。宮本による二作品はいずれも戦後直後の物語であり、援助実践対象状況そのものとしては時代が離れすぎているが、だからこそ背後の社会経済情勢やそれに強く影響される人々の暮らしや文化といったものをむしろ強く意識して読み解きを進めることができると考え、いわば他者理解の「筋トレ」的な意味合いでリストアップした。最後の山田作品はシングルマザーとして生きる女性のもとで育つ高校生の息子を主人公としており、ある意味で破天荒なその言動が、通り一遍の価値規範から見た場合に若い学生からは「理解」が難しい可能性を感じ、あえてリストアップした。

学生に伝えた上記以外の注意事項は次のとおりである。

・各自で適切なタイトルをつけること。
・分量は四〇〇字×一〇＝四〇〇〇字程度（はなはだしい超過や不足は減点）
・ワープロでA４の用紙に四〇字×三〇行でプリントアウトする。
・締め切りは、××××
・提出先は〇〇〇〇

また、この課題を出し、取り組み方を説明した翌週の一一回目授業にて「受容再考」と銘打った授業を行い、１章の３に記した内容の講義をしている。その中では、特にソーシャルワークという名の活動を行う時に直面するジレンマの問題、すなわちワーカーとして依拠すべき確固とした価値や倫理の存在を認めると同時に、個人の持つ価値観の是否は相対的であるという認識を迫られることの言語化を行った。あわせて、社会構成主義の考え方について説明し、「受容・傾聴・共感」と銘打つ行為の目的と方法が論者によって微妙に違う事の説明を加えた。

②結果

受講者は全員リポートを提出したため、全五九編であり、評価は、次の配点で行った。

・三〇点：授業内容の理解
・五〇点：論点の明確さ（この中に①個人、②環境（世界）、③その両者のかかわり、④自分自身の理解がバランスよく含まれるか、特に④との関係で①の理解が進んでいるか、すなわち自己の相対化がなされているかが含まれる。）
・一〇点：文章
・一〇点：構成

各項目A^+、A、A^-、B、B^-、Cの六段階にそれぞれ配点をし、総合して点数を出した。リアクションペーパー及び特定事例のプランニング作成シミュレーションに関する宿題等計三回の提出物を三〇％とカウントしたので、総合成績は本講義そのものの評価はリポートの点数に〇・七かけたものを足して点数を出し、成績をつけた。リポートのみの評価分散は以下の通りである。

・A^+　一〇名
・A　二三名
・B　二三名

・C　五名

AとA+は八〇％以上の得点であり、便宜的にここでの合格ラインと考えた場合、おおざっぱに言って約半数の学生がそのラインを越えたとみることができる。この半数という数字をどう見るかについては、学生側の受け止めや努力といった要因と、教員の伝達能力及び方法といった両者の要因が相互作用していることは言うまでもない。

パフォーマンス内容は（1）と同じように①タイトル、②理解対象人物、③理解を試みた言動、④理解手法（プロセス）に分けて成績とタイトル順に表に整理した。ここでは、最も取り上げた人が多かった『トワイライト』について分析結果を記す。

〈トワイライトあらすじ〉

東京都の多摩地区に開発された多摩ニュータウンをモデルにしたと考えられるたまがわニュータウンで小学生時代を過ごした級友たちが卒業後二六年を経て、二〇〇一年の夏、四〇歳を目前に当時校庭に埋めたタイムカプセルを掘り出すために集まった時点を舞台とするストーリーである。

主たる登場人物は、安西徹夫と真理子という当時のクラスメイト同士の夫婦及びその娘二人、高橋克也、竹内淳子、池田浩平、杉本である。

安西徹夫：小学生の時はジャイアンと呼ばれたガキ大将的な存在。いくつかの会社を転職後、現在は「悪徳」と言われるようなリフォーム会社に勤めている。

婦として二人の娘を育てている。
安西夫妻の間には、夫による家庭内暴力や飲酒の問題があり、夫の仕事を快く思わずさげすんだような態度をとる真理子との夫婦仲はかなり危ない状況になっている。
高橋克也：当時は眼鏡をかけてスポーツが苦手なことからのびたとよばれたが、成績はよく、現在は背も伸びて、結婚し一児をもうけている。会社からリストラを言い渡されそうになっていることを妻に言い出せないでいる状況。
竹内淳子：当時から一人でいることが多く、卒後は予備校の売れっ子講師として全国を駆け回る生活をしてきたが、ここにきて人気に陰りが出て、やや疲れている状態。
池田浩平：診断名がつくほどではないが、軽い遅れがある少年だったようで、卒業後数えきれないほどの転職を繰り返した後に現在は大学病院の給食センターで働いている。
杉本：一時小学生時代を一緒に過ごしたが、親の転勤ですぐに転校してしまった級友。肝臓の病で闘病生活を送っている。ひょんなことで池田浩平と出会い、今回のタイムカプセルを掘り出した後に新たなタイムカプセルを埋めることを提案している。
物語は、タイムカプセルを埋めた小学校が廃校になることを知り、同窓会を兼ねて卒後二六年ぶりに旧友達が出会うところから始まっている。卒後の人生の中で時代の社会経済情勢に影響を受けながら様々な変遷をたどった人々のうち、安西夫妻は夫の飲酒に伴う家庭内暴力と、妻から夫へのさげすみの中で夫婦仲が破たんをきたしかけている。友人の前で夫、安西徹夫に殴られた妻真理子は、卒後特に付き合いのなかった竹内淳子宅に身を寄せる。
その後、徹夫からの夫婦仲修復に向けた働きかけを無碍にし、また高橋克也と時間を共にしたことを告げたことにより再び暴力行為を受けた真理子は、小学生時代に思いを寄せていた克也を頼り、避難した大阪のホテルに来なければ自殺するとまで言って呼び寄せる。子どもたちは淳子に預けたまま、結局克也がそのミニチュアをタイムカプセルに入れていた大阪万博時の太陽の塔を見に、二人で大阪に出かけるのである。

一方、予備校の売れっ子講師となって一人バリバリ仕事をしてきた竹内淳子は、今になって講師を使い捨てにするような予備校のあり方に疲れを覚え、真理子の娘二人を預かり交流する中から様々なことを感じている。

結局安西真理子と、呼ばれて駆けつけた克也は、二人で大阪に一泊して万博跡地の住宅展示場を夫婦を装って見学し、そのまま東京に戻るのであるが、結局二人の行動は安西徹夫の耳に入ることになる。徹夫は高橋克也にそのことを確かめに行き、結局殴ることも出来ずに帰ってきた日に、前々から団地で問題になっていたスプレー缶による落書きをしている少年たちを見つけ、酔いも手伝い怒鳴って殴りつけてしまう。しかしその後加勢を連れて戻ってきた不良少年たちに逆に命に係わるほどの暴行を受けるのである。妻の真理子に電話をするが信じてもらえず、結局出張先から戻る途中の新幹線で電話を受けた竹内淳子が救急車を呼び、たまたま近隣にいた池田浩平が駆けつけて、徹夫は病院に運ばれた。

その後新たなタイムカプセルを公園の片隅に埋める日が来た。徹夫は真理子が大阪の住宅展示場でもらった花の種を、真理子は 家族の写真及びちぎった克也との写真、さらに徹夫との離婚届けを、そして克也は真理子と訪れた万博会場後で購入した新しい太陽の塔を、また浩平は友人たちが一堂に会した絵を描き、それぞれにタイムカプセルに収めた。

＊『トワイライト』を取り上げたリポートは全部で四一編。
＊理解対象人物は次の通りである。①安西徹夫一四編、②安西真理子一三編、③真理子と徹夫夫婦六編、④安西一家全体二編、⑤竹内淳子三編、⑥安西真理子と高橋克也一編、⑦安西徹夫と高橋克也一編、⑧安西千晶一編。

＊理解を試みた言動すなわち一読では腑に落ちなかった言動として挙げられたものを、取り上げた数の多かった①と②、安西徹夫と真理子について挙げる。

安西徹夫については、妻真理子に対して暴力をふるう行為を挙げた者が圧倒的に多く、それに関連して飲酒とともに同じことを繰り返す現状、子どもたちを「クソガキ」と呼ぶことが言動としては挙げられていた。またその背後にある状況をとらえた内容としては転職を繰り返して段々条件の悪い会社に移ること、家族とうまく行かないことを家族のせいにしている姿勢、強がって自分の弱さを始めとするありのままの感情を出さないこと、本気で家族と向き合おうとしないこと、克也や浩平ら友人に対して上から目線であることなどが挙げられていた。

安西真理子については、暴力を振るわれることがわかっているのに家に帰ること、一方暴力行為のあった後、子どもを置いてホテルに泊まったり、淳子の家に数泊したりしたこと、逆に子ども二人を淳子の家に預けっぱなしにしたという親としての姿勢を問うものが多かった。また家庭のある克也を頼って大阪まで呼び出したり、友人や子どもの前で親密そうに振る舞ってみたり、次のタイムカプセルに克也や真理子の写真を入れたいと言ったりした言動が挙げられた。

A⁺のリポートにおいて行われていた内容を表２に挙げる。

③考察

筆者がリポートを通してとりくみを促したのは大きくは以下の二点である。

①生活モデル及び文学の構造論に基づく「個人（登場人物）」と「環境（世界）」の交互作用のあり方を読み取る力を養うこと。

表２

	タイトル（サブタイトル）	理解対象人物	理解を試みた言動	理解手法（プロセス）
1	DVと孤立～なぜ彼女は同級生に助けを求めたのか～	安西真理子	①夫に暴力を振るわれることをわかっていながらどうしてまた元の家庭に戻るのか。 ②なぜ長い間疎遠だった淳子と克也に頼ったのか。	・真理子が結婚した頃（1987年）の女性が結婚し、専業主婦になる傾向の明示。 ・当時の社会情勢と連れ合いの転職や真理子の親からの借金と事業の失敗の関連を見る。 ・DVにかかる専門書の参照・自分自身の性格傾向と真理子の類似性発見。DVにかかる知識がなかったことの自覚。
2	他者理解のプロセス～DV加害者の場合～	安西徹夫	妻の真理子に対して暴力をふるう行動（小説内に2回）	・徹夫の身体的特徴、実家との関係によってはぐくまれた価値観及び両親との関係を読み取る。 ・家族とのディスコミュニケーション、被害意識と加害意識の矛盾する感情について洞察。 ・徹夫が小学校に入学した1968年の家庭生活問題審議会答申を当時の家族内役割意識への影響に、また中学に入学した年の男女同一賃金裁判の結果と世相の変化を読み解く。 ・DV一般論の学びからどこかで暴力を見聞きした可能性を推測。 ・これらを総合
3	「理解」するプロセス～『トワイライト』の真理子を通して～	安西真理子	①同級生や夫の前で、既婚者の克也に一方的スキンシップを取ったこと。 ②克也を誘って観覧車に乗り、記念写真を撮ったり、DV被害後の避難先ホテルから大阪行きを誘ったりしたこと。	・小学校時代を過ごしたたまがわニュータウンにおける時代背景と環境の考察。 ・小説内の記述から真理子の①あるがままの自分と振る舞いのズレ、②自分をさらけ出せる対象がいなかった状況で再会した旧友の存在、③現実からの解放と逃避について順を追って推察。 ・自分自身の経験や現状での価値観を相対化し、真理子の状況をある程度一般化して見立てる。
4	ドメスティック・バイオレンス理解の過程～要因は何か・背景と夫の心情～	安西徹夫	妻に暴力をふるい、自分の子どもをクソガキと呼ぶこと。飲酒後に同じことを繰り返し飲酒を節制しようとしないこと。家族がうまく行かないことを家族のせいにし、自己の正当化を図ること。	・徹夫の個別状況を生年と居住場所、小学校時代の性格傾向、現在の家族、転職を繰り返すことなどから探り、日常の言動から価値観を推測する。 ・内閣府の調査と江草の文献から男女間の暴力一般について考察。 ・目黒の文献から、社会における1970年代当時の性別役割分担構築を述べる。 ・ニュータウン造成の基盤となる「新住宅市街地開発法」に触れ、幸せの基準としての「良好な住宅環境」を国が想定したことを確認。 ・上記を踏まえ、徹夫の暴力を性別役割規定による価値観が根底にあると分析。また男らしさと言う価値観と実際の生活（居住環境や娘の教育費枯渇等）が本人を苦しめると理解。 ・自分自身の価値観の中に、経済力があるから優位な立場だというものがあること、及び家族像へのステレオタイプな想定があったことへの気づき。
5	異なった価値観を持つ二人の選択を理解する	安西徹夫 安西真理子 夫婦	破たん寸前の二人が、なぜタイムカプセルを掘り起こすことを目的とする同窓会に出席し、良い夫婦を演じようとしたのか。	・二人の性格や行動の傾向を小学生時代の様子を含め読み取る。 ・2人の生きる時代を生年からたどり、高度経済成長やたまがわニュータウンの整備と、事業終了等の状況を確認。 ・真理子が専業主婦として生きてきた背景にある80年代の三歳児神話や母性神話を確認。・バブル崩壊の時期と転職を繰り返す生活の関係を探る。 ・上記を総合して、真理子の「夫婦～べし価値」や徹夫の今の状況を何とか打破したい希望等が同窓会への参加を後押ししたと推測。 ・自分だったらそのようにしないという価値観を相対化し、上記を総合した結果二人がそろって参加を決めたという「理解」をしようとした。（完全に腑に落ちてはいないかも）

②自らを相対化し（可視化し）、登場人物に対してわきあがる「思い」や評価の目を、「関係」から読み解くこと。

これらを踏まえた時、第一に、理解手法の中に、環境要因のリストアップがあるかどうかは重要な分かれ目であった。これはすなわちソーシャルワークが大切にする個人と環境の交互作用の読み解きのあるなしに直結するからである。これに関しては成績上位の学生ほど、小説を離れてその物語の舞台として設定されている年代の社会経済情勢を調べたり、法制度の変遷をたどるなど、社会環境要因に目を向ける姿勢があった。ただし、そうした社会環境要因の記述で大半の文字数を使ってしまう配分の失敗例もみられた。これはリポート作成のノウハウの問題であろう。

第二に、自分自身の理解として自己覚知内容を記載し、それを他者理解に役立てたかどうかは決定的に重要なポイントであった。つまり、自分自身がどのような時代背景のどんな環境のもとに今現在の思考様式と価値観を身に着けているかということを相対化することなく、相手を「裁く」ことはできないからである。おそらく社会構成主義の考え方に基づいて、社会変革も射程に入れた対個人支援のあり方を考えるにあたってこれは最も重要な点であり、筆者は課題明示の中に、それが必要であることをはっきり記している（九五ページ）。それにもかかわらず、約半数の学生が自己理解（覚知）について言及していなかったのはある意味で衝撃的であった。これを教育の成果としてどう評価するかということは、学生ではなく筆者自身の教育実践パフォーマンスを問うことであるとともに、一つの講義科目という教育実践内で可能な範囲がどこまでかについて再考する作業にもなった。これについては座学として盛り込まねばならないことの多い授業の限界と、それでも工夫できる範囲及び続く他の演習授業との連携のそれぞれを勘案していく必要があるだろう。

第三に、他者理解をするはずが、途中からどのように支援するかという議論にすり替わってしまうような不整合をどうみるかである。一義的には、他人を理解するために自分を振り返るという行為も踏まえた末に、どちらかと言えば淡々とした理解実践、すなわち「必ずしも同意はしないが腑に落とす」ことがなぜできないのだろうかといぶかしく思われた。ただ一方で、ＤＶの加害者に対する憤りを前面に打ち出すような姿勢は、社会正義に基づく一定の価値を貫く観点からむしろ必要とされると考えるべきなのかという迷いも生じた。つまり、自分の持っている価値を表現することが第一の価値であり、相対化は大事だが、時代の流れの中での確固とした線引きが必要な場合もある。

最後に「このような人はどうしても理解できなかった。」で終わるようなリポートは、感覚としては腑に落ちていないにもかかわらず手順と体裁を整えて「理解した」と言い切るリポートに比べて点数としては低いが、ある意味で誠実な取り組みとも言えるのかもしれない。

3　まとめ

他者理解トレーニングにおける文学文芸利用のメリットはいくつもある。社会福祉援助についての初心者、特に社会経験のまだ浅いと考えられる二〇歳前後の学生に教育をする場合、現実に起こることへの憎悪や嫌悪、恐怖、悲しみに目を奪われて、援助者として動けなくなることを避けるためには十分なウォーミングアップと援助活動に向けた基礎体力作りが必要だと言える。そういう意味では、情報収集という側面では限界を備えつつも、こうした物語の読み解きには十分な意義があったと考えている。また、前半の取り組みのようにドラマや実際の体験も含む自由な素材選びを許容することは、学生のみならず教える側の意欲もかきたて、かつ学生達がどのような事象に特に関心を抱き、理解しがたいと感じ、だからこそわかりたいと希求しているのかを知るきっかけを与えてもくれた。学生の書いたものを通じて教える側は、その場その場における価値の仕分けをしつづける姿勢を示さねばならない。

一方、課題としては次のようなことが考えられた。文学文芸利用においては、そこで書かれたこと以上に当事者から情報を収集することはできない、また、実際に理解したことの当否を当事者との相互作用からおしはかることもできない、よってその後の信頼関係の変化や改善といったことの評価もできないといった限界がある。これらがすでに豊富な社会経験を持っていると考えられる社会人学生には物足りなさを感じさせることはありうるだろう。フィクションとノンフィクションとに共通したリアリティと面白さを理解していただいた上は、すみやかに実際の演習や実習に移行していかねばならない。もちろん、経験を積んだ社会人であればこそ、かえって築き上げた自身の価値範疇からしか他者を判断できないという硬さを持つ場合もあり、依然として文芸利用は援助能力アップに向けた可能性のあるものと考えた。

そもそも小説に接することが好きな人とそうでない人の違いは考慮しなければならない。さしてこれらのものに嗜好性を持たない学生のためには、むしろ提示したステップでの読み解きがしやすい作品群を候補作としてリストアップすることも一計と考え、後半の取り組みでは特定の作品を指定した。ただ、課題となる文学文芸作品の選定をめぐっては、学生に任せることと教員サイドで指定すること両者にメリットデメリット競合するものがあるのも事実である。学生に任せると、特定の概念理解のために利用した前述の各「物語」で、2章で挙げた奥田による「伊良部シリーズ」のように、リアリティという観点で、他者理解の素材としてはやや不適切なものを、その「おもしろさ」ゆえに選んでしまうことがある。同様に、一種のたとえ話として利用すれば面白い仕上がりになったとしても、他者理解トレーニングの素材としては難しい場合が考えられるのは、ややSFがかった作品においても言えることであった。一方、課題作品を指定した場合、読む側の教員がそうでない場合と比べ、いわゆる「おもしろさ」を感じにくくなる可能性はある。これも実は重要な点で、教員が学生の「今、ここ」で興味を感じている作品を教えてもらい、後からそれらに接して自らも考察を深めるということは、一期一会の授業という観点からも、そして時々刻々と移り変わる社会における価値の仕分けの複雑さを解明し続ける観点からも重要であると考えている。こうしたことを解消する手段としても、課題対象小説を限定しないのみでなく、映画やドラマ、エッセイやノンフィクションも含めて利用可としておく初期の取り組みも捨てがたい選択である。

事後の聞き取りを通してわかったのは、相対的に高い評価を得た学生がもともと小説等の「物語」に多く親しむ人々であったかというと必ずしもそうではなく、むしろ多角的に物事をとらえることを促した成長過程での環境が想像されたということである。これは例えば、法律家である親からそのような姿勢を感じてきたことや、また逆に個別の価値観でしか他者を見ようとせずに起こる親族内の不協和音が反面教師になったことなどである。また、リポートや試験によって成績判定を行うことがメインである大学の場においては、基礎的な読み書き能力の高さがおそらく本リポートにおけるパフォーマンスにもかかわっているであろうことは、上位リポート提出者の中に他の受講科目でも比較的成績の良い学生が多いことから想像された。この読み書き能力の高さに関する指摘は、だからといって実際の援助実践における対人関係とは別物とする見解と、逆に現場での実践パフォーマンスと相関があろうとする見解の両方があり、このことは軽々に判断がつく問題ではなく、注意深く見ていく必要があると考えている。

相対的に低いパフォーマンスを示した学生はどこに不具合があったのだろうか。成績の良い学生は、筆者の案内する「考証の手続きの逆利用」といった手順や、その他授業内で伝えるエコロジカル視点やストレングス視点といった諸原則を使って各物語の人物理解を試みていたのに対して、相対的に低い成績の学生は諸原則の確認と、個別の物語が場合によってばらばらになり、またその物語に関する記述が往々にして単なるあらすじの記述に近くなるということがみられている。また、何となく登場人物の理解を試みる作業には取り組んでいるものの、課題に照らして、理解手法やそれを駆使するステップをもう少し明言化してほしいと感じさせるものもあった。好成績のリポートにおいては、そうした授業で触れた諸原則やステップを利用するのみでは不十分な状況への考察が記されている例もあった。

このことに関して二〇一三年度にリポートのコメント内容を質問に来た学生とのディスカッションを経て、教員側の説明において、手順を抽象的な一般論として説明すると同時に、具体的なストーリーにあてはめて読み解き方法を解説することの提案がなされたことで、筆者が強調しているつもりの自己覚知を他者理解と関連づける作業などは改善が見込まれるのではないかと考えた。やってみた後のフィードバックがタイムリーであることも重要なポイントで、期末リポートのように評価とコメントが長い休み期間をはさむような方法以外にもっと短い物語を学期内に読み解き、短時間で結果を伝えるというような工夫も考えられるだろう。

さらに重要であると気づかされたのは、「誰による、誰に対する理解か」ということがうまく整理されない時に、考察と論述にぶれが出て、切れの悪い仕上がりになってしまうということである。そのようなリポートにおいては、書き手の作中人物に対する理解と、作中人物間の相互理解とが混合して出てくる場合があり、挙句の果てに最後は虐待問題一般や障害者の権利侵害問題一般への提言に摩り替わってしまうような例も見られた。実際物語を通じて個別の登場人物に関する十分な読み解きができた学生の場合は、それを通じてそうした一般問題への理解へと議論をオープンエンドにすることはもちろん望ましいことである。

また、全体を通して「理解」の「文脈」をもう少し意識することを強調しなければいけないとわかった。小説等の利用をするため、作中人物間の理解プロセスにシンクロするにしても、理解対象と理解を試みる人の関係は別に援助‐被援助関係とは限らない。むしろ親族間や友人、恋人といった間柄ないしは同じコミュニティの市民同士といった関係における理解が圧倒的である。その場合、それらが社会福祉援助場面における「理解」と何が共通で、何が違うのかをもう少し意識できるよう案内しなければならない。なぜなら、そこを意識すれば、理解そのものは「場」が与えられれば可能であったとしても、そもそも理解すべき相手にアクセスできないかもしれないという構造的な問題にも迫ることが出来るからである。また、親族間なら許されることが社会福祉の援助シーンではご法度ということもあるだろう。

「物語」のもつ可能性と危険性、今日的な意味を自覚するとき、未来の援助専門職を教育する立場として居ずまいを正さざるを得ないのを感じる。

［註］

（1）もともとのリポート評価は、①授業内容の理解、把握（関連先行研究の提示を含む）、②いかに物語を通しての論述が達成されているか、③問いと結論の対応（論理性）、④独創性、⑤文章、形式（引用のルール遵守等）の各観点に任意の配点をして、合計九五点以上をA+としている。すべてのリポートにコメントを付して返却し、疑問点の問い合わせがいつでも可能であると周知をしている。

［文献］

Culler Jonathan（1997）*Literary Theory: A Very Short Introduction*, Oxford University Press（=2003 荒木映子・富山太佳夫訳『文学理論』岩波書店）

Holstein, James A/Gubrium, Jaber F（1995）*The Active Interview*.Sage Publication（=2004 山田富秋他訳『アクティヴ・インタビュー――相互行為としての社会調査』せりか書房

京極夏彦（2001）『嗤う伊右衛門』角川文庫

向田邦子（1983）『思い出トランプ』

野口裕二（2002=2003）『物語としてのケア――ナラティヴ・アプローチの世界へ』医学書院

大塚英志（2003a）『キャラクター小説のつくり方』講談社新書、220-223

大塚英志（2003b）『物語の体操――みるみる小説が書ける6つのレッスン』朝日文庫

高橋克彦（1995）『四谷怪談（少年少女古典文学館）』講談社

第4章

身体のコンテクスト——非言語メッセージのはらむ物語

1　演劇的手法について

社会福祉援助の理論と技法には、もともとロールプレイやリハーサル等演劇的な手法が多く取り上げられてきた。また、隣接のカウンセリングやサイコセラピーの領域では、サイコドラマ、ゲシュタルトセラピー、行動療法のメンタルリハーサルといった手法により個人変容を助ける試みもなされており、それらは社会福祉領域のグループワークやＳＳＴなどの試みにも大きな影響を与えている。

筆者自身も長年社会福祉援助技術演習（相談援助演習）において同手法を駆使して特に面接初期の信頼関係樹立の方法を論じてきたし、エンカウンターの各種エクササイズを使って自己覚知や他者理解の実践にも携わってきた。ただ、それらがどの程度有効でありえたかの検証も、また根本的になぜこうした技法を導入するかについての理論研究も不十分であると考えてきた。

一方、演劇領域からの言説に耳をかたむけると、役者が登場人物を理解しリアルに演じるためのプロセスでなされることと、社会福祉援助における他者理解のプロセスには驚くほど共通点があることに気づかされる。今井は即興演劇について記した著書の中で役者の役作りに関して「キャラクターの成り立ち」という項で次のように述べている。すなわち、登場人物の「目的」は脚本にかかれている「行動」とは異なることを自覚すれば、例えば「殺人」の場面を演じるにしてもAからBへの「怒り」ではなく、AがBを愛しており、認めてもらいたかったという「目的」を理解しなければリアルな演技にはならない（今井 2005=2009：228-232）。これは、役者をソーシャルワーカー（援助者）に、登場人物をクライエント（サービス利用者）に置き換えればそっくり援助シーンにおける他者理解の構図とかさなるであろう。また、劇作家の平田は、「演劇を作るとはコンテクストのすり合わせである」と述べている（平田 1998=2008：169）。この中には、言葉のコンテクストのみならず身体のコンテクストがあり、そのすり合わせができないと役者と演出家、役者と観客といった関係の中に理解が成立しないか、もしくはずれてしまい、リアルな舞台が作れないという。総じてこうした見解には、ある一定の「場」と、そこに含まれる人々を対等に配置した上での「わかりあい」や理解の共有を目指す姿勢があり、1章で見たミクロソーシャルワーク批判への応答プロセスにヒントを与える理論と技法を提供すると考えられるのである。

また、社会福祉援助の領域に限らず、近年の教育のあり方そのものに向けた議論において演劇的手法を重視する見解もある。渡部は、日本の教育を「教師による知識注入型授業から、学習者が主体となる獲得型の授業へ徐々にシフトすべきだ」と述べている（渡部 2007：50）。渡部の想定する獲得型授業の中にはリサーチ・ワーク等自学の訓練とディスカッション、ディベート、プレゼンテーション、ゲーム、シミュレーション、ロールプレイング等が含まれており、そうしたプロセスの一環に「ドラマによる学び」を「学びを全身化する方法」として位置づけている。渡部は、「演劇的表現の特質の一つは、利害や価値観の対立・衝突を、複数の人物が同時に登場して論争をたたかわせる『場』として表現できることである。モノローグを特徴とする教壇上の講義との違いである。」と述べる（渡部 2007：158）。総じて援助論教育が演劇の手法から学べることは大きく、また昨今はそうした着目と相乗する形で演劇領域からのアプローチもあるというのが現状であろう。

2 首都圏A女子大学における試み

(1) 方法

A女子大学では、二〇〇八年度より大まかな学びのガイドラインとしてのコース制を採用し、二〇〇九年度には各コースのアイデンティティ確立の位置づけを持つコース別の導入授業を新設した。筆者が二〇一一年度までチェアパーソンを勤めた「人間関係コース」では、演劇的な手法を用いたコミュニケーションに関する集中授業(ドラマケーション)を開始しており、本章で分析対象とするのは二回目の取り組みとなった二〇一〇年度の授業である。これは集中講義型のワークショップで、期間は二〇一〇年七月二九日~三一日の三日間、二単位、対象はコースに所属する二年生三八名、担当は外部講師として招聘した日本演劇教育連盟委員長の正嘉昭[1]と筆者の二名である。本授業を研究対象とすることについては、学内のヒト対象倫理審査委員会に申請を上げ、認可を得ると共に授業初日に学生に対しては説明文書を配布の上口頭説明をし、同意書に署名を願った。

手元に集まった各種のデータの中から、主として学生の提出した事後レポート(課題:「今回の取り組みを経て、もし、あなたの中で変化したものがあるとすればそれはどのようなものですか? さらに答えられるならその変化が何によって、どのように起きたのか教えてください。」)を使い、表明された「変化」と「気づき」を読み解いた。手順は、①変化や気づきのきっかけとしてあげられた固有のアクティブメニューが属するカテゴリーと、ドラマケーションがその開発中特に注目した演劇の四要素(「相手役との交流」「虚構性」「変身性」「演技の基礎としての遊び」)をクロスさせた表を用いて記述を分類した。次に②特定のアクティブメニューを明示せず表現された変化については、当日のフィールドノーツ、及び横並びで参加した筆者の自己エスノグラフィー（Ellis ら 2006：129-164）を併用しながら、頻出事項をカテゴライズした。解釈のトライアンギュレーションとして場をリードした正とのディスカッションを利用した。

（2）A女子大学社会福祉学科の位置づけと人間関係コース導入授業

A女子大学社会福祉学科は、日本で最初に創設された社会福祉学科で、多くの専門職者を社会に送り出してきた。近年は少子化や大学数の増加、女子大学の人気低下等に伴って応募者の減少傾向はあるものの、危機感を持ちつつ老舗の中堅大学として時代のニーズを踏まえ今後に向けた方針を探ろうとしている。

三つあるコースのうち、人間関係コースにおいて取り入れた「ドラマケーション」とは、「ドラマ」と「コミュニケーション」ないしは「エデュケーション」との合成語である（正 2008：30-32）。一九八〇年代以降いくつかの時代背景に呼応する形で演劇教育ないしは演劇による教育が見直されてきた流れの上で、二〇〇五年、東放学園高等専修学校が文部科学省から委託された事業教育重点支援プランの研究開発をきっかけとして生まれた。このときの「コミュニケーション能力と表現力を高める演技・演劇による自己啓発プログラム」という研究開発のテーマが、当時すでに同専修学校の授業や特別活動で利用されていた「五分間くらいのドラマワーク」にリンクして発展し、二〇〇七年にドラマケーションと命名された。アクティブメニューは、演技や遊びの世界のみならず学習を行う上でも大事な「リラックスし、集中し、仲間を感じる」という三要素を満たすように企図されている。どれもが五分程度の時間で授業の最初や最後に取り組める内容であるため、様々な活用が可能である。人間関係コースの当該導入授業は、ソーシャルワークへの導入であると同時に、必ずしも狭い意味の社会福祉専門職につくとは限らない対象学生の全体像を想定して、どこであれ各自の含まれる社会集団そのものの改変をめざした試みにつながるようなグループワークを企図したという意味も持つ。

（3）導入授業の組み立てと意図、内容

授業のタイトルは「演劇の手法を通して、表現を味わい、コミュニケーションが成り立つ人間関係を築く」というものである。初日は九〇分×二コマ筆者単独で事前学習を行った。ウォーミングアップのために「その日の気分」実施後、コアメニュー（仲間集め、歩いて止まる、カウントアップ、コトコトナビ）を行い、終盤で四グループにわかれて「コミュニケーションとは何か」について具体的エピソードを踏まえたブレインストーミングを行った。

二〜三日目は一〇時〜一七時の終日、正嘉昭によるドラマケーションを中心とする演劇的手法を用いたグループワークを行った。筆者は観察し、メニューによっては学生と横並びで参加した。ドラマケーションのアクティブメニューに加えて、ルコックシステム(2)による出会いのエチュード、発声練習、俳句を使ったグループ発表及び、畑澤聖悟による戯曲の一シーンを短く演じる等、より演劇に近いメニューを組み合わせて授業は展開した。

強調した原則のひとつは、「やりたかったらやる、やりたくなかったら見ていて良い、またやりたくなったら入る。」という参加自由の考え方である。ただし、三日間は半日ごとに出席を五回取っており、帰ってよいわけではない。原則の二つ目は、「すべての表現を認める、上手い下手の評価をしない、出来る、出来ないという尺度を用いない」というものである。これは、個人の能力を発達させることを目指すのではなく、場における「関係」に着眼することを重視するためであり、本実践全体を通じて最も大切な原則と言える。両原則ともにメニューが変わるごとに繰り返し伝えられた。取り上げたアクティブメニューの代表的なものを次の表1に示す。

表1　アクティブメニュー　（カテゴリーごとの実施内容）

仲良くなる	身体を感じる（五感の覚醒）	コミュニケーションを楽しむ	表現を楽しむ
仲間集め：好きな寿司ネタ、色など様々なカテゴリーでグループを形成、その内容をジェスチャーで示し、相互に当てる。	主人と従者：2人組みになり、主人役は従者役の顔から20センチ話して手をかざし、従者はその手の動きについていく。	おしゃべり仲間：イスを3こ用意。動物、道具等のお題にそってなりきり会話を展開。次々交代する。	何やってるの？：皆で輪になり、1人が中央に出て何かの動作を表現、自発的に次の誰かが「何やってるの？」と輪にはいるとやていることとは別の動作を答え、聞いた人はそれを始める。繰り返し。
カウントアップ：グループ内で別のメンバーが何の合図もなく1から10まで数えて戻る。	歩いて止まる：全員が部屋中をしゃべらず自由に歩き、誰の合図もなく全員で一斉に止まる。	手裏剣合戦：ペアになって離れて立ち、手裏剣があるつもりで掛け声と共に投げ合う。	
ジップザップ：輪になり右隣にはジップ、左隣にはザップとエネルギーを渡す。	コトコトナビ：ペアをつくり、一人が目を閉じて、もう一人がトントンなど擬音語でそのパートナーを導く。	イエスマン・ノーマン：お願い事を具体的に想定し、イエスのみで頼む。ノー役はノーのみで断る。	ワンタッチオブジェ：参加者を2組に分け、表現空間に第1グループが入って何らかのポーズ。このとき必ず誰かのどこかにワンタッチで作る。次に第2グループが風、花、火山などテーマを与えられて同じくワンタッチでポーズを作る。第1グループが抜けて全体を鑑賞。その繰り返し。
じゃんけんワールド：普通のじゃんけん、負けじゃんけんなど。	背乗せ：ペアを組み、かけ声や手を使わず、自然に相手を背中に乗せる。	＊これら4つののカテゴリーに入らないメニュー ①出会いのエチュード：2人ペア同士で数メートル離れて向き合い、1点集中でニュートラルな体勢を作った後、呼吸がそろったら同時に歩き出してすれ違い、少し過ぎたところで振り返ってじっと互いの目を見つめる。そこで湧き上がった思いを非言語であるがままに表現し合う。 ②俳句を使った劇作り、 ③脚本の一部を使った劇作り。	
キリン・ロバ・ハンバーガー。	背あわせ・立つ：背中合わせに座り、非言語でおしゃべりや喧嘩の後、合図なしに2人で立ち上がる。		粘土人形：ペアになり、粘土役の身体を使って相手が様々なポーズをつくり、皆で当てる。
ワッショイ：部屋中を歩き回りながら出会った人とワッショイ、イエーイ等ハイタッチで声かけする。	ふりこ：3人一組で、中央に立った1人が目を閉じ振り子のように左右に揺れるのを両脇でしっかり支える。		リレー物語作り：「昔々」で初め、一人一言ずつ次々に言って物語を作る。
その日の気分：「気持ち」を縦軸、「体調」を横軸にとった十字の4象限を部屋の中に想定し、それぞれの位置取りをする。	人間磁石：メンバー全員で目を閉じ、腕を組み、小さな歩幅で部屋中を歩く。最初は他者に当たったら離れるを繰り返し、次は当たったらそのままくっついて歩く。		ボイスフラッシュ：「一点集中」で心と身体をニュートラルにした後、ファシリテーターの言う単語に合わせ考えずにパッと表現する。

3　授業実施結果と考察

学生によるリポートの文言を引用しつつ考察を進める。

(1) 非言語というステップ（認知と体感の統合）

普段の生活では圧倒的に視覚情報に頼り、かつ言語を媒介に生活しているために、その他の感覚を活用し切れていない、ないしは背後に押しやっているということへの気づきを多くの参加者が実感した。これは、「歩いて止まる」や「コトコトナビ」、「カウントアップ、カウントダウン」などにおいて顕著である。取り組んだメニューも全体を通してカテゴリー２の「身体を感じる」が最も多かった。

――普段自分が使っている視覚を自らが遮断することによってこれほど身体が目覚める感覚をつかめるとは思わなかった。身体全体がようやく活発に動き出したような、清々しい感覚がとても心地よく、また同時に驚いた。普段目は覚めているけれど、まだ夢の中にいるような、よく言われる「生きている実感がわかない」というのも、ここから来ているのではないかと感じた。

頭の回路や心の回路と違って、自分自身に対して「うそをつかない」体の回路を回復することの重要性（正 2008 : 12-13）が各所で指摘された。これはパールズの提唱したゲシュタルト療法の考え方と通底する。つまり、感情の存在に気づく「洞察」ではなく、感情になりきる「覚知」を重視するということである。そのためには、意識性が高いためにうそをつきやすい「言語」＝頭ではなく、正直な身体を覚知して「より本当の自分」になりきることを勧めている（Perls 1973 : 76-82）。実存主義や現象学の原理を取り入れたゲシュタルト療法は変えられない他者や過去ではなく、主体性を持って現状を選び取る存在としての自己における「いまーここ」を扱おうとする。そこでは禅に言う「心身一如」と同じように意識を身体感覚に切り替えるよう促すのである（百武 2009：72）。

このあるがままの自分になり切ること（忘れかけた身体の感覚を呼び覚ますこと）を、順を追って楽しく提供してくれたのが各種のアクティブメニューである。こうしたメニューをステップとして踏むことによってコミュニケーションを楽しみ、その中で湧き上がってくる思いに正直になる各種のメニューにも順次取り組むことが可能になっていくのが見て取れた。言っていることとしていることの乖離を警戒し、利用者との出会いを味わうことの基礎をなす姿勢であろう。

互いの信頼感を顕著に体感させたメニューが「背あわせ」や「背のせ」、「振り子」である。これらを通じて実際に怖さ、不安、硬さ、驚き、喜びを感じたことの実感は大きかった。

――背のせや振り子によって、相手とのタイミングをはかる、相手を信頼してまかせる、ということを学んだ。自分では相手を信頼しているつもりであっても、実際ふりこをやると自分ではそんなつもりはなくても実は心のどこかで相手を信頼していなかったり、完全に相手に身を任せるということを怖いと感じている自分に気づいた。

――背と背をあわせて二人で立つ作業が私のペアが一番最後まで出来なかったのであった。それは、私が相手の背にできるだけ頼らず、自分の力で少しでも立とうと力んでいたからである。しかし、いっこうに立ち上がれなく、諦めて相手とのタイミングと背中を信頼して（任せて）やってみたらようやく出来たのであった。

これらのメニューを他の諸活動における自己の姿勢へのなぞらえないしはたとえ話として位置づけ、日常生活でも相手を信頼して任せることでより大きな仕事を成し遂げていくことが可能になるはずであるという学びにつなげて語る内容も見られた。

(2) 即興性とわきあがる思い

アクティブメニューの多くはその場でわきあがる思いに正直になる、いわゆる即興の手法を多く取り入れている。正の講義でも、「コミュニケーションは即興である」と語られた。中でも多くの学生が衝撃を受けた「出会いのエチュード」はドラマケーションメニューではなく、ルコックシステムによるマイム(小谷野1991=2001)の一つである。三八名の参加者中一三名がその内容について事後リポートで触れた。

——私が一番興味深かったのは、「出会いのエチュード」だ。これは目を見るだけで感情が生まれてきて不思議だった。また、頭で考えることなく、次から次へと感情が変化していき、私の中になぜこのような感情がうまれるのか理解することができなかったが、いつもまず頭で考えてから、行動する私とっては何の予告もなしにあふれ出てくる感情をありのままに表現できたことは自分自身も驚くほどの変化であった。また、自分の感情のように相手の感情も感じることができそれが、時にシンクロしたり、シンクロしなかったりを感じることも面白かった。

ルコックシステムの実践者小谷野によれば、出会いのエチュードとは「自分を演じること」である(小谷野1991=2001:54)。自分の思いを味わい、それを素直に表明すると共に相手の素直な思いを直に受け止めることを相互に行うことによってその場で真に「出会い続ける」ことが目指される。これは、カウンセリング批判が排斥するところの感情への焦点づけを相互にする行為に他ならないと考えられるものの、違うのは、非言語行為であること、援助する者からされる者への一方的な焦点づけではなく、一義的には自らの思いにまず焦点化するということ、そこに生まれた思いと相互作用するものとして互いの思いをあるがままに表明しあうことである。

インプロの創始者の一人であるジョンストンに師事した今井は、インプロ（即興）の要素は日常生活に密着していると述べる。他の人からどう思われるだろう、うまくいかなかったらどうしよう、自分はダメな人間じゃないか、等私達は恐れにとらわれ、ビクビク縮こまっている。インプロは他者の違いを認め、自分の独自性を認める機会になり、他者と競い合うことなく人生という物語を演じていく人の基本的能力を磨くと説く（今井 2005=2009：17）。

また、同じくジョンストンの論を研究した高尾によると、創造性を考える上で「自然発生」と「想像」が重要で、それを阻む要因に、評価への恐れ、未来や変化への恐れ、見られることへのおそれがあるという。それを解決する方法としてジョンストンは次の六つを提唱した。①普通にやる・頑張らない、②独創的にならない・当たり前のことをする、③賢くならない、④勝とうとしない、⑤自分を責めない、⑥想像の責任を取らない（高尾 2006：74-82）。

では、ここで「わきあがる思い」「感情」とは何なのであろうか。1章で述べたように、ホックシールドは、その感情社会学研究の中で、人は場や文化にあわせて適切にふるまおうとするのみならず、さらに踏み込んで適切に感じようとすると述べ、それを「感情規則」と呼んだ。そして場に合わせて感じるべき気持ちと実感された感情のずれを埋めるための行為を「感情管理」とし、その中には「表層演技」と「深層演技」があると述べる（Hochschild 2000=2004）。演劇教育の領域で今も大きな影響力を持つロシアの演出家コンスタンチン・スタニスラフスキーが促したのは、自己誘発した感情を自発的に表現する「深層演技」であり、その根底にはシンボリック相互行為論の考え方がある。つまり、通常、生理的機構として起きた感情をどの程度どのように表出するかに関して内的に認知評価するリマインダーが働き、それを経た上で感情を「適切」に表現する、すなわちそれが感情経験をするということである。ワークショップの場で行われたのはこのスタニスラフスキーの流れをくむフランスのジャック・ルコックによる出会いのエチュードであった。そこでわき上がる感情を味わい、その思いのままに非言語で行動する体験は、その思いがなぜそこで生まれるかという分析ではなく、相手との関係の中で驚く程多様な、または意外な思いが生まれ、動いていくという生の体験そのものを提供した。よって、こうした体験により、各自が日常のふるまい方を振り返り、そこにどのような感情規則が働いているかを相対化し、さらにはその感情規則そのものを疑い変えていく第一歩を可能にするのではないだろうか。

(3) 正解なし、評価なし

即興の原則でもある「評価の解体」がここで持った意味について考える。「やりたかったらやる、やりたくなかったら見ている、またやりたくなったら入る」という参加の自由保障や、「すべての表現を認める」、「上手下手や、出来る出来ないを問わない」という評価廃止の理念は学生の中にある種の混乱と疑いを喚起しつつも段々奏功する様子が伺えた。

——フィールドワークが始まった時、表現に正解はないと説明を受け、疑問が生じた。本当にどんな表現をしても否定されないのだろうか、最終的には「正解」がしめされるのではないだろうかと考えたのである。しかし、その心配は杞憂に終わることになったのである。

——今回の取り組みと、私の高校時代の演劇部との違いは上手さを求めるかどうかにあったのと、そして最大に違ったのはたった三日間に同じ学科とはいえ知らない初めて会った人ばかりと接することであった。(中略)演劇部では表現することに上手さを求めて、技術を向上していかなければいけない。そんな状態だったとき、私はこんなに表現することが巧みなんだという見栄を張るようになった。

「すべての表現を認める」とは、例えば何も言わないこと、「うまく」言えないこと、「変な風に」言うこと等もすべて含めるということ、つまり狭い枠にはまった「うまい表現」や、演劇として「素晴らしい（質の高い）」表現のみを認めるわけではないということだろう。だからこそ「おしゃべり仲間」で、何もしゃべらず固い表情で座っている参加者がいたとしても、何も促さず、ほめず、けなさずということが推奨されるのである。こうした心構えと働きかけが持つ最大の意味は、その個人が「出来る方向」に向かうということ（個人を変えるということ）以外のところにある。それは表現のあり方を個人の問題に矮小化しないということである。つまり、そこにあるのは変化すべき（成長すべき）個人の表現（の不具合）ではなく、そうした多様な人を含みこんだ「場」を当然とする集団の了解をめざすということであろう。真の問題解決はそこにしかないことが示されているといえる。「出来ない○○さん」を、そういう人もいる自然な状態として認識する集団では、単純な序列化も、ましてや排除も起こらないはずである。

評価という裁きを受けることのない安心感がより自由な表現を可能にし、さらにこれを通じてより価値が多様化することにむけたきざしを味わうことも出来た。たとえば、円陣を組み、拍手を送っていくゲームにおいて「速く」回すことを要請され、それが「うまく出来ないこと」を体感した上で、中学二年の女子が最も速く回せるという実態を聞かされ、しかし速くまわせたから良いってものじゃないとしめくくられる。これは一見価値が上であるところの「速さ」という観点からは、自分が下に位置づくことを体感させ、しかしそれは価値の上下ではなく単に「違い」であると付加されること。つまり対人関係で、ある局面から見れば避けようのない優劣をそれなりに認めると共に、同時にその他の、あまりに多様な評価尺度の存在に思いをいたすことへと参加者達を導く。全体として多様性を重んじる集団のあり方へイメージを膨らませることが出来る。同時に、一定の評価尺度に向き合わざるを得ない現実も踏まえた気づきが生まれた。

――この先、正解を求められることは多いであろう。しかし自分を最大限アピールすることが求められる機会も増えるかもしれない。また逆に相手の価値観を受容する機会も増えていくであろう。ストレスにもなり、エネルギーを使うことでもあるが、自分なりの考え方を今後も模索していかなければならないと考えられる。

いずれにしても、そうした多様性を認める集団形成を目指すときに、通常流布している教育、すなわち個人の努力を対象化して評価を行う教育の中にはある種の矛盾がひそんでいることが感じられるのではないだろうか。現に今井はある俳優養成所で生徒に点数をつけることを拒否し学校当局とトラブルになったことを記している。（今井 2005=2009：186）

（4）集団の持つ規範の問い直しへ

シャフテルらは、集団の問題解決法としてのロールプレイングに触れその中で役割理論を説いた（shaftel 1971：162）。彼らは、「個人がその経験の中で社会的対象になる時、その行為の中に生起してくるのが自己である」というミードの論を引いて教育を役割取得のプロセスとし、ロールプレイングにおいて他の人の役割を取ることの意味を強調した。凝集的グループにおいては、ファシリテーターがメンバー間の差異を支持する肯定的集団風土を促進できるし、また役割システムの客観視によりそれを変更させることも出来ると述べている。これらを踏まえるなら、出会いのエチュードを初めとする即興的な活動の中で実感する「思い」を振り返ることによって、自分に課せられた「役割」と、意識するとせざるとにかかわらずそれに規定されて起こるふるまいを相対化し、かつそうした役割を言外に付与してくる集団そのものの規範を自覚することが可能になるのではないだろうか。学生の表明した気づきや変化の中で、そうした規範や関係そのものに言及している内容ないしは、その方向に位置づくと考えられる記述を拾ってみた。

図1

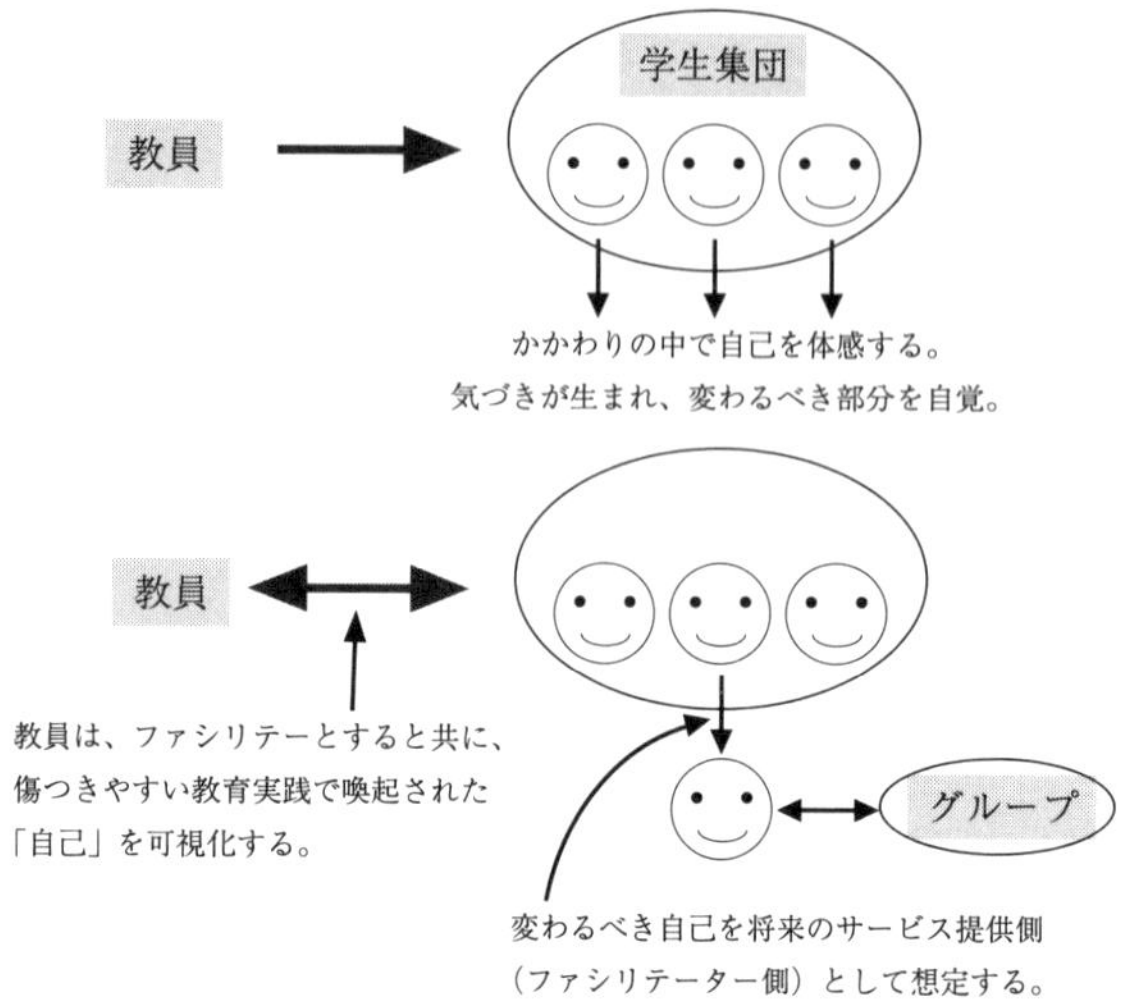
学生集団
教員
かかわりの中で自己を体感する。
気づきが生まれ、変わるべき部分を自覚。
教員
教員は、ファシリテーとすると共に、
傷つきやすい教育実践で喚起された
「自己」を可視化する。
グループ
変わるべき自己を将来のサービス提供側
（ファシリテーター側）として想定する。

この図は、グループワークの手法を駆使して、現時点における学生個人の変化や解放を中心に働きかけがなされた状態（上の図）と、今回の実践（下の図）の違いを示している。下の図では、教員自身がグループワークの過程で起きる自己の気持ちを開示し、かつ学生の語りが集団規範の問い直しに結びついたり、将来ミクロソーシャルワークを行う立場に現在の気持ちを置き換えたりする考察がなされている。

——正解がないから感覚のおもむくままに演じる。／自分が包括されている世界ごと自分に向き合う。／相手の気持ちを感じ取ってあわせてしまう自分を脱し、自分を出す気持ちよさ。／正しい答なんてない。自分と違う感覚を持つ人を受け入れ、自分の感覚も受け入れてもらう。／ニュートラルの体験により、自分の思いに気づく。

これらは、総じて変わりうる自己を認識することが、単なる個人の解放や能力発達ではなく、関係への着眼になり、ひいては集団の持つ規範の問い返しにつながっていく可能性を秘めたものと言えよう。学生の記述には、将来立つ可能性のあるサービス提供側に自己を置き換えての考察がみられた。これを概念図として示したのが図1である。

では、今回そこにあった社会規範が小さ

くとも変化することはあったのだろうか。これに関しては教員の姿を不可視化しないという方針に従ってエピソードを記述したい。今回参加の三八名の中に一名下肢に軽いインペアメントのある学生がいた。彼女が「背乗せ」のときに上手く乗ることが出来ず苦戦している様子を見て筆者が近づき、乗せようと試みた。それでも結局上手く行かず、一端あきらめたときに、参加者かつファシリテーターとしての筆者の中には何となく頬のこわばる感じがあった。同時に背あわせで立ち上がるというアクティブメニューも足元をしっかり床につけて踏ん張ることが難しく、見合わせのような形になっていた。そこに正が介入し、すばやくインペアメントの状況を理解の上、足元を一人の学生に押さえるよう依頼、そして正と当該学生とで背をあわせ、何とか途中まで腰をうかすところで「これでＯＫ！」と締めくくった。これは、インペアメントのある参加者に対してゲームの方法をそのままに、「アクティブメニューの成否について出来る、出来ないは問わない」と言って終わりにはしなかった丁寧な、しかし当たり前の対応である。筆者はここにアクティブメニューの成否が個人の問題から場の問題に変わった瞬間を見た(3)。

(5) 限界

第1章で確認したミクロソーシャルワークに寄せられる批判を踏まえるなら、今回の授業実践においては、前述の（4）で見たような集団規範への問い返しがさらに追求されねばならないところであるが、しかし実際の記述ではそうした方向性は見られるものの、自己の振り返りや語りなおしが大勢を占めている。しかもこうした記述が、そもそも評価を伴わないアクティブメニューに関する「評価を伴う」リポートに記された内容であるということは十分に踏まえなければならない。「評価なし」「何でもあり」の試みも、メタレベルでは結局価値の押し付けをしているのではないかということに注意を払う必要がある。評価尺度の廃止を提唱することにより、確かに場は競争関係や密かな優劣自覚から開放され、和気あいあいとした協調ムードに包まれる中で、多くの参加者は変なこだわりや頑張りから自由になった。それでも、グループに対して類似のアクティビティーを提供するエンカウンターやSSTと同じように、表面的な優劣尺度の廃止の背後に大枠での規範の押し付けがないか、ないしは少なくともどのような価値規範を前提としているかということに注意深くあらねばならないだろう。

トーズランドとロバートによれば、グループワークではそもそもグループ規範から外れることをグループにとってのチャンスととらえている。すなわち、規範自体が機能的でなかったり、不道徳であったりする恐れはあるのであって、規範を再検討させメンバーにコミュニケーションレベルを深めることを推進できる可能性がある（Toseland/Robert 1971：91）。したがって、ファシリテーターのフィードバックにはメタレベルで前提とする価値規範が何であるのか常に振り返る必要がある。

また、根がまじめで周りの期待に応え、好かれるために「いい子」になろうとする傾向の人や負けず嫌いな人にとっては、場合によって、「出来る、出来ない」にこだわらないことそのものが「出来るか、出来ないか」へのこだわりが出現する。それは、「頑張らないことに頑張る」といった無限後退と同じで、どこかで「いい加減」になれるようなファシリテートが必要である。今回一名の学生が二日目を欠席したことの背景に無理をして参加した一日目の疲れがあることに触れていたし、また皆に合わせるという暗黙のプレッシャーゆえに見ているという行為が出来なかったという別の学生による記述もあった。

手段と目的は容易に逆転しうる。演劇に限らず芸術一般は純粋な表現欲求の発露であり、それそのものとしての価値を増やしていくという目的を持つと考えられるが、コミュニケーション教育のためと銘打つことで、結局ソフトに集団を管理する道具に使われるという矮小化が起こる危険性は常に踏まえておく必要がある(4)。また、援助論教育の側から見たときにも、目的があいまいになり、単に「楽しかった」で終わってしまうまやかしが起きたり、その楽しさゆえに同じく集団管理の手段になるおそれがある。

4　結論

今後の援助論教育においても、対人援助の理論と技法が大事にしてきた個人の「思い」への焦点化はその重要性を失わない。ただし、同時にその「思い」を暗に想定する集団規範への気づきの促しがセットで用意されない限り、小沢らの批判に示されるように、問題の所在を個人に還元する「ずらし」が起こる可能性は捨てきれない。そのことへの気づきが可能になるという意味で、演劇的手法を活用したグループ体験は有効なものであると言える。

ここでの学びを踏まえるなら今後の演習授業を初めとする援助論教育では、その専門職が配置される職場の構造について考えるメゾレベルの制度理解を常に参照する形での面接練習をこころがけねばならないだろう。そうなると相談援助演習の初期に自他理解をめざして行われるロールプレイにも諸種の留意が必要となる。また、今まで面接場面のロールプレイと称して行ってきた演習がどこまで本当にロールプレイ足りえていたのかということについて再考が必要である。例えば、あるテキストにおいては、面接場面設定の中で起こる「くすくす笑い」を日常的会話においておこるある種の激しい感情を避ける「暗黙のルール」ととらえる記述があるが、（社団法人日本社会福祉士養成校協会 2009：62）これには賛同できない。演劇的手法による主張に学ぶなら、これはむしろ非日常の場面に入るためのウォーミングアップが仕切れていない状態ととらえるのが妥当なのではないか。演劇の要素である「虚構性」や「変身性」をまっとうするには、例えば一点集中 (5) による「状態のニュートラル化」や、ちょっとした小道具を利用する等、その場に入っていける「しかけ」が重要である。そういう意味でも、こうした演劇の手法から学び、演習授業におけるロールプレイの意味を再考し、本来のロールプレイ足りえるための教員側の準備が必要である。

今後、自己及び他者理解の演習に取り組む時には、それが埋め込まれた文脈を常に意識させ、その技法そのものが抑圧的に働く危険性を十分吟味しつつ、場や集団の理解に想像力を高めていけるような方法改善が望まれる。

[註]

（1）正嘉昭は、公立の中学校を中心として約三〇年間国語科教員をし、現在、芸能界で活躍する人材を育てる東放学園の教育顧問である。「演劇を特殊なものから解き放つ」をスローガンに「劇団制・劇団員制」を廃した「誰でも役者」「飛び入り、飛び出し自由」の演劇空間、ところざわ太陽劇団を主催し、「地域におけるすべての人にとっての生涯教育としての演劇活動」をライフワークに掲げ、取り組んでいる。日本演劇教育連盟（2010）（http：//www4.ocn.ne.jp/~enkyoren/. 2010.10.30）

（2）パリのルコック演劇学校で教えられる演劇の基礎としてのマイム・レッスン。

（3）ドラマケーションは、障害のある人たちとも楽しめるものであり、正は特別支援学校にて、筆者は障害者リハビリテーションセンターにて肢体不自由や視聴覚障害のある参加者と若干の工夫をしつつ実施をしてきた。

（4）二〇一〇年度から、文部科学省と文化庁の事業として「児童生徒のコミュニケーション能力育成に資する芸術表現体験事業」がスタートしている。文部科学省初等教育局がうたう期待される効果の中には「問題行動への効果的対応」があり、一方的な変容強制を感じさせる表現となっている。しかし、演劇教育の側から見れば、このようにして教育現場の了承や承認を得ることで認知度をアップし、市民権を拡大するという戦略的取組とも言えるだろう。

（5）一点集中とは、ある一点を見つめてまっすぐ立ち、頭が天井からつりさげられているように姿勢を正し、肩の力を抜いて深呼吸をし、心と身体をなんにでもなれるニュートラルの状態にもっていくことで、この時人はまったくの無表情になる。

[文献]

Ellis, Carolyn and bochner, A（2000）「自己エスノグラフィー・個人的語り・再帰性――研究対象としての研究者」Denzin, Norman K. and Lincoln, Y.S.編 *Handbook of qualitative research, second edition*, Sage Publications,

Inc.（=2006 平山満義監訳、大谷尚・伊東勇編訳『質的研究ハンドブック　3巻――質的研究資料の収集と解釈』北大路書房、129-164）
Gordon, Mel（1987）*The Stanislavsky Techniqe: Russia*, Applause Theatre Book Publishers.（=2009 ゼン・ヒラノ訳、監修『スタニスラフスキー・システム　俳優修行・実践ガイド 演技エクササイズ３０６』晩成書房）
平田オリザ（1998=2008）『演劇入門』講談社現代新書
Hochschild, Arlie（1983）*The Managed Heart: Commercialization of Human Feeling*, University of California Press（=2000 石川准・室伏亜希訳『管理される心――感情が商品になる時』世界思想社）
今井純（2005=2009）『自由になるのは大変なのだ』論創社
國分康孝・片野智治（2001=2004）『構成的グループ・エンカウンターの原理と進め方――リーダーのためのガイド』誠信書房
小谷野洋子（1991=2001）『マイム――演劇のレッスン』晩成書房
百武正嗣（2009）『気づきのセラピー――はじめてのゲシュタルト療法』春秋社
日本演劇教育連盟（2010）http://www4.ocn.ne.jp/~enkyoren/ 2010.10.30
野口裕二（2002=2003）『物語としてのケア――ナラティヴ・アプローチの世界へ』医学書院
Perls Fritz S.（1973）*The Gestalt Approach & Eye Witness to Therapy*, Science and Behavior Books, Inc.（=1990=2009 倉戸ヨシヤ監訳　日高正宏他訳『ゲシュタルト療法――その理論と実際』ナカニシヤ出版）
Shaftel Fannie R., Shaftel George（1967）*Role-Playing for Social Values decision-making in the social studies*, Prentice-Hall' Inc.（=1971 西川一廉訳『ロールプレイング　集団による問題解決法』ミネルヴァ書房）
白澤政和（2010）「ソーシャルワーカーとしての社会福祉士の養成教育に求めるもの――カリキュラム改正を超えて」『月刊福祉』2010.11
社団法人日本社会福祉士養成校協会監修、白澤政和、福島和女、石川久展編（2009）『社会福祉士相談援助演習』中央法規出版
Toseland, Ronald W, Rivas, Robert F（1998）*An Introduction to Group Work*, Allyn & Bacon（=2003『グループワーク入門　あらゆる場で役に立つアイデアと活用法』中央法規出版）
正嘉昭他著／渡部淳監修（2006）『ドラマケーション――5分間でできる人間関係作り』晩成書房
正嘉昭・園田英樹・小川新次他著／渡部淳監修（2007）『ドラマケーション②』晩成書房
正嘉昭（2008）「ドラマケーションって何？」『月刊ホームルーム』7、30-39　学事出版
高尾隆（2006）『インプロ教育：即興演劇は創造性を育てるか？』フィルムアート社
渡部淳（2007）『教師　学びの演出家』旬報社

第5章

語りの実験と物語　その1——恋愛二〇〇七

はじめに——社会構成主義と教育

筆者が担当する社会福祉演習Ⅰ（三年生対象のゼミナール）は、長らく対人援助の理論と技法について取り上げてきた。二〇年近い担当期間のうち、九〇年代半ばから二〇〇〇年にかけての初期には、カウンセリング理論と技法を社会福祉援助の領域に適用することを無邪気に明るく伝え、ある種の自信を持って「リレーション」「ラポール」の形成がいかに大事か、そのためにはどうしたらよいかを論じ、具体的な方法の習得を励ましてきたと言える。二〇〇〇年代に入って、1章の批判動向に触れたような専門職批判の流れに位置づく一連の対人援助批判を感知するようになり、徐々に授業の流れは改変されていった。つまり、筆者が大切にしてきた対人援助の理論や技法そのものを現代思想の流れに位置づけ、批判的に検討するところまで視野を広げる必要性に迫られたということである。また、もとより、何であれ学んだ理論や方法を実際の援助や生活の場面に適用して説明、実践ができる「真の理解」を念頭においた取り組みを重視してきた。5章、6章、7章は、三年次における演習授業が目指した内容がどれくらい達成できたのかということを、教員を含む各メンバーの「語り」(1)を通して検討することが目的である。こうした試みそのものが、演習授業のかかげる目的の最終仕上げの意味を持ついわゆるパフォーマティブな記述である(2)。また、この取り組みはガーゲンの社会構成主義に関する著書による次の記述(Gergen 1999=2004)を契機としている。

——心の中の知識や理性という想定が疑わしいとすれば、現在の教育システムの背後にある理論的な根拠にも、疑いの目が向けられることになります。従来、学校は生徒一人一人の心の質を高めること——心の中の知識を増やし、考える力をつけること——に専念してきました。教科の内容を身につけ、リポートを書き、試験を受け、その結果によってほめられたり叱られたりするのは、あくまでも生徒個人です。生徒達が集団として評価されることはほとんどありません。教師と生徒の関係(例えば「お互いに切磋琢磨しているか」)がテストされることもありません。生徒の家族がどのくらい貢献したか(あるいはしなかったか)が問われることもありません。(傍線は筆者)

5章・6章・7章は、右記ガーゲンの問いかけに多少なりとも答えることを同時に目指したもので、二〇〇七年度から三年間連続で取り組んだ「語りの実験」である。本章では、学生同士が互いの関係を意識した「語りの場」そのものと、それを外から見ている教員との「関係」を、そして最終的には教員と学生を含む「今、そこ」(國分 1980)(3)にあった学問グループの実際がどうあったのか描き出す。6章は入念なウォーミングアップを踏まえてのグループ内お話作り、そして、7章はナラティヴ・アプローチの考え方を踏まえて、一連の語りの中に学んだ概念を読み解き、さらに自らを語りなおす取り組みである。

1　方法

筆者の三年次ゼミでは、前期にカウンセリング理論の勉強を通じた自己理解と自己主張、及びふれあいと他者受容の実践を試みている。さらに後期にはこうした対個人支援の基礎をなす理論と実践が、暗に「後退の語り」（Gergen 1999=2004：106-108）を要求することによってある種の権力構造に相手を巻き込んでゆく危険性に着眼する社会構成主義の観点から「関係」をキーワードに代替案に結びつく語りの更新を行うことを試みてきた。

まずは、これらの概要を振り返り、特に前期のリポート課題に各メンバーがどのように取り組んだかということを背景状況として記述する。それらを踏まえて後期の取り組み内容の概要を記す。そして本題は、年末最後の授業にて行ったフリートーク「恋愛二〇〇七」の内容記述である。これに対して社会構成主義の考え方を踏まえて検討を加える（その手順は後述）。

2　一年間の授業内容

（1）前期の授業内容と課題リポートに見る自己理解

前期は、①カウンセリング理論と技法の勉強を通じて自己の傾向に気づき、他者支援の準備をする、②エンカウンターのエクササイズを通してふれあいと自己発見を促進する、③社会福祉援助の方法とカウンセリングの関係について考察する、④説得力のある話し方、発表の組み立てなど、プレゼンテーションのノウハウを学ぶ、の四点をねらいとして掲げた。カウンセリング理論については精神分析理論、自己理論、行動主義理論、ヒューマニスティックアプローチ、認知的アプローチ、交流分析の六つを取り上げた。それぞれ二人一組で行った発表は内容の報告及び、各理論の理解を深めるためのエクササイズからなる。これらの理論を、ミクロレベルの社会福祉援助活動を支える豊富な道具を取り揃える分野としてとらえ、また、人間観・性格論・病理論・治療目標・カウンセラーとクライエントの関係と役割といった柱立てで比較することも行った。後半に行った構成的エンカウンター（國分・片野 2001）においては、それら諸理論の折衷的な立場から、自己疎外からの脱却をめざすホンネとホンネの感情交流促進、および自己理解の促進を同時並行で行うことを念頭に四人一組で①自己主張、②自己理解、③自己開示の順にエクササイズを提示、主導すること、及びそこに理論的な説明を付加することを要請した。実際のエクササイズは、金魚ばち、お願いのロールプレイ、自分と似ている人・対照的な人を探す、失敗談を語る、モザイク構成式エクササイズなどである(4)。

これらの取り組みを経て出した前期のリポート課題は、「前期に取り上げたカウンセリングの諸理論及び取り組んだ各種のエクササイズをとおして進めた自己理解と他者受容について論じなさい」というものであった。複数の理論を取り上げることと、「自己理解」は必ずしも書き手本人の自己理解でなくともかまわないという条件を付与した。結果一二名中一一名が自己の過去ないし現在を取り上げて、性格の自己認識と今後の展開、きょうだいや親との関係の振り返りと語りなおしや、困難な経験を通して考える他者との関係をつづり、理論の利用によって「悩むべきことを悩む」人に変化する様子が汲み取れた。一名は課題映画として鑑賞した「グッド・ウィル・ハンティング／旅立ち」(5)を通しての自己理解を論じた。

(2) 後期授業の内容

後期にあげたねらいは次のとおりである。①カウンセリングを含む個別援助技術とその理論を次にあげるキーワードとの関係で俯瞰することを試みる（キーワードはケースワーク・ソーシャルワーク・援助関係・社会福祉・感情社会学・社会構成主義）。②論文の書き方に結びつく、論理的思考のトレーニングを行う。③四年次に取り組む卒業研究のテーマを決め、枠組みを作る。流れとしてはまず、論理的考察と文章作成のエクササイズ(6)を②のねらいの元に行い、後半部分でガーゲンの『あなたへの社会構成主義』（Gergen 1999）を利用して、二人一組による文献内容の読み込み、及びその考え方を適用した事例の説明やディスカッションを行った。取り上げたのは、主に理論内容が詳述された最初の6章で、そのタイトルは次のとおりである。

第1章　伝統的人間観の行き詰まり
第2章　共同体による構成——事実と価値
第3章　対話の力——明日を創る試み
第4章　社会構成主義の地平
第5章「個人主義的な自己」から「関係性の中の自己」へ
第6章　理論と実践(1)——対話の持つ可能性

概して内容の読み込み自体が学生にとって難易度の高いものであった。取り組み方としては、二人一組のチームで最初の読み込みとレジュメの下案を作成した上で質問事項を持って大体のメンバーが一週間前に小山（教員）を訪れ、内容の確認と読み取った内容を適用する具体的な事例の選定について相談を進めた。結果、必ずしも毎回全員がクリアな理解を進めたとは言い切れないが、少なくとも適用する事例やシーンの取り上げ方及び適用の仕方は徐々に的を射たものになっていった。

3　恋愛二〇〇七（フリートークの分析）

（1）方法

6章までの輪読が終わった段階でまとめの作業に入るに当たって、当初小山（教員）が提示したテーマは、自分達の語りにある「普通～だよね、～って当たり前だよね。」を社会構成主義の考え方にそって見つめなおし、それを俯瞰する試みである。しかし、まとめ一回目のディスカッションを経て、当たり前を俯瞰するにはその「当たり前」が何たるかを描き出す作業がまずなければならないとの気づきに至り、ごく身近なテーマの中に「当たり前」を探る作業を検討した。そのようにして提起されたのが「恋愛」である。当たり前の描き出しは①学生個人の気づき、②学生相互の関係を通した気づき、③学生グループを外から見た教員の気づき、④教員のフィードバックを経て学生と教員全体の相互作用からみえた気づきというといくつかの関係の往復を経たものにすることを提起した（図1参照）。具体的な手順は次のとおりである。

まず、以下のような説明とともに二〇〇七年の年末の最終授業日（一二月一九日）に九〇分間恋愛にまつわるフリートークを行い録音をした。教員はメモを取りながら場の雰囲気を後ろから観察した。学生に配った呼びかけ文は以下の通りである。

――今好きな人がいるいない、誰かと個別に付き合っているか否かにかかわらず「恋愛」は私達にとって常に重要なテーマであり続けてきたと思います。恋愛におけるこだわりをテーマに自由に語り合いましょう。好きなタイプは？　自分が人を好きになるパターンってあるのか？　付き合う中で悩むことって何？　二〇代前半の今の自分にとって恋愛とは何か？　結婚を意識することはあるのか？　結婚するとしたらどんな成り行き

図1　作業のイメージ図

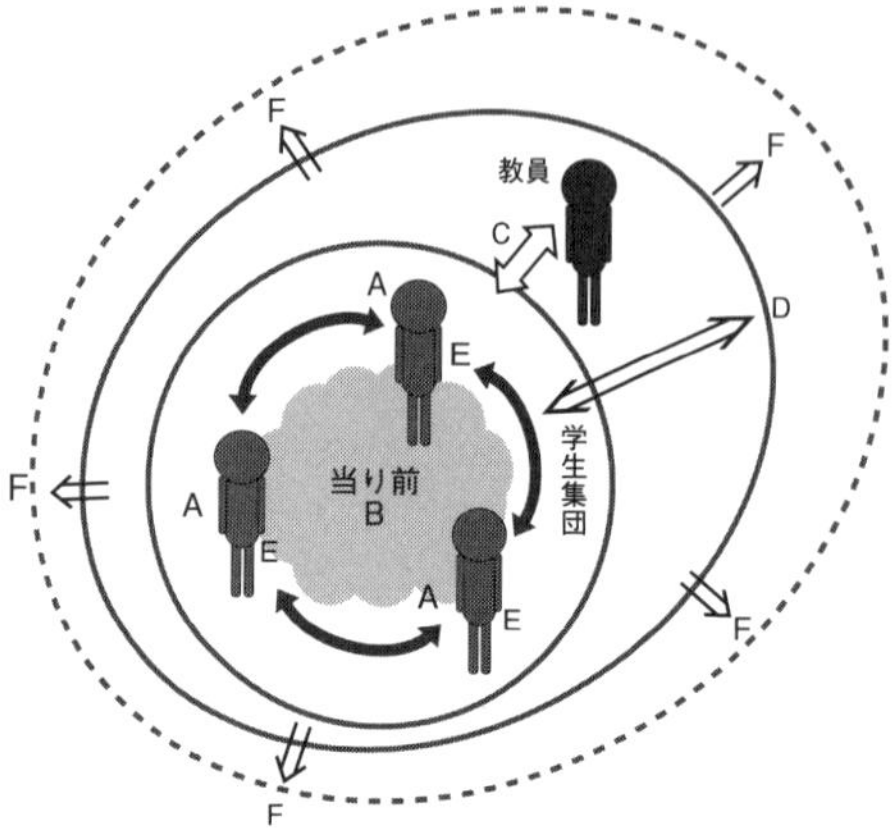

A：各学生の抱く「当たり前」
B：学生間のやり取りを経たグループの抱く「当たり前」
C：教員のもつ「当たり前」感覚から見たグループの「当たり前」
D：教員と学生及び学生間のやり取りを経た新たな「当たり前」
E：A～Dを経て各自の抱く新たな「当たり前」
F：「当たり前」の広がり

で？　その他もろもろ……これらのことを今までに学んできた様々な観点と手法、みずからの傾向の自己覚知を踏まえグループとしての見解がもっとも沢山引き出される工夫をしてください。

次に、年度最後の授業日（二〇〇八年一月九日）にフリートークを振り返ったゼミメンバーのディスカッションを願った。観点は恋愛における各自の立ち位置[7]確認と、排斥する可能性のある立場の想定、グループのダイナミズムに関する気づき及び自分自身を語りなおす可能性の検討である。同最終授業において、ディスカッションの最後に教員から自身の立ち位置を明らかにした上でフリートークへのフィードバックを行った。次に、同日のディスカッション内容、逐語録による発言内容の再確認、教員のフィードバック、それらすべてを踏まえての学生各人によるまとめの最終リポート提出を一月二三日締め切りで提出願った（二〇〇〇字）。前述した一連の流れを総合して一期一会の集まりとしてあった二〇〇七年度小山ゼミの内容について教員が原稿を作成し、一月三一日にメンバー全員に配布し、内容のチェックを依頼、その後はメールによる修正のやり取りを行った。

逐語録のテクストは、次の手順で会話分析[8]を行った。メンバー個人個人が持つ多声、及びグループ内における多声に対してどのように発話の流れが開かれていくかということを全体の流れの中から汲み取る。そのために①特定の見解を切り出すキーワードないしはキーセンテンスをマークし、それに対する同意や驚きといった反応の出方をチェックする。②次にそれとは違う見解の出方と承認のされ方をやはり発話の流れから読み取る。文脈に依存する発話の意味づけを見失わないために、提示する会話（文）は必ず語られた順に表記する。③家族や身近な人に言及する場合があるため、倫理上の配慮からここまでは特に個人名を出さずに流れを追う。また、内容を変えない範囲で、語られた内容について婉曲な表現に変換する場合もある。最後の五分程度で各自がまとめを語った部分についてはグループ内における各メンバーの役割検討にも関連するため記名の上、記すこととする。最終リポートからの引用を始めとして、個人名が出る所に関しては各自が必ずチェックをし、最終的に草稿をメンバー全員が確認する。

（2）内容

話の流れはまとめを含む六つのパートに分かれていた。順を追って記載、分析する。

①好きなタイプ（亭主関白をめぐって）

グループのリーダー役から「じゃあ好きなタイプ言いたいって人？」との語りかけで始まったフリートークは、まず一人のメンバーから**「尊敬できる人」**そして**「亭主関白じゃない人」**というたたき台の提示があった。それに対して即座に「亭主関白じゃない」を否定する見解、すなわち**「亭主関白がいい」**という意見が出され、その後ひとしきりこのキーワードをめぐる話が展開する。「亭主関白がいい人」の問いかけに六名が手を上げ、他のメンバーより**「超意外なんだけど」**といった反応がある。

しかしすぐに**「え、それって二者択一？」**という疑問が呈され単純化への反対が表明される。**「私は、何か別に普通の人がいいな。亭主関白なのはちょっと嫌だし、でも亭主関白じゃないすごい弱々しいみたいの**

はいや。何か両方みたいな。引っ張ってくれるときもあるし、それは……」そこで、「亭主関白についての皆の意見（定義づけ）が違うと思います」と定義確認の提案があり、意味するところについてより細かな話し合いが始まる。その内容として「自分の方が上」、「すべて準備されてるみたいな（帰ったらお風呂の用意も食事の用意も）」といった語りだしから「女は家事と子育てを行い、男は外で働くから家事はやらなくていいとか」という性別役割分担意識の強い男性のイメージがまず出された。次に「しっかりしている」「やさしさのある」「気遣いの出来る」といったイメージが出され、「何か決定する時とかに主導権握って欲しい」というイニシアティブの話に展開する。

そこまで来て、冒頭で「亭主関白じゃない人」という理想像を提示したメンバーに対する「それもいやなの？」という問いかけがあり、「嫌だ」との回答。そこで「へー、意外」という反応も聞かれたが、同時に同意の見解が出る。「私も嫌だ。決めて欲しくない。何か他の人に決められるとその人のせいにしちゃいそうだし、何か失敗した時に。あと自分で決めてやりたいから」と言い、続けて「……っていうか、何か亭主関白はすごい縛られるイメージが私的にはあるから……」と拘束される感じへの嫌悪感が語られる。

しかし一方、次に「亭主関白が、男がしっかりしている、男が上みたいなイメージというよりも、亭主関白じゃないと、頼ってくるみたいなイメージがあって」という見解が出され、それに対して「あー、なよい男みたいな？」とキーワードとしての「なよ男」が登場する。ここに来て、イメージが多様化すると共に、頼ってくる男性の雰囲気に対するネガティブな名づけとしての「なよ男」が提示され、同時に頼られることに対するある程度の許容を示す見解も出てくる。「自分のことは自分で決めて、私も自分のことは自分で決める」という「自立型」を表明するメンバー、「頼り方」の度合いを程度問題としつつも、少し女性の側が多くて良いとジェスチャーで示すメンバーが出る。

冒頭のメンバーはそうしたネガティブな名づけをも乗り越えて「え、でも亭主関白よりは（なよ男がいい)」と語り、別のメンバーが「でもなよ男で尊敬できるっていうのは……」と皆の爆笑をはさんで「ちょっとそこに矛盾がある」と返した後、冒頭のメンバーより「なよ男である（と彼女が見ている）」父親に対する尊敬の念が語られる。これに対して「はー、なるほど」という承認の声。

「頼る」という概念をめぐって物事を決め推進してゆくときの主導権といったイメージから「あたしもけっこう自分で決めたいから何かアドバイスを聞くくらいならいいけど、それで男の方が決定するのは嫌で、むしろ私が決めて引っ張ってく」という見解が表明され、それに対しては「似てる」「意外だね」「引っ張っていくほど元気ないな」等多様な見解がばらばらと出されている。そしてこのセクションは、「別に私は相手が決めていいの。場合によっては。こうすればってアドバイスをしてくれて、それに対して、じゃあそうしようかなみたいにしたい。全部自分が決めるっていうのも、自分は優柔不断だから嫌で。相手もそこそこ支えてくれて、相手が迷っている時は私が支えてとかが好き」というまとめめいた語りで次のテーマに移ってゆくことになる。

②家庭環境の影響

「ちょっと話変えていいですか？　あの、何か亭主関白がいいよとか良くないとかいうのは自分の家庭環境が影響しているなって思ったんですけど」と家庭環境の話に移行する。ここで、「亭主関白」の対概念としての「かかあ天下」が紹介され、またそれに対する「真逆」表明があり、場はそれぞれの出身家族の紹介へと流れてゆく。ある父親が、家族メンバーの作った食事を「平気でまずいとか言うし」に対しては「えー!!」という反応がある。

「うちは、お父さんが全部スケジュール組んで、実家に帰るときだったらお父さんがこの日に帰るからこのときは皆一緒に行って、皆で帰りましょうってお父さんが決めてそれに従わないとダメなの」という紹介をした別のメンバーは、「だから私もそれを見てきたからこそ、そういう亭主関白過ぎる家だったからうちは、そういうのが嫌で、嫌なんだけどでも何かあこがれるとこがある」気持ちの中のアンビバレントを表明する。

その次には、別のメンバーより「スケジュールとかはおとうさん全然しなくて、なんかおかあさんか、むしろおねえちゃんとかが全部組んで、それにおとうさんもついてくるみたいな感じで、（ということは、そう思ったけど）亭主関白じゃないのかな」と当初の見立てへの留保が語られた後、「だけど絶対最終決断はお父さんにまかせるみたいな感じが。何か私が勝手にこの大学受けるみたいなこと言ったりしても、それはちゃんとおとうさんに相談してからみたいな、絶対にそういうのある」と決定事項の内容によって父親の関与に違いがあることへの言及につながる。母親が父親を立てているという見立てと、「おかあさんが、おとうさんには言わないからいいわよ」と別の決裁をする例も出された。

さらに、「なんかそのときの決めることによって最終的にまあお父さんに相談とかしたりもするときはあるけど、別に結局決めるのは自分だから」と、ことと次第によってはメンバー自身の自己決定が鍵となることの表明もあり、それに対しては「ふうん、自立してんだね」という反応が出る。

お金が絡むことに関しては「やっぱり家のお金だし、お父さんが稼ぎ手だからそれでやっぱりそういうところで相談しないとねっていうのはあったりするけど」という語りに続いて、別のメンバーより、「今聞いて思ったんですけど、お金の話で、それって結婚とかしてから専業主婦だと亭主関白で、さっきの食事の話とかも変わってくる？　専業主婦とかで、何か決定をお母さんの方がするっていうのは結構難しいのかなって思ったんですけど。仕事は続けてたいとかそういうのが関係してるのかなって」と夫婦の「力関係」に及ぼす稼ぎ手役割の影響が語られる。

しかし一方、父親母親がともに自宅で仕事をしているメンバーからの次の語りは母親も金銭収入を担っているからといって「上」に来るとは限らない例である。「うちは、ちょっと特殊で父も母も常に家にいる。でも、二人とも仕事はしてて、お母さんと父は違う仕事をしてる。家にいるけど、専業主婦じゃないの。事務とかもするし、家事全般もするの。けど父親は、常にいるっていうのもあって、お母さんを専業主婦っていう感覚でみていると思う。だから、家庭の仕事、掃除もご飯もやりなさいって。母親として、やるべきこととして子育ても含まれてたぽくって……」。

続いて、父親が娘の大学進学についてどの程度強い意見を述べたかに関するいくつかのタイプに関する紹介があった後、次のような発言でこのセクションは次へと移行する。「何か今思ったんだけど、うちら女だから。お母さんにそういう、なんか悩みがあると相談するっていうのが多いってのは女の子だからかなあって。相談とかをお父さんにはしないって言ってたじゃん。でもさあ、おとうさん子だったらするしみたいな、あまり関係ないっていうか関係あるのかなあ。どうなんだろうね」。

③恋愛観に与える男親の影響

「話を恋愛の話に戻して。好きなタイプがおとうさんっぽいひと（問いかけ）？　あ、意外と少ないなあ」かじ取り役が恋愛観に与える男親の影響に展開する。「私はもうお父さんみたいな人、絶対結婚したくないと思って」という発言に対しては、「え、そう思ってても好きになっちゃう」が皆の爆笑を呼んでいる。「何か家全体を守ってくれるのがお父さんって感じがするから、自分もだんなさんに守ってもらいたいから、家庭を。だからかもしれない、お父さんがいいって思うのは」とか、「この人お父さんと違って超いいとかって」とそれぞれ逆ではあるが父親からの強い影響が語られる。

一方で、全く別の意見としては「私はそのときによって好きになる人は違うから、結構。なんていうか、いいところももちろんお父さんにはあるけど、こういう人と付き合うの嫌だなって」と、これかあれかに決めない語りが出される。また、「似てないと思っていたけど、よくよく考えてみると似てるかも。うち、共働きで料理、掃除、ごみ捨ても分担しているし、なにかを決めることも自分のことは自分で決める。だから、私についても両親はアドバイスはくれるけど決めるのは私かな。家族ひとりひとりがわりと自立してるかも」と新たな気づきも語られた。

そしてこのセクションは、さらに父親似は嫌、と断言する意見や「お父さんみたいな人っていうか、似て欲しい部分と似て欲しくない部分があって、うちのお父さんは怒っても暴力とか絶対ふるわないし、家族のために頼んだらやってくれる感じでそういうのはいいなあって思うけど、ちょっとせっかちなのがいやだ」といった発言が続き、さらなるこだわりの話へと移行してゆく。

④恋愛におけるこだわり

④―1　体と心

「何か男の人に対して当たり前って思ってることってありそうだよね。それぞれ。それを言っていこう」という問いかけに対し、「すごい根本的な話なんだけど、好きってのが全然違うことがあった。あたしの思ってる好きと相手の思ってる好きが違った」という語りがあり、そこから自分が当たり前と思っていることと、相手のそれがずれているとうまくいかなくなることに向かって、まずは心と体の関係がしばらく語られた。「恋人とじゃないと手をつながないって人と、別に友達でもつないでもいいじゃんて人と……」というような表現から始まって、「何か、（照れた笑い）気持ちが行くのが嫌なんだよね、うちらは。何か別にそういうことをするだけの関係ならいいけど、……すごいリアルだね。でも……の方がいいな。気持ちが行っちゃってるほうがいやだ」「いやーだ」「例えば、その人たち（自分の恋人と他の女性）が、一晩だけ一緒で（＝体の関係がある）、って思うのと、一週間ずっと毎日、そういうこと（体の関係）がないけど遊んでる（のと比べると、後者の）方がいやだ……って（メンバー同士で）話してた」と例え一晩の関係があっても、単なる「遊び」であれば「許す」という意見と「絶対無理、無理」という拒絶反応とが表明され、これらが、様々な付帯状況の差を想定しつつしばらく語られた。

さらに当初亭主関白がいいという表明をしたメンバーの次の発言（気持ちが別の女性に対して向かってしま

うよりは一晩の「過ち」の方がましだという意味内容）「一週間毎日会っていいの？　って（疑問に）思う理由は、別に一週間会ってたけど、何もしてないからいいじゃんみたいに思われるのが嫌だし、やだ。なにもしてない（体の関係はない）からって言われるのが嫌だ。でも、もし決定的な事項（体の関係）があれば、謝るしかないじゃん。折れるしかないからそっちの方がいいじゃん」に対して、「え、何かさっき……、どうしようかな……。（亭主関白が良いって言ってたのに）それって自分が上じゃない？　それって」との指摘がなされる。これに対しては「ああ、それとはちょっと違う」との回答。

さらに、「一晩の（過ち）の方がいやだ」「私はでも一晩の方がいい。何か男の人とかって、別に気持ちがなくてもそういうこと（性交渉）ができるから、別に（自分に対して）気持ちがある（好きだという気持ちは変わらない）状態で、一回だけでしょ？　一回だけだったら」「じゃあ二回だったら？」などと続き、別の見解が提示される。「何かちょっと話し違うけど、私は別になんも言われずに何かされるのは別にいい。自分が知らなければ」「それがさ、後でわかったらどうするの？　友達とかに実はお前の彼氏さーみたいな「知っちゃったら、考えるけど、知らなかったら別にいいかなって」「それは同意する。隠すなら最後まで隠し通して欲しいよね」これに対して「やだよね」と反対意見が出され「え、全部やったことを俺こんなことして、って言ってほしいってこと？」の質問に「うん。（だってそれって）裏切りじゃない」と続く。ここに来て場の雰囲気は、やんや、やんやのざわめきに包まれている。

しばらくして、あるメンバーから、自分が逆の立場、すなわち特定の相手がいながら別の男性と遊びに行くとしたら相手にそれを報告するのかという問いかけがなされ、「彼氏が知ってる人なら言うけど、知らない人なら言わない」「言わないね、隠す」という回答に対し、「そう言うってことは、全部相手に言ってってのは無理があるかなって」と立場を置き換えた考察に展開してゆく。「なんか自分が（相手に対して）してって言ったことはあたしもしなきゃいけないって思うのよ」という見解には、「えらいね」と続き、「自分を棚に上げられない」というたたみかけに対し、「(自分なら)ちょー(棚に)上げるよね」と明るくダブルスタンダードも語られる。

話題は、相手と自分の価値観の異同に基づくコミュニケーションの問題、つまり互いがこれは言うべきと考えている範囲にずれがあるとうまくいかないという内容に展開している。「何かあるよね、言うべきことと言わないことと」「言わないけど、自分達の中でこれは言わない、これは言うみたいに決めてるわけじゃないけど、自然になんか言う範囲と言わない範囲多分あると思って」「これは言うべきでしょみたいな『べき』がある」「あるある」「それが相手と違ったら、けっこう「え? この人と違うかも」って思いそう。ちょっとやっぱり違うなって」互いに妥協もしつつそのカップル間で男女のバランスの差はありそうである。最後に「笑いのつぼ」や「金銭感覚」の一致も指摘された。

④―2 遠距離恋愛

「あと、遠距離とか絶対無理、私は。距離も問題あるよ」遠距離恋愛の話題、すなわちこだわりにおける距離的な近さや会う頻度の点に話題が転換する。「遠距離の距離ってどのくらい?」と会えないことの意味づけ確認が始まる。「東京と北海道みたいな?」「土日は頑張れば会えるみたいな」「行くのに1万円以上かかる」「(東京から)静岡あたりまで」「関東甲信越なら」「関西くらいまで行けるよ」など多様な感覚が語られた(彼女たちの居住地は首都圏である)。

遠距離恋愛の成否を判断する基準として、「遠距離ね。付き合ってるイコール絶対だよってのがお互いあるなら遠距離も平気だと思うけど、付き合うことがそもそも会いたいみたいなうわべっていうか、あれだったらけっこう無理だよね。不安になるっていうか。前提に不安になるのがあるんだったら無理だと思う」と相手との結びつきの深さのようなものが語られ、「えっと、あたしはどうしても近くにいる人に頼るようになっちゃうからそっちに心が移っちゃうかな、……(あー)自分がそういうタイプだってわかってるから遠距離ってしちゃいけないなって」というような志向も出されつつ、「でも今忙しくてなかなか会えないと思うんですけど、彼氏と、そういうのは平気なの？　遠距離の場合でも会えないし、会えないの同じじゃないですか」という指摘が入る。それに対しては、「でもなんか近くにいるのといないのじゃイザって時に違う。行こうと思えば行けるみたいな」と切り返しがあって、会う頻度の確認が入る。「週一くらいで会えたらいいかな」「二週間に一回」「一週間しか耐えられない」「でも、私二週間って思っても一週間で会っちゃいそう」「自分で決めても多分無理だよ」など現在交際中のメンバーの感覚が提示される。

「私は最初っから遠距離だったら無理なんだけど、最初は近くて途中から遠距離になるなら平気で、でもその二人には結婚するっていう……、私なんか、付き合うとちょっと結婚考えちゃうんだけど、そういう気持ちがあれば遠距離でもそのくらい全然会えなくても長い人生の中のちょっとした四年とかそのくらいなら」と、次に来たのは結婚と結びつく交際か否かの指摘である。

この話題展開はそれぞれの経験も踏まえた単身赴任への想像につながっていく。「何だっけ、それ、単身赴任」「絶対無理だな」「え、ついてっちゃう」「絶対ついてく」「わかんない、ついていかないかも」「自立してたら（自分も金銭収入を伴う仕事についていたらという意味か）いけない」「だったら話変わるけど、夫の転勤についていけるように手に職つけたい」等々将来の夫の転勤に同行するかどうかの話題が始まる。

自分の家庭を踏まえて「単身赴任のほうがすごい仲良くなる気がする。お互いの存在を、うちの家庭の場合はそうだったから、離れてると普段気づかなかった相手の存在とか気づくと思う」という語りもあれば、それに対して「何か会えないほうが薄れそう」との指摘もある。「遠距離とかもそうだと思うんだけど、月に一回とかしか会えないじゃん、そう思ったらその時間を二人でフルに使おうとか、毎週毎週会えてたら、今日何する？　あ、家でいいんじゃないっていう感じで、そういうのもすごいいいことだと思うけど、遠距離だと逆に今日何しようかって一日をフルに使って、一日を楽しもうね、みたいなそういうぎゅって詰まる感じがあって」という肯定派に対しては、「遠距離から戻った時大変じゃない？」「うん何かきゅうくつになりそう」との懐疑派が返す。このようにして恋愛のこだわり（遠距離恋愛編）は終わった。

⑤交際と結婚

最後のテーマは「付き合うときに結婚考える人？」という問いかけで始まった。「付き合うときっていうか付き合う中で」「あ、中でだったらわかるな」「最初っからこの人と結婚するって思って付き合うって（疑問）……」「今いないんですけど彼氏は、でも次の彼氏はきっとこの人と結婚するぞって人になる」「考える。相手にもよるけどね」

この話題は、現在交際が進行中のメンバーによる違った感覚が以下のように提示される。「女の子が考える、その、この人と結婚っていう考えと、男の子が考えるのと違うよね」「違う」「稼がなきゃいけないしね」「何か軽々とは言ってこないよね。女ほどは」「え、そう？　男の方が軽いと思ったけど」この話題は交際において結婚をほのめかすことに対する「軽い」「重い」という評価の話題として展開し、「みんなの彼氏がどういう人か知らないけど、職にもついてなくて、お金が稼げてないくせに結婚しようねなんて無責任すぎると思う」に対しては、「好きすぎるんだな、好きな気持ちの延長にしかすぎない気がする」という見解も提示された。「軽いと思うから言って欲しくない。自分が言うなら全然いいけど」という見解には男女で基準が違うことが示されている。

そこで、そもそも交際時に結婚を意識の中で前提とするか否かの感覚を掘り下げてゆくことになる。「結婚願望あるから、結婚する気がない人ならいやだ。だらだら付き合って、全くする気がないなら別れてくれって。結婚願望があるから。結婚したい」「それはあるかも」「付き合ってない段階から結婚考えて彼氏選ぶから、あっちが結婚考えてなかったり、私がもうこの人といっしょにいれないと思ったらもう別れてる」としばし、二一歳現在で進行中のまたは今後始まる交際は結婚を前提としたものであることが何人かのメンバーより語られた。

それに対して次のような別感覚もある。「……っていうかみんな結婚考えてるんだね。びっくりした。なんも考えてないから、私は。今みんなの話をずっと聞いてて、私が今まで付き合ったときに、なんか最初の段階で、この人と結婚することはないだろうなって思ってて、付き合ってる」これに対して「へー」という反応があり、続いて「いつかは別れちゃうのがわかる人としか付き合ったことないから」に対しては「昼ドラだ」との反応。しかし結婚を前提としない感覚を持つメンバーは一人ではない。「なんていうのか、自分も今結婚する気ないし、今結婚しようとか言われたら絶対嫌で、多分わたしは年上の人ばっかりだったから、年上の人で年齢的にもう結婚してもいいんじゃないかって人ばっかりだったから、付き合ってって言われても今私そういう気ないけどいい？　ってきいてから付き合ったことはあるし、何か自分の中で、もう二〇代はばりばり働きたいってのがあって、まあ三〇手前くらいで結婚できたらいいなってのはあるけど、今付き合ってるとか、付き合う人とかでほんとに年も近くてずっと付き合っていけるって人がいたらその中で結婚とか考えると思うけど、今までがずっとそういうのがなかったから、皆すごいなって思った」「わたしも似てて、私自身もまだちょっと子どもってのもあるんだけど、結婚に関してあんまり意識をしてないから。で、わたしも二〇代はけっこう働きたいのね。だから今別に結婚考えてこういう人がいいとかいうのはそういうのはあまり考えずに、いろんな人と付き合っちゃってもいいんじゃないかなってのが私の中であって……、いろいろ経験積んで……」。

これらの見解を踏まえて、結婚を前提の交際であることを言明した前述のメンバーより次のような考察の深化が語られた。「今彼氏がいなかったらこの二人と一緒で、ばりばり働いてその中で何かあればいいかなって思うけど、今多分特定の相手がいて若干結婚とか考えちゃうから多分いろんな考えに影響が出てるんだと思う。それがすごい迷惑で今悩んでます」。これに対しては、「幸せだよ幸せ、迷惑じゃなくて。あははは」と他メンバーから反応があり、場はなごやかである。
その後も「私の友達で、男はやっぱり家族を守らなきゃいけないイメージが強い子がいて、だから結構いいところに就職したいんだよね、って言ってて、それで家族とか奥さんを守っていってあげたいって。そこは男の役割というか、男として家族のためにできることって、子どもは産めないし、家族を守ること、お金を稼ぐことしかできないんじゃないって言ってた」「かっこいいね」「だから自分は将来きちんとお金を稼ぐために、大学に行っていいところに就職したいって言ってた」「彼女がいる人？」「いないんだけど」「すごーい」「ちゃんとね、しっかりしてていいと思う。かっこいい」「ちゃらちゃらしてんのやだよね」というように発言内容は結婚を前提とする交際についての声の方が前面に出る形でこのセクションは終了した。

⑥まとめ
フリートークの最後五分程度に来て、自発的にまとめの語りが全員から出された。

吉本祥子「なんか最初亭主関白の話してたじゃん、亭主関白がいいと思ってて、今も自分の結婚を考えたら亭主関白が理想なんだけど、実際に特定の相手と付き合ってみると、自分が上に立つことになっちゃう……。だから、亭主関白の是非については、私の中で理想と現実のギャップがあることに気づいた。また、相手によっても私の構えが変わってくるので一概に亭主関白がいいか嫌かということが言えなくなるって思いました」。

紺野桂子「はい、ちょっと近いんだけど私は最初亭主関白がいいって言ったじゃないですか、で、ずっとついていきたい派だったんだけど、私プライドちょっと高いし、自分の性格を見ると、やっぱ自立して働きたいし、そういうふうに自分で思ったから、それを、うん、そういうしっかりしている人にあこがれるんだけど、そういう中でも自分を持っていたいって気持ちがあるんだなって思いました」。

渡部英里「育ってきた家庭環境と、両親の関係が、私の恋愛関係に出ているなぁと思いました。（今の彼氏も）最初から価値観は似ている部分もあったけど、私が私色に染めた？」……他のメンバーから「でも多分英里も彼氏の色に……、染まりあってるんだよね」。

齊藤倫子「こだわりとか別にないかなと今日思いつつ臨んだんだけど、好みのタイプのこととか、遠距離だと無理とか、いろいろ掘っていったらありそうだなって思って、何か自己覚知まではいかないけど、ちょっと自分の中の価値観みたいなのが見えてきたかなって」。

齋藤彩加「さっき自分の価値観とかは育ってきた環境とか家庭環境とかで違いが出てくるのかなって話だったんだけど、自分の将来の形ってのは、自分の今の家族がやっぱ理想っていうか、そういうものになってるのかなって」。

清水翔子「多分私は今彼氏がいないからどんどん理想が膨らむばかりって感じ。こうだったらいいってのがどんどん理想化しちゃってる。でも何か、私は亭主関白いやだって言ったけど、気遣いの出来る亭主関白はいいって、考えたらそれもちょっとありかなって思って、これから付き合う人が亭主関白でも受け入れられるかもしれないかなってちょっと思った」。

高原茉里「こだわりもっとあるかなって思ったけど、あんまり何も考えてなかったかもって思った。今まで深く考えたことなかったのかなって思ったみたいな。うん、今まですごい頼るってのが理想だったけど、話してくと男性に頼ってついて行くというよりも、すでに出来上がった軸で動いている自分を見守ってくれるのが理想なのかと思う。そう考えると、頼ってる振りして、意外と自分中心で考えてる頑固なところもあるかもしれない、自分ってやなやつだなって感じでした」。

村岡美奈子「恋愛におけるこだわりっていうか（恋愛自体）あんまそんな数多く経験してないので、すべてにおいて今話し合ったこと、自分が今いったこととかをほんとに恋愛においてこだわるかって言われるとわからないかも、って最終的には思って、難しいなと思いました」。

津田美由季「結構身構えて、付き合う時は結婚前提にとか考えてたんですけど、みんなの話をきいて結婚とかそういうことをあまり考えずに色んな人と付き合うのも必要かなって思いました。もっと気軽に」。

池田佳奈子「えーなんだろう。意外とみんな結婚意識してるんだなって思って安心。自分はこの人と結婚したいっていうよりは、ただ結婚願望が強いところがある。けど、みんなが言ってたのを聞いて、意外と（付き合ってる人と）結婚したいって思ってもいいんだな。結婚意識して付き合うのは重いって思ってたけど、口に出さなくても結婚を思いながら付き合うのはいいのかなって思いました」。

安書真妃「みんなと話してみて、自分がどこのグループに属するのかじゃないけど、皆との共通点を見つけることができたし、逆に自分とは全く違った考え方持ってるんだなっていうのがわかって良かったです。結婚や人を好きになるって事を今まで深く考えたことがなかったんで、結婚について考えなきゃなとか、今ある自分だけじゃなく、将来のこととか、皆と話したことで、いろいろな見方ができてよかったです」。

齋藤加奈子「結婚願望については何か私そういうふうな願望を持てるような人とまだ付き合ってないなと改めて思い、付き合いたいなあと思いました。あと、なんだろ、理想と現実の違いみたいのをちょっと感じた気が。みんながお父さんの話とかで、実際は嫌だけど、でも結局そういう人だったりとか、あと自分の中でも一応自分の中で組み立ててるそういう関係がいいってのあるけど、実際に付き合ったときとか今までで考えると結局違った形になってることが今までもあって、だからまあむつかしいなって、改めて思いました」。

4　フリートークを踏まえたディスカッション

本授業の最終回、二〇〇八年一月九日には、小山（教員）から以下の四点についてフリートークを踏まえたディスカッションをするように要請した。これらの課題は同時に同月二三日を締め切りとする最終課題リポートとしてさらに個別の検討も深めることを前提としていたのは前述のとおりである。当日は学生による生き生きとしたディスカッションが展開した。

（課題）社会構成主義の考え方から学んだことを踏まえて次の点に回答してください。

①今回のフリートークを通じて各自の恋愛観の立ち位置はどのあたりにあると思ったか。

②「価値中立的な言明は存在しない」という言説を踏まえて、各自の語りを振り返ったときに、排斥するかもしれない「人」が想定できるか？

③このグループのグループダイナミズムについて思うところは？

④前期から通してこの一年を振り返ったとき、自分に関して語りなおしの必要を感じるか。感じるとしたらどのようにか。

（1）恋愛における各自の立ち位置

これに関しては、トークの中に出されたトピックごとにイエスからノーにいたる座標軸上にそれぞれの位置を配置する次のような図（図2）をまとめ、ゼミメンバー各自の主観による位置づけを配置すると同時に、語り合った後に多くのメンバーが座標軸上で今いる位置より中間方向へ移動したことの実感が語られ、各自のこだわりがより自覚されたという感覚も提示された。

（2）この語りを通じて排斥する人が存在するか

ディスカッションの中ではそんなに深化した議論はなかったようであるが、それでも交際のときに結婚を前提とする人としない人との間では軽く「偏見」の目が互いにありそうだという認識は出されている。つまり結婚を考えて交際する側からはそうでない人々に対して「チャラいな（ちゃらちゃらしている）」が、また結婚を考えない側からは「お堅いんだな」という感覚である。

図２　トピックごとに見る各自の立ち位置

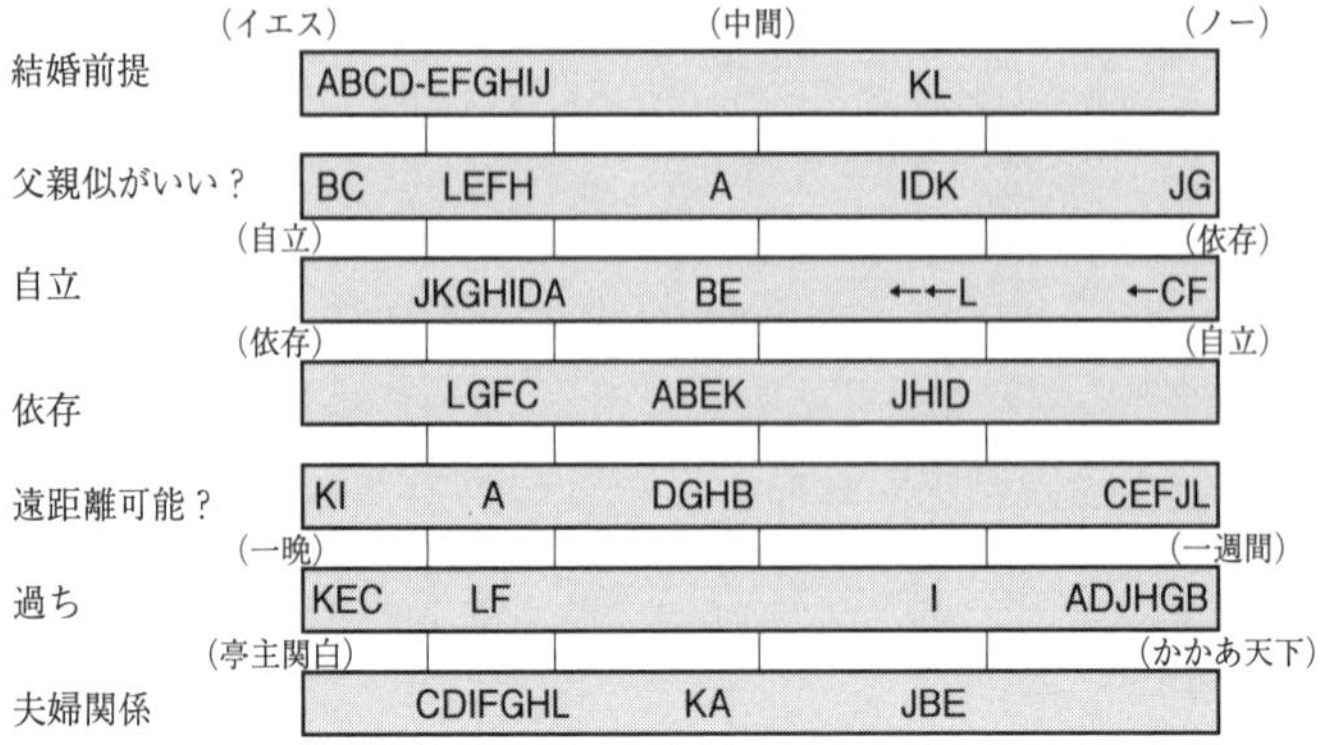

（３）グループダイナミズムにおける各自の役割

グループダイナミズムに関しては、フリートークやディスカッションにおける各自の役割がまずは大まかに三つのタイプに分類された。それは、饒舌に語りながら一つの事柄を表現する「10⇓1」タイプと、言いたいことを適度な分量でそのまま表現する「5⇓5」タイプと、そしてずばりと短いセンテンスで多くの内容をまとめて表現する「1⇓10」タイプである。それぞれの中にバランスよくメンバーが四人ずつ配置されるとの承認がディスカッションを通じてなされ、かつ最終的には楽しみながらそれぞれのタイプに対する命名がなされている。以下はそれぞれの命名とその心である。

（10⇓1タイプ）

高原茉里：スイッチ型➡グループのリーダー役として、ディスカッションの時にみんなの意見を尋ね、スイッチを入れる役目のため。全体の意見がまんべんなく表明されるようにみなに発言を振る役をとった。

村岡美奈子：スプラッシュ型→ディズニーランドのアトラクション、スプラッシュマウンテンからきている。しぶきが大きく上がるように、スイッチが入って話し始めると、どんどん話すという特徴がある。

吉本祥子：ジジ型→映画『魔女の宅急便』に登場するキャラクターからくる。普段からさりげなくグループを引っ張っている様子があり、メインではないが、いないと成立しないというサブキャラクター的な雰囲気を持つ。

池田佳奈子：ジーニー型→『アラジンと魔法のランプ』でランプから登場するキャラクター。ユーモアたっぷりで、みんなの雰囲気を明るくする。また、しっかり頼りになる、助けてくれそうというイメージである。

（5⇓5タイプ）

津田美由季：孫の手型→皆が言いたくてもどのように表現してよいかわからなかったことについてかゆいところに手が届くように的確な表現をする。

清水翔子：びっくり箱型→おめず、臆せず、突飛な意見や表現方法で皆を驚かせる。

紺野桂子：セーラームーン型→漫画、セーラームーンに登場するヒロインのキャラクターからくる。戦闘態勢に入る瞬間があり、やや控えめで穏やかな印象から、ずばずばと意見を言う雰囲気に切り替わる。

安書真妃：コナン型→なにも考えていないとの自認とは裏腹に、みんなからは思慮深い発言があるという受けとめがあるため、見かけが子どもで頭脳が成人という少年のキャラクターコナンを命名。

（1⇓10タイプ）

渡部英里：エリザベス型→ずばりと結論を言った後にそれを深める発言をしてゆくタイプで欧米人風という

ことから本名の英里にかけてエリザベス。

齊藤倫子：火山型↓皆と意見がかぶらないように、じっと自身の中で暖め、考えてきた内容を、あるとき爆発的に発言するところから。みんなとは少し違う意見を言う。

齋藤彩加：リアペ型↓みんなの意見を聞き、それを踏まえた上で自分はどうかと振り返り、十分考えてから発言するタイプとしてリアクションペーパー型の命名。すなわち回りの意見をじっくり聞いて、落ち着いて自分の考えをまとめるイメージ。

齋藤加奈子：バタ子さん型↓漫画アンパンマンに出てくるキャラクターから。一種独特な存在で、世話好きで的確なまとめ役。

5　最終リポートを踏まえたまとめ

(1) 保守的ということをめぐって

小山（教員）の目から見たゼミ構成メンバーの語りは、一言の印象で言えば恋愛と結婚の関係や男性に期待するリーダーシップなどにおいて、「思ったよりも保守的である」というものであった。語りを丁寧にたどると、自他の多声に対する開かれ方は十分に伝わってくるにもかかわらず、小山（教員）がそのように感じるのは、自らの立ち位置によるものであろう。小山（教員）は二〇代の半ばに留学先である北米の大学院で知り合った同年の留学生仲間と三〇歳で結婚をした。別の修士課程で勉強中だったパートナーよりも先に修了して帰国し、数年遠距離恋愛を続ける中で就職も相手より先にしている。その間、揺れや迷いが全くなかったかと言えば嘘になるが、しかしパートナーより先に就職を決めたときの感覚は、ひとことでいえば「ラッキー」というものであった。つまり、「（将来パートナーが就職活動をするときに、勤務先の場所や転勤の有無などは）先に仕事を始めた私の都合にも合わせてね。」という「早い者勝ち」（語弊があるかもしれないが）の感覚である。その背景には、幼少期から経済的な収入を伴う勤務についていない自分を一度もイメージしたことがないというものの見方がある。そして自分でそうイメージしたとおり、結婚後も出産と子育ての休職期間一年半を除いて、フルタイムの仕事をやめたことも休んだこともない立場からゼミメンバーの語りに触れたとき、特に相手の都合に合わせて自らを柔軟に動かそうとしている姿勢での発言を、「自分の主観」との「違い」として印象深く感じたということであろう。

「保守的」という言葉はどのような響きをもつのであろうか。人によって「堅実でまじめ」と取ることもあれば、「古臭い」ととることもあろう。しかし、彼女達の語りと最終リポートを分析すると、そのようなポジとネガの両論は、もちろん単純に過ぎることがわかる。

渡部英里は「自分は意外と特殊な恋愛観を持っているのではないか、と感じた」と述べる。「互いに自立した両親の元で育ってきたから、付き合っていても彼氏に頼りきりというのは嫌であり、恋愛に臆病者であるがゆえに付き合う人には別れのない結婚を前提として考えてしまうのである。そして、この恋愛観は弱冠二一歳という女性にしては珍しいのかもしれないと感じた」彼女の言う「特殊」は自立志向と臆病者の組み合わせを意味するのだろうか。相手を自分の色に染めると言い切れるくらいの「強さ」と「臆病者」の組み合わせがユニークである。

保守派路線を先導したように見えた**吉本祥子**は、家庭環境の影響を語りつつ、次のように多声へ開かれていった。「自分の恋愛に対する考え方がはっきりとしていることがわかった。フィードバックの図（図2）を見ても、一番右か左に私のマークがある。「遠距離恋愛の是非」や「結婚を前提に付き合うか」などの項目では特に強い意志があって、即答した。そしてどちらかというと男性に依存する傾向があり、それは私の家庭環境に大きく影響していることがわかった。私の家庭では父親が働き、母親は専業主婦、また父親が家庭の舵をとっている。そして私が好きになる人は、その人のことを知れば知るほど、父親に似た部分を垣間見ることができる。（中略）自分にはまだまだ語りなおしの必要があることを感じた。上でも述べたように、私は恋愛に対して「こうしなければいけない！」「どちらかにしなければならない」という思いがあり、無意識のうちに自分の価値観を狭めていたような気がする。この価値観は人の意見に対して壁となってしまい、結果的に誰かを排斥してしまう可能性を生み出しているのだ」。小山（教員）は、彼女の語りを「堅実に家庭を守りつつ、自立して働く」という表現に組み替えることで「保守」というステレオタイプなラベルをはずした。

齋藤加奈子は交際するときに特に結婚を意識しないと述べた数少ないメンバーの一人である。「私は交際する際、交際＝結婚と捉えたことがなかった。それは今までの経験や今まで考えてきたこと、私のキャリアプラン（二〇代のうちはバリバリ働きたい）などが要因であると思う。それに対し、グループの大半が反対で結婚したいと思って交際をするということであった。その際みんな最初は驚いた様子であったが、語り合う中で違う意見であっても「へー」「あー」などとそれはそれで受け入れようとしてくれていることを感じた。そして私自身もみんなの発言を聞いて少し意識が結婚を近いものと見るように変化したと感じる」と言っている。これは彼女のフリートークにおける「結婚願望については何かわたしそういうふうな願望を持てるような人とまだ付き合ってないなと改めて思い、付き合いたいなあと思いました」というような、出来そうでなかなか出来ない着眼点の移動に現れていると言えよう。

（2）家庭環境との関連で

語り全体を通じて、私達がいかに出身の家庭環境に影響を受けているかを改めて認識することになった。父親似が理想である人も、また父親のようなタイプの人は選ばないと言う人もどちらも父親の影響を強く受けた嗜好の表明であることに違いはないだろう。ただし一方、あまりそのようなことは考えたことがないという意見もあった。最終的には出会った人とのそこで展開される関係の中にしか正解はないことを示したのは村岡美奈子である。「なんか恋愛におけるこだわりっていうかあんまりそんな数多く経験してないので、すべてにおいて今話し合ったこと、自分が今言ったこととかそういうのをほんとにすべてそういう恋愛においてこだわるかっていわれると何かわかんないかもって最終的には思ってて、難しいなと思いました」たしかに今回のフリートークには、今現在交際相手がいる人の語りと、過去の経験やそれを踏まえた理想像を述べている人の語りが混在し、違った響きで伝わっているということは考えておかねばならないであろう。

それにしても、家族という実にプライベートで固有の集まりについて言及せざるを得ないこのような語りにおいて、それ自体が各自のコアを形成するものとなっているだけに、自らが「当たり前」とすることの相対化は難しい。そして、そのコアを形成した場所にポジティブな思いを持っているほど、それを明るく語ることが、場合によって誰かの語りづらさを生み出す可能性について考える必要もあるだろう。

私達が強い影響を受けてきた家庭環境を振り返り、それを背負って次世代の家族を形成しようとする時、ある意味で理想に向かって努力することそのものがその外側に置かれる交じり合えない他者を生み出す可能性について常に感受性を高めておく必要があるだろう。今回の語りあいの中では、このゼミメンバーがなかなか実感しづらいような家庭環境にある人々ないしは、多くの同世代とは違った嗜好を持つ人を排斥する可能性について、津田美由季が指摘している。「今回皆の共通項として恋愛へのこだわりを取り上げたが、これは女の子なら恋愛に興味があるだろう、それが当たり前であるという前提があり女性で恋愛について関心のない人を排斥する可能性があると思う。また、付き合う相手が父親に似ているかどうかや両親の関係についての話し合いも、家族がいて父親についてよく知っているという前提があり、生まれた時から両親がいなくて父親について全く知らないなどという人は排斥されてしまうのではと感じた。このようなことから何が当たり前なのかは定めにくいもので、場所や集まる人によって当たり前がまったく違うものであることを改めて感じた」。確かに、異性と付き合って当たり前、誰か異性を好きになって当然という雰囲気になじめない人もいるはずである。

（3）「今、そこ」にあったゼミメンバーの「当たり前」

五〇代に入った小山（教員）の目から見たときに、ゼミメンバーにとっての恋愛は、なんと言っても場合によって結婚という「ゴール」の想定された現在進行中の、ないしはこれからの出会いを含めて「思い合い」のプロセスを探ることを想定したスリリングなものである。そういう未婚の彼女達は「こだわり① 体と心」の部分で語り合ったように、現在の社会において婚外セックスが認められないことになっているという原則を敷衍する形で、特定の、ないしは想定上の交際相手には「誠実」さ、「裏切りのないこと」を求めていることが見て取れる。気持ちが他に移ってしまうことに比べれば「一晩のあやまち」は「許す」という構造は明らかに安定した家族関係につながるような交際を前提しているといえる。

また、小山（教員）を含め、ここで「心と体」という二項対立の表現をしたこと自体恋愛において性的な関係がいかに重要な意味をもつかということを示し、さらに言うなら逆説的ではあるが「心と体」を分けては論じられないものととらえていることがわかる。セックスとはカップル間の一連のコミュニケーションのあり方を計る物差しであるとともにコミュニケーションそのものである。そして、セックスを含む様々なコミュニケーション上のルールについて、それを互いがどうとらえ、どう臨むかということに関する合意がなければその組み合わせはうまく行かないという認識が明らかにされたと言える。

そして総じて、まだ原家族の扶養下にあり、着々と勉強をして世に羽ばたき、「秩序ある社会」の構成員となるための準備中である彼女達にとって「健全」と「安定」という「当たり前」がここに存在したと言えるだろう。前述したラベルとしての「保守性」は、この世代的特徴からも導かれるのではないか。

それでは一方、既述のような秩序を整然と守る家族形態を想定しなかったり、想定できなかったりするグループや個人との関係はどのようになるだろうか。後期授業において、ガーゲンの著書「あなたへの社会構成主義」第2章『共同体による構成―事実と価値』を担当したメンバーは社会構成主義の四つのテーゼ(9)の一番目「私達が世界や自己を理解するために用いる言葉は「事実」によって規定されない」を念頭に、ある「不倫(というすでに価値中立的ではない言明)」の事例を設定して、「事実」の語りなおしをエクササイズした。その同じような状況を今度は第五章『「個人主義的な自己」から「関係性の中の自己」へ』(Gergen 1999=2004：173-210)においては他のメンバーがとりあげた。そこでは、二分法に疑いの目を向け、新たな語りを生み出す生成的理論の考え方を、ガーゲンの2章で取り上げた「不倫」を例に「良い－悪い」以外の語りで表現した。しかし、このような実践を実際に生きて動いている諸処の利害関係の只中において、前述の「当たり前」も踏まえて常に適用することは困難も伴うことが想定されるだろう。また、「恋愛」を前述のような、結婚云々はともかくとして、両者の「思い合いの成る、なし」に向かったプロセス上にのみ配置されるものととらえた場合、それ以外の「語り」は排斥されることになるだろう。老若男女を問わず、「存在証明」への強烈な希求を満たし、支えるものとしての「恋愛（感情）」を彼女達は認めるだろうか(10)。

ただし、「排斥」という言葉は強すぎると表現したのは、**齋藤彩加**である。「各自の語りによって排斥する人を想定することは出来るが、「排斥」という言葉は強すぎると感じた。普段の生活の中でも、自分と異なる考えを持った相手に出会った時「あ、違うな」と感じることはある。しかしだからといって、自分の価値観が正しいことを示すために、その人たちを押しのけ退けようとまでは感じないからである。よって、「排斥」よりも「偏見」が妥当な表現ではないかということでみんなの意見が一致した。そして各自の語りにおいて、「偏見」程度の感じ方によって〝異なる意見を持つ誰か〟を作り出している可能性はあるだろうという結論に達した。」いずれにしても、排斥、偏見、想像力外の人々を想定することは大切なのではないだろうか。

(4) ゼミにおけるグループダイナミズム

文字上のみではわからないフリートークの雰囲気は、小山〔教員〕が予想したよりも、真剣なものであると同時に、前期のエンカウンターエクササイズも通じて培ってきた相互のリレーションを感じさせるものであった。具体的には、特定のメンバーの発言に対して間髪を入れず、「え〜!」といったある種驚愕の声が投げかけられたり、価値範疇はプラスマイナスどちらとも取れる「ちょ〜意外!」といった声かけも頻繁であった。時に爆笑にいたる笑いが随所に埋め込まれ、全体を通して和気あいあいとしたものであった。

びっくり箱の異名を取った**清水翔子**は次のように述べる。「ゼミのメンバーそれぞれが違ったタイプだと思った。だが、皆、それぞれの意見を尊重しているように思う。例え、自分と異なる意見や価値観を持つメンバーに対しても、反発するのではなく、「そういう意見もあるよね」と受容してくれる。だから、安心して突飛な意見でも述べることができる。私は、かねがねグループに協調する傾向があり、意見を述べるときは、グループが望むような意見を述べてしまう。しかし、このゼミグループでは、ある意見を大多数が支持しても、堂々とそれとは異なる意見を言えるメンバーがいる。そしてそれを受容する雰囲気がある。私が本当の気持ちを述べることができるのは、こうしたグループの環境が大きいと改めて思う」。

村岡美奈子は冷静に楔を打ち込むような形で別意見を出すことが多かった。外から見てその発言力は回りに左右されない強さを感じさせるものであったが、本人の最終報告ではやや反省スタンスで語られる。「自分は自分をマイナスの面ばかりから見てきたのではないかと思うようになった。確かに、振り返ってみて、これまで自分に関して、嫌だとかだめだとか考えることの方が多かったと思う。だが、それでも特に周りに迷惑がかかるわけでもないし、いいと思っていた。しかし、この考えが他の場面でも見られる自分のあり方になっているのではないか、と感じられるようになってきた。実際に、最後の授業のフリートークでの会話を読んでみてそれをとても感じた。実際話し合っている時も感じてはいたが、私は日頃マイナスで見る癖がついているせいか、他人に関してもつい責めたり、つい否定したりする傾向があるようだった。フリートークは、誰かを責めたり誰かの考え方を否定したりするのはやめましょうということで始められたものだったが、自分の発言を後から見てみても、結構危うい発言があったと感じた」。彼女は、自分をわかってほしいと、その意見を他者に対して押し付けがちになったり、感情的に主張をしがちな傾向があったりすることを自覚して、そういう内面にある種の罪悪感を抱くとも述べる。

ゼミ連絡委員であり、フリートークにおいても自然な形でリーダー役を務めた高原茉里は以下のように述べる。「このグループの特徴は、様々な性格のメンバーが揃っているという事だ。恋愛についてのこだわりも、バランスよく配置されていると思う。そのことによって、自分自身の視野が大きく広がった。その経験から思い出されたことは、社会構成主義について学んだ中にあった、『対話の持つ力』（Gergen 1999=2003：211-246）の発表である。もちろん今回の討論は、自分の見方を少し違う角度から見る機会であったことには違いないが、グループでの「話し合いが持つ力」を実感できた。これが変化力を持つ対話に繋がるのではないだろうか」。

高原は続けてガーゲンの著書第6章で学んだ変化力のある対話の五つの要素からいくつかを取り上げて以下のように適用して論じた。「要素の一番目に『他者を肯定すること』というのがある。これはゼミだけでなく、社会福祉学科の授業の中でも多く学んできた事だ。メンバーはそのことを知っている上でゼミには臨んでいるだろう。しかし最初の頃に比べれば、自分の受容の仕方が大きく変化した。初めは人の意見を聞いても、否定はしなかったものの、『それはそれ』という考え方であった。自分とは別と考えることが、人の意見を受け取ったということだと思っていたのだと思う。しかし前期後期のゼミを通して、人の意見を自分の中において考えるという作業ができるようになった。それは私だけではないと思う。人の意見に対して自分の意見が正反対でも、否定せずに、でも自分の意見もしっかりと伝え、その共通点や異なる点、またそこからわかることなどといった、発展した話し合いになっていたと思う。これは要素の4にも当てはまる。今までは自分の意見が自分には合っていて、他の人にはそれぞれ合ったものがある、という考え方だったが『多声性への期待』とあるように、正しいと思っている前提（自分の譲れない考え等）についても、疑ってみる、といった行為が、例えそれが会話を通して変化しなかったとしても、捉え方が変化し、深める事ができることがわかった」。

個人の中で多声に気づくプロセスを、前期に学んだカウンセリング理論も含めて論じたのは**安書真妃**である。「この一年間を通して私が当たり前だと思っていたことが他者にとっては当たり前ではないということを痛感し、一定方向からしか物事を捉えていなかったということに気づかされた。現代社会の中にある慣習や常識は全て、誰かの関心や利害によって作り出されたものであり、有利な立場、また一方では疎外された立場になる（中立ではない）ということを考えさせられた。私は、今まで有利とされる立場に立つことが多かったのかもしれない。だからこそ、何の疑問も持たずに今のような生活を続けてきたのだろう」。安書は、価値中立的な言明は存在しないことを認めつつもなるべく偏りのない「中立な」立場に身を置くことの重要性を述べた。「実際に今回の話し合いでも、結婚観・亭主関白の討論では、皆の意見を聞いたことでこんな考え方もあるのかと考えさせられた。特にこの二つの討論のときは、それぞれの家庭環境が大きく関わっているということを感じ、前期に行った精神分析理論など生育歴が関係するということを実際に感じることができた。また、討論時には頭の中で（ゲシュタルト理論における）図と地の反転が繰り返し行われ（亭主関白⇕かかあ天下）結果として、価値観が変化したことが二回目の話し合いの時にわかった（図2参照）。これは、自分で自分の価値観を疑うことで他者の価値観や考えを受け止められた結果である。このように、〝当たり前〟という考え方自体が私自身を狭い価値観に閉じ込めてしまうものだと感じた。〝当たり前〟を疑うことこそ、今ある私の価値観を広げることにつながる第一歩だと気づかされた」。

(5)語りの更新

「語りの更新」とはホワイトとエプストンによる「ナラティヴアプローチ」におけるオルタナティブストーリーからくる表現である（White & Epston 1990=1992）。私たちが言葉によって現実を構成しているのであれば、支援の活動を経て見えてくる新たな自分は「真の自分の発見」ではなく「語りの更新」であると言われるその認識に基づいてゼミメンバーにも要請した。

池田佳奈子は語りなおしについて以下のように記述している。「自分の意見を語ってきた中でだんだんと変わってきた部分を感じる。私は、人目を気にしてしまう性格がある。よく思われたい・好かれたい・周りと違う意見を言いづらい……など人間関係を築く中で神経質になっている部分があった。エクササイズをした後の発表や、グループディスカッションの時も自分らしい意見を素直に言っているのか、周りの意見に左右されて発言しているのかと言われたら、少なからず周りの意見を聞いてからということがあった。しかし、一年間同じメンバーで話し合ってきて、私は素直に意見が言えるようになったと思う。ゼミのメンバーは、自分の意見もしっかりもっていて、さらに他の人の意見も受容している。自分が語ってきたことは、今とは考え方や受け入れかたが違うかもしれないが、現在はその時の自分以上の思いがあり語り直せるということは成長したと思える。（中略）話し合いの中で大切なことは、自分の意見をきちんと言えたかということよりも、その話し合いの中で刺激を受け自分自身を語り直すことだと私は考える。語り直しというと、ダメだからやり直しというイメージもあるが、自分自身を見つめ直し、語り直すという作業を通じて、私たちは自分を再発見したり、今まで気づいていなかった一面や能力に気づいたり、将来を構築したりできると考えるととても大切なことである。実際、一年間を通して私たちは、少しの疑問にも丁寧に話し合い、こうした語り直しの作業を繰り返すことによって、少しは成長できたと思える。人生の岐路に立たされて選択に苦しんだ時や、行き詰ってもう前に進めないと感じた時など、自然に自分自身の語り直しを心の中で行っていきたい。

紺野桂子も自己理解の語り直しをしている。「自分が思っていた自身はこの一年で大分変わったように感じる。今回のトークでは全員で各自のイメージキャラクターを設定した。そこで私は「戦闘態勢に入る瞬間がある」ことから「セーラームーン」という名前が付けられた。正直思ってもみなかったフィードバックだった。私は「自分は人前では意見が言えない当たり前さ」を心の中に持っていた。しかし今回のトークでは自分のこだわりに関しては確かに積極的に発言していた。自分でも意識していないほど、これらを一年間のゼミの中で行えていたのではないだろうか。だからこそ皆の発話による他者理解と語り（ナラティヴ）から新たな私が引き出され「私って本当は自己主張できるんだ」という自己理解に繋がった。これが代替案と呼べるのかもしれない」。

齊藤倫子の語りなおしは、関係の中の自己を体現するものと言える。「私は小さいときから、みんなが「こうだ！」と思うことに違和感を抱きながら生きてきた。今では、だいぶ柔軟に人と付き合えるようになった。しかし、たまにどこかで昔の自分が、「それおかしいんじゃない?」と訴えてくるような気がする。よく言えば、客観性はあるのかもしれない。だが、過去に蓄積された自分の中にあるものと、しっかり向き合う必要性を最近感じている。その反省から自分がもっと生きやすいような代替案を見出していくことが大切だと考えている。他人の価値観をもっと柔軟に受け入れられる自分になっていくべきだと思う。私は多くの人と話す中で、良い方へ自分の価値観が大きく変化してきた。「私」という人間と自分が向き合うためには、他者に「私」を見出してもらう必要があるだろう。そして他者を理解することが自分を理解することにも繋がる。また、ボランティアや実習などを通じて、「当たり前」の感覚をもう少し見直していきたい。私の感じている価値観などほんの小さなものにすぎないだろう。様々な人の世界に少しでも歩み寄っていくために、多くの人との関係づくりをこれからも続けていきたい」。

以上、小山（教員）から提示した課題に対する回答をさらに別の枠組みから構成しなおして、まとめとした。演習授業を通して達成したことをゼミのメンバー間及び教員と学生間の関係の描き出しを通じて少しでも表現出来たことを祈りたい。

おわりに

このような取り組みをすることは、後期進行中の終盤に近づいて小山（教員）から提案し、意欲的に受け止められ想像以上に積極的な参加を得ることが出来た。それまでも小山が担当する援助論系の各種授業において、学んだ理論や方法を実際の生活場面に適用して説明し、さらには実践することを理想としてきた。ただ、必ずしもそれは成功してしてきたとは限らない。それは二〇歳前後という年齢の学生が持つ経験の限定や、教員からテーマの選び方について十分に的確な案内ができてこなかったことなど、両者の関係の中で解き明かすべき事柄であろう。また、例え大学四年間で身につき、花開かなかったことも、その後の長い社会人生活において実を結ぶということがあるとも考えられる。しかし、今回冒頭に記したガーゲンの問いかけを「痛切に」受け止め、教員と学生が切磋琢磨した記録として残すことは、意味のあるものと信じたいし、何よりとても楽しかった。

ただし、このような取り組みの限界も指摘しておかなければならない。いかにガーゲンの問いかけを重く受け止めたとしても、大学という場における単位履修のシステムが大きく変化するわけではなく、現に本科目においても小山（教員）が最終的にゼミメンバーの成績提出の権限を有している。そのような構造的な力関係が厳然と存在する中においての取り組みであることは再度自覚して言語化しておく必要があるだろう。これは、ある種の予定調和に向かって我田引水の結論を呼び込みやすい危険性もあるということである。また、恋愛にまつわる語りの中で、特に性の話題は大変重要で、かつデリケートなテーマであるだけに、教員が見守る大学における授業という枠組みの中では一定の制約があったことを清水翔子は指摘している。性にまつわる話に限らず、人が語る内容と語り方はその「場」の設定や語られる側との関係に着眼することなしに文言のみ抽出することは無意味である（Holstein & Gubrium 1995=2004）。恋愛に関する語りついて特にそのような制約もあったことを自覚しておかねばならない。さらに、社会構成主義のもつ無限後退のループを考えた時に、多声に開かれることを良しとする、いわゆる「多声」という名の一定方向へ自動的に導かれる可能性も捨てきれない。

　このような限界を自覚しつつさらなる取り組みに向けてメンバーは四年生になった。身近な他者との敬意に満ちたコミュニケーションの大切さを改めて自覚し、また無理やり合意を目指さずとも「多くの花が咲き乱れるがままにしておくこと」（Gergen 1999=2004：227）の意味とあり方を体感する第一歩となったことを信じて。

［註］

（1）ここで言う「語り」とは、フリートークやディスカッションにおける会話のみではなく、それらを踏まえて提出した最終リポートにおける文章や、それを見て発言した教員の言葉や、送ったメールの文言など社会福祉演習Ⅰをめぐって交わされたあらゆる書き言葉と話し言葉を含むものとする。

（２）ケネス・Ｊ・ガーゲン著、東村知子訳『あなたへの社会構成主義』（p54）やジョナサン・カラー著、荒木映子・富山太佳夫訳『文学理論』（p140）に記述のある「言語のもつパフォーマティブ（遂行的）な性質」を敷衍して、このような形で書かれたものをまとめる行為そのものが筆者達のめざした「真の理解」の内容を表すと同時に「理解の実践」でもあるという意味をこめた。パフォーマティブ（遂行的）な発話と言う概念自体は、一九五〇年代に英国の哲学者Ｊ・Ｌ・オースティンによって展開されたもので、発話内容が何かを陳述し、状態を描写し、正しいか間違っているかのどちらかのみではなく、その発話がさしている行為を実際に行っていることを示す。つまり発話そのものが行為ということである。

（３）國分康孝著（1980）「ゲシュタルト療法」『カウンセリングの理論』誠信書房にて学んだパールズによるゲシュタルト療法が課題とする「今、ここ」にある感覚の覚知を大切にする姿勢からくる言葉。

（４）金魚ばち方式：円陣を作って座った第一班を取り巻いて第二班が座り、マンツーマンで観察者を決める。何らかのテーマにそって行う討議中の各メンバーを聴き方、話し方、話の内容、視線、ジェスチャーなど言語的非言語的両面から観察し、後に感じたことを指摘する。他者の目を通して初めて気づく自分に思いたる。お願いのロールプレイ：二人一組となり、簡単な場面設定をして一方が他方に何かを頼み、他方は数回断った上で最後に了承するという一種の自己主張訓練。
自分と似ている人・対照的な人を探す：グループの中で似ている人（似ている部分）を逆に対照的な人（対照的な部分）を表現することによって自分について抱いている印象を自己開示する練習。

失敗談（みじめな経験）を話す：これも自己開示の練習のひとつ。話す側は自分の過去を受け入れる、また聞く側は他者への尊敬の念を感じ、自らの劣等感が減少する。

モザイク構成式エクササイズ：数人のグループで日本語を使わず、非言語メッセージないしは外国語のみを使ってついたての向こうにあるモザイク、折り紙などの作品を、数に限定のある見学券を利用の上一人ずつ観察して全く同じものを共同で作り上げる。自分の性格や行動への理解を助ける。

（５）「グッド・ウィル・ハンティング／旅立ち」とは、一九九七年公開のアメリカ映画で、監督はガス・ヴァン・サントである。天才的な数学の能力をもちながら、小さい頃からの虐待経験による傷つきから逸脱行動に走る青年ウィルが、ＭＩＴの教授とコミュニティカレッジのセラピスト二人との交流を通して大きく変化していく物語である。いわゆる専門性というものを越えた部分で成立する援助関係の妙味を感じさせる作品であり、三年次の学生と繰り返し鑑賞してきた。

（６）野矢茂樹（1997）『論理トレーニング』産業図書（141-154）及び、野矢茂樹（2001）『論理トレーニング１０１題』産業図書、野口悠紀雄（1995）『「超」勉強法』講談社（97-129）を利用した。

（7）まず、各自にとっての「当たり前」をクリアにするため恋愛にまつわる様々なトピックにおける自分の位置づけを確認しあった。それを踏まえて、そうした主観を備えた立場から見る他者との「関係」に思いをはせ、そういう関係の輻輳で成り立つグループ全体の「当たり前」を覚知しようとした。「立ち位置」の表明はリアクションで教員にも同様に必要とされた。

（8）デイヴィッド・シルヴァーマンによる次の記述に留意した。

（会話分析をどのように行うか）①常に、関連する発話のシークエンスを明らかにする。②話し手が、特定の役割やアイデンティティーを、自分たちの発話をとおしてどのように獲得するのかを検証する。③発話における特定の成果（たとえば解明の要求、修復、笑い）と、それをとおして特定の成果がつくり出された話の道筋を逆にたどること。

　デイヴィッド・シルヴァーマン著「発話とテクストを分析する」（Denzin 他 224）。

（9）Gergen（1999=2004）、51-92。四つのテーゼとは次のとおり。①私達が世界や自己を理解するために用いる言葉は、「事実」によって規定されない。②記述や説明、そしてあらゆる表現の形式は、人々の関係から意味を与えられる。③私たちは、何かを説明したり、あるいは別の方法で表現したりする時、同時に、自分達の未来をも創造している。④自分達の理解のあり方について反省することが、明るい未来にとって不可欠である。

（10）穂村弘著（2007）『もしもし運命の人ですか』メディアファクトリー、というエッセイ集には、生涯にわたるパートナーを探す時期や場合に限定されない「恋愛」というものの存在の面白さがコミカルに描かれている。例えば同書「苺狩り」（18-23）には、長じるに従って「タイプ分類」や「未来予測」の感覚が発達して、目の前の恋愛に対する集中力は失われ、喜びが半減するとし、愉快な代替案を提案している。「そこで私はこのような弱点を逆手にとる新たな恋愛の形式を考えてみた。この人ならと思う相手をみつけて「タイプ分類」や「未来予測」をフルに生かしたバーチャルな心の恋愛を仕掛けるのである。この場合のポイントは二点。相手もまた自分同様に高度な「未来予測」力をもっていること。それから現実の恋愛行動を起こさないこと。白土三平の忍者漫画によれば、剣の達人同士はすれ違っただけで、「ム、できる」とわかるものらしい。（中略）あれの恋愛版だ」

［文献］

Denzin, Norman K and Lincoln Yvonna S（2000）*Handbook of qualitative research, second edition*, Sage publications Inc.（=2006 平山満義監訳、大谷尚、伊藤勇編訳『質的研究ハンドブック　3巻　質的研究資料の収集と解釈』北大路書房、211-225）

Gergen, Kenneth J（1999）*An Invitation to Social Construction*, Sage publication.（=2004 東村知子訳『あなたへの社会構成主義』ナカニシヤ出版）

Holstein, James A/Gubrium, Jaber F（1995）*The Active Interview*, Sage Publication（=2004 山田富秋他訳『アクティヴ・インタビュー　相互行為としての社会調査』せりか書房）

穂村弘（2007）『もしもし運命の人ですか』メディアファクトリー

國分康孝・片野智治（2001）『構成的グループエンカウンターの原理と進め方——リーダーのためのガイド』誠信書房

White, Michael & Epston, David（1990）*Narrative Means to Therapeutic Ends*, Dulwich Centre Publications（=1992 小森康永訳『物語としての家族』金剛出版）

第6章

語りの実験と物語　その2――むかしむかしあったとさ

1　方法を構成する三つのアイデア

（1）ドミナント・ストーリー

1章で述べたように、社会構成主義の考え方に基づいて野口（2002：20-27）は、ナラティヴには「語り」と「物語」の両方が含まれ、「語り」には語る行為に重点が、一方「物語」には語られたものとしての形式や構造に重点があると述べる。「物語」を「さまざまな出来事や思いをつなぎ合わせてなんらかの結末へと向かうお話」と定義づけ、それは「本の中だけでなくいたるところに存在している」とする。一方「語り」は誰かに向かって何かを語ることであるが、その語られた内容をも広く指す。

「語り」と「物語」は相互に連続している。それは①「物語」は文字のない時代にはもともと「語り」として伝承されたこと、②個人的な「語り」が文字化されて「物語」になる場合もあること（自伝や自分史など）、③「物語」をベースにそれに沿う形で「語る」といった方向もあることなどを考えると密接不可分な関係と言える。そして、この両者をまとめて指し示すのが「ナラティヴ」である。

このように定義づけられる「物語」は現実の組織化、現実の制約といった働きを持っており、その力は通常私達が想像する以上に大きいと言える。「私達は、ある事件をひとつの「物語」として理解できたとき、その事件を理解したと感じる。「物語」という形式は、現実にひとつのまとまりを与え、了解可能なものにしてくれる。」というように物語は「現実を組織化する」働きを持つ。「王が死に、女王が死んだ」というのは荒い筋書きにすぎないが、「王が死に、そして女王が悲しみのあまり死んだ」と言えばちゃんとした物語の始まりになる（Gergen 2004：104）。これは後述のような物語の持つ因果的連関が腑に落ちる感じを与えるからであろう。

また、「出来上がった物語が事態を理解する際に参照され、引用され、私達の現実理解を一定の方向へと導き、制約する」という「現実制約作用」についても容易に想像することができる。「よく知られている物語や自分のお気に入りの物語をこっそり参照し、それを下敷きにしながら物語的理解をすすめていく」というのはよくあることである。

これらがすなわち支配的な物語（ドミナント・ストーリー）ということになる。ホワイトとエプストンは「物語としての家族」において、「人々には豊かな生きられた経験があって、この経験のある断面だけがストーリーされて表現される、そして多くの生きられた経験が必然的に人々の人生や人間関係についてのドミナント・ストーリーの外側に汲み残されることになる」と述べる（White & Epston 1992=2002：34-35）。ガーゲンは、「私達は人生や普段の生活を『上昇か下降か』『進歩か後退か』『満足か不満か』などの観点から理解している」と述べた（Gergen 2004：105）。これらの言説は、何らかの問題に直面していると認識する個人がセラピーなどにおける被援助者の立場となって位置づけられる「場」の構造そのものを俯瞰する社会構成主義のものの見方である。こうした観点は、何らかの不具合に直面しているか否かにかかわらず、私達の生活におけるものの捉え方を俯瞰する上でも大いに役立つと考えた。特に最後の学生生活を終え、社会人の世界に足を踏み込むという人生の岐路に立った大学生が、自らを語る物語の構造をみつめ、楽しみながらそれらを語りなおす行程に立ち会いたいと考えた。

(2) 大塚による「物語の体操」

文化人類学のバックグラウンドを持ち、マンガ誌のフリー編集者であり、マンガ原作者、批評家でもある大塚(2003:48)は『物語の体操』において、ストーリーを作る創作という作業を「無から有を作り出す行為であり、その能力は選ばれし作者に特権的なものであるという神話」から解き放つ。同書の中では、大塚自身が手塚治虫の『どろろ』のキャラクターの名前や舞台等物語の表層を取り去った状態で現れた構造を「盗作して」作った八〇年代後半のマンガ「魍魎戦記摩陀羅(もうりょうせんきまだら)」について記している。大塚は、物語を抽象化していくと表面上の違いが消滅して「同じ」になってしまう水準があり、それを「物語の構造」と呼ぶ(大塚 2003b:57)。さらに、小説といわずコミックといわず「ある時代の優れた作品群が結果として同一の物語構造へと向かうことが現実にある」という示唆をする。また、物語には、ある時代における著名な作家が作り出す作品のような大仕掛けなものでなかったとしても、「もっといじましい『プチ構造』みたいなものが常に流行としてあって、そうしたツボを抑えられるか否かが案外その時点での小説家の文学的評価を左右しているように思えることがしばしばある」とも指摘する(大塚 2003b:83)。

大塚の言う「構造」とは、「適切な語り」が満たすべき要素として社会構成主義の立場からガーゲンの上げた次の各点に該当すると考えた(Gergen 2004:103-104)。すなわち、①説明されるべき出来事、到達すべきまたは避けるべき事態などといった収束ポイントが設定されていること、②設定された収束ポイントに向かってそれを説明するように出来事が述べられること、③一つの出来事がその前の出来事と因果的に結びついて因果的連関を示していることの三点である。さらにガーゲンは、こうした語りの構造を収束ポイントの

図１　語りの種類

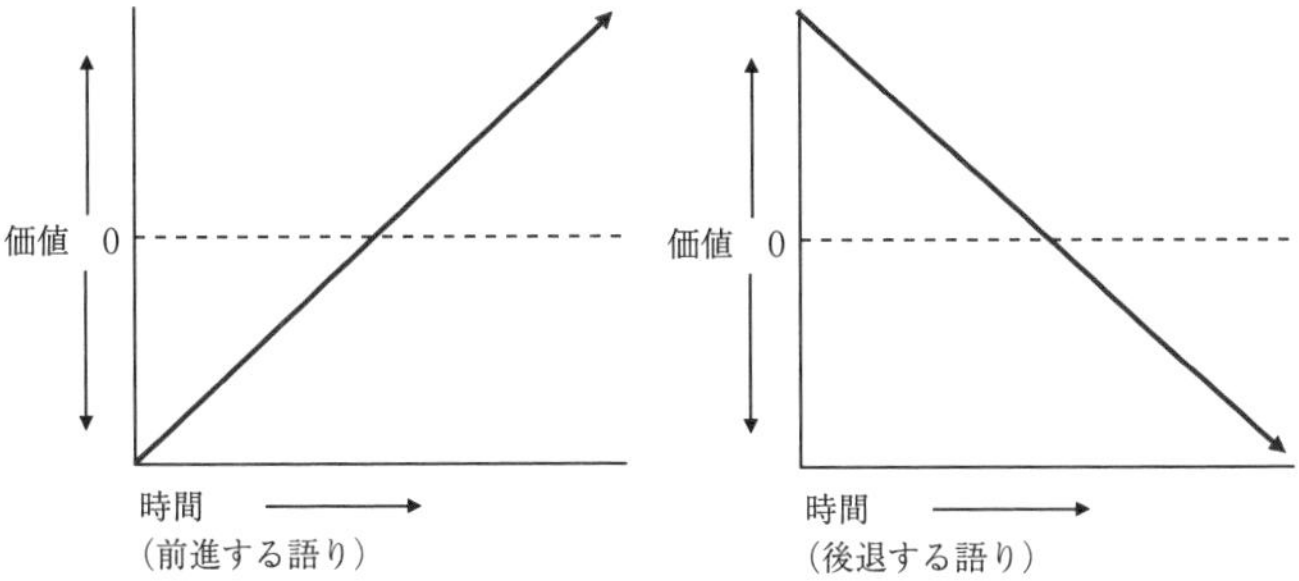

語り：様々な出来事や思いをつなぎ合わせて何らかの結末に向かうお話。
語りには現実の組織化や制約機能がある＝ドミナントストーリーの支配。

Gergen（1999）106より

図２　同応用バージョン

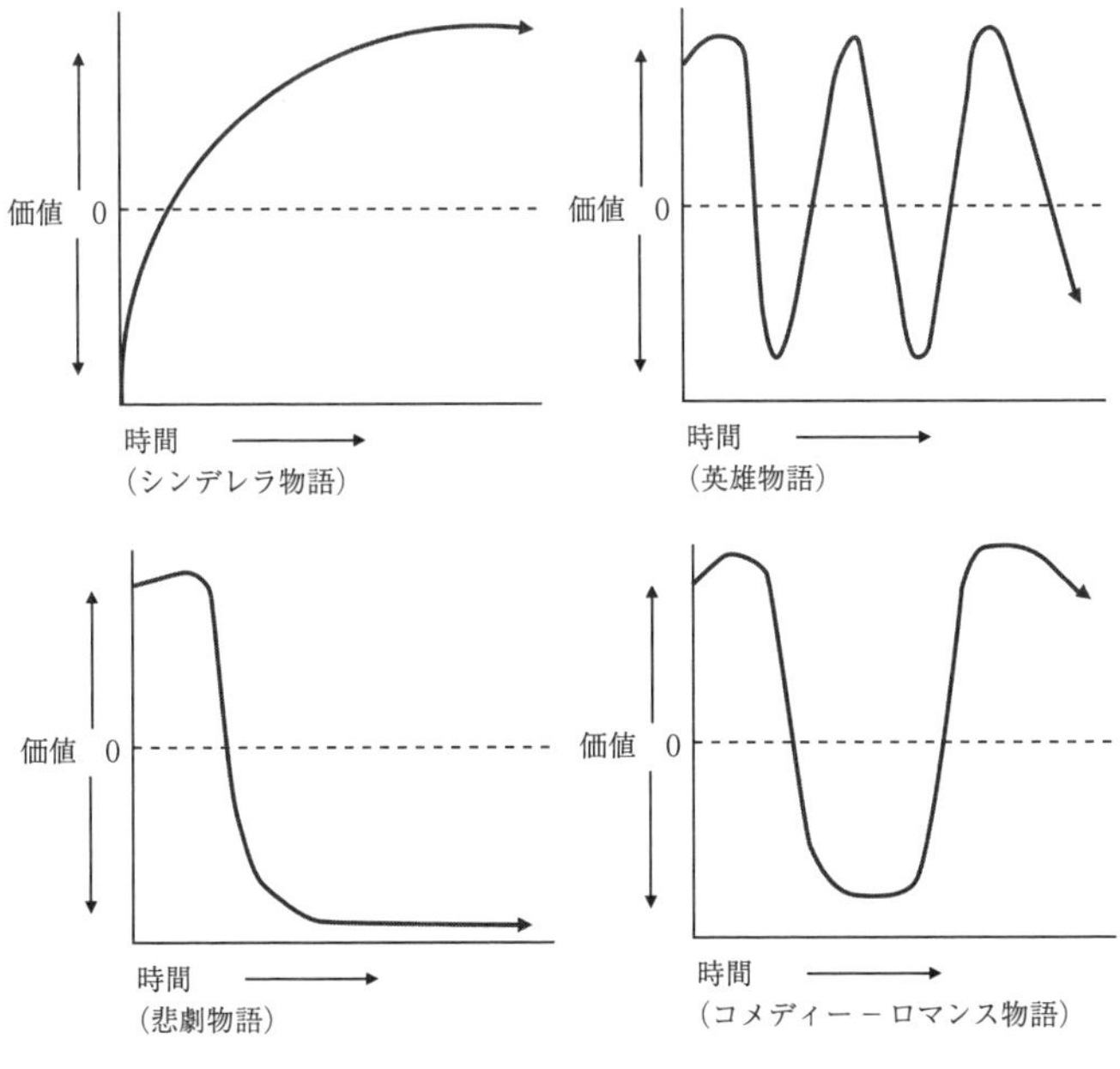

Gergen（同上）より

位置によって「前進する語り」と「後退する語り」に分け、これらの変形版として「シンデレラ物語」「英雄物語」「悲劇物語」「コメディロマンス物語」を上げている。

筆者が三年次ゼミにおいてめざしたのは、こうした語りの構造を十分に認識した上で、私達の中にある語りのプチ構造をみつけることであった。

（3）ドラマケーション

そもそもゼミメンバーによる物語作りを思いついたのは、演劇的手法を用いてコミュニケーション能力や表現力を高め、人間関係を円滑にする「ドラマケーション」を小山（教員）自身が体験する機会を得て、その考え方と手法に触発されたためである。4章で述べたとおり、ドラマケーションとは、「ドラマ」と「コミュニケーション」の合成語である（一一二ページ参照）。ドラマケーションにおける四つのカテゴリーとアクティブメニュー例は次の通りである（正 2008：30-32）[1]。

表1

カテゴリーA	カテゴリーB	カテゴリーC	カテゴリーD
仲良くなる	体を感じる	コミュニケーションを楽しむ	表現を楽しむ
ガッチャン	背中合わせ	人間と鏡	粘度人形
取るな	その日の気分	室内障害物	共同脚本創作
どっち	カウント・ダウン	エイトカウント	頭どり
仲間集め	聞き耳	おしゃべり仲間	リレー物語作り
カウントアップ	主人と従者	手裏剣合戦	何やってるの
ジップ・ザップ	集中くずしはないちもんめ	イエスマン・ノーマン	ワンタッチ・オブジェ

正によるドラマケーションのアクティブメニューの「表現を楽しむ」カテゴリーのひとつ「リレー物語作り」では、即興性を大事にすることその他の手法がグループ全体のドミナント・ストーリーを浮き彫りにするのではないかと考えた。このアクティブメニューのねらいは、「全員でひとつの物語を作ることで、共同作業の楽しさを感じる。」というもので、「意外な物語を楽しむ」「反応する」「考えすぎない」「他人をコントロールしない」が留意点である。方法は四〜一五人が「むかしむかし」から始まって、最後は「めでたし、めでたし」で終わるよう順にしゃべることで物語を作り上げる。指導のポイントは、「考えないで、思いつく言葉を口に出す」ことを促し、また「失敗を喜ぶ」という感覚である（正 2006：74-77）。

即興性の中に各自の思いが投影される可能性と、また一人で「思考して」作るというよりは、「感覚」を大事に、また他者をコントロールしないという原則を遵守することによってそこにグループ内のドミナント・ストーリーがかもしだされることの可能性にかけて、ゼミ生によるリレー物語作りに取り組むことにした。

2　物語作りの実験

（1）お話作りの手順

前述したような考え方、視点を前提として、後期ゼミの中盤を越えたころから今年度のまとめ作業とその最終プロダクトに関する投げかけをし、ゼミ生と教員間のディスカッション及び試行錯誤を繰り返して最後に掲載する九作品を作った。作り上げるプロセスについて説明する。

①ドラマケーションのアクティブメニューの導入（リレーションの深化と自己表現のためのウォーミングアップ）

筆者の三年次ゼミは、前期からカウンセリング理論の学びを通した演習に取り組み、特に前期後半には國分康孝が提唱する構成的グループエンカウンター（國分／片野 2001）を導入してきたため、グループ内のリレーションはかなり深まっていたと考えられる。しかし、それにも増してここで取り組もうとする物語作りには安心して自分を表現できる「場」の確保をめざしたウォーミングアップが重要であると考え、ドラマケーションが提唱するアクティブメニューの中からいくつかに取り組むこととした。

具体的には後期一二月に入ってから、水曜日二限に設定されている授業を一限から行うことによって拡大の時間を確保し、その中でまずは以下のメニューに取り組んだ。ＡからＤのカテゴリー中、Ａの「仲良くなる」に関してはすでにすんでいるものとし、Ｂの「からだを感じる（五感の覚醒）」における「まわりを感じて歩く」を回の初めに行った（正 2007：33）。これは、空いているスペースに向かって、互いがぶつからないように歩き、掛け声やアイコンタクトといった明示的サインを一切使わずに皆でぴたっと止まるというものである。通常私達がプライベートゾーンとして感じ確保している自分の周り四五センチくらいの範囲を、二メートル、三メートル、教室全体へと広げていく活動である。誰も何の指示も出さないというところに全メンバーが対等に互いを気遣い感じあうチームワークも体感することが出来た。

次に、カテゴリーＣの「コミュニケーションを楽しむ」に入る。「おしゃべり仲間」及び「主人と従者」そして「人間と鏡」に取り組んだ（正 2008：34-38）。「おしゃべり仲間」は、三人が横並びにイスに座り、残りの人は向かい合って座る。まず「みんなカエル」とお題を出し、前に出ている三人が「カエル」になりきって会話をかわす。観客席に一人が一定時間（三〇秒）で手をたたき、三人のうちはじの一人が抜ける。手をたたいた一人が「みんな大根」のように次のお題を出し会話を続けるということを繰り返す。ねらいは「安心して自分を表現できるのは同族の仲間間でのみ」という昨今の傾向を逆手にとったものであるが、本ゼミにおいては様々なキャラクターを演じることによって、次のリレー物語につながる「自分の枠はずし」または「日常の枠はずし」（少々ばかげて見えることを言ってもかまわない雰囲気づくり）の効果が感じられた。

「主人と従者」は、まず二人一組になり向かい合う。主人になる者と従者になる者を決め、次に主人になった者が従者になった者の額の前二〇センチに手をかざす。主人はゆっくりと手を動かし、あちらこちらへ従者を導く。二回目は主人と従者が交代する。このねらいは、リードする者とされる者双方の立場について相手を感じながら味わうというもので、自分の傾向を知ったり、「場」の条件によって変わる感覚を楽しんだりすることができた（人間と鏡については省略）。

②リレー物語作りの実験

いよいよカテゴリーDの「表現を楽しむ」である。ゼミメンバー九人と小山（教員）の計一〇人で輪になって座り、「むかしむかしあったとさ」を最初の一人が言う。最後を「めでたしめでたし」とするとハッピーエンドしか想定することができなくなる、ということから最後はもう少しニュートラルなしめのことばとして「とっぴんぱらりのぷう」を持ってくることにした。また、ドラマケーションではひとことずつしか言うことを許されないが、今回は各自の自然な流れにまかせて一言から一文まであり得ることとした。「考えすぎないこと（思いつくことをパッと口にする）」「他者をコントロールしないこと」「失敗を楽しむこと」といった原則は板書して各自銘記の上スタートした。また、記録のためにICレコーダーで録音した。結果が以下の物語である。

（リレー物語①）

むかしむかしあったとさ。

ある女の子①が靴を履いて外に遊びに行きました①。外の花を見て、「きれいやなあ」って思って、いっこつもうかなって、いやあでもここは、かわいそうだからやめとこかな、と思いとどまりました。でも、だれもいないし、とっちゃえ!、一本ピンクの花をとりました。そのピンクの花を、大好きなあの人に贈りました。

そこに1匹のはち②が飛んできました。そしたらはちが、女の子に向かっていき、さしちゃおうかな②、どうしようかな、やっぱりやめとこ。やっぱりさしちゃおうかな、「きゃあ、こわ～い」はちは笑いました。女の子はそれに腹を立て②て、ピンクの花を差し出しました。「やるよ」「ええ？　いいんですか？」はちは驚いて、喜んで、ないて、「もっかいさしちゃおうかな」女の子は、困り②ました。「なんてはちなんだ、もうあげるものがないよ、どうしよう、もしさされたら、死にそうだしな、こまっちゃうよ、いやまだ生きてやるぞ」じゃあかみのけについている花びらを一枚あげようかな、と思いました。

　そしたらはちがこういいました。「ゆるしてあげるよ」「いやゆるさない」女の子はもうすでに怒っていて②はちを無視して歩きました。「なんで無視するんだよ」とはちが追ってきました。「ストーカー？」女の子は携帯で警察に電話をかけ、警察が来ました。

　警察は事情を聞いたらはちを山にかえしました。「君ははちなんだから、山で蜜でもすっていなさい」そういわれたはちは、「でも最近血をすっていないしな」「おまえはドラキュラか？」「でも血はおいしいんだよ」「山へ帰れ」はちはしょうがなくかんねんして、山へ飛んできました②。

　女の子は安心して家に帰って、そういえば何か忘れ物があったなあ、「なんだっけ、ま、いっか、おなかすいたなあ③、何食べよう、あ、そうだ、おかあさんに聞いてみよう」「おかあさん」「なあにどうしたの」「きょうのごはんはなに？」③「ホットケーキだよ、あま～い」「からいのほしい」「がまんしてよ、うちホットケーキしかないのよ」「わかった楽しみにしとるわ、はやくホットケーキやけないかな、ホットケーキ何かけよう」と考えているとはちのことを思いだしました。「はちは今なにしてるんだろう、仲直りしてあげようかな④、いや血すうっていってたもんな、でもはちみつもってきてくれたらちょうどいいな、よし仲なおりしにいこう」と決心して女の子ははちのところへいこうとしましたが、ねむくなってきて、昼寝をしてしまいました。

「ちょっと、そろそろおきたら、ホットケーキできたよ、たべちゃうわよ」とおかあさんがよびにきました。

「ダメ食べる、でも眠い」と、そこへはちが「このはちみつつかう?」⑤なかなおりしましょう」「そしたらはちみつくれる?」「うんあげる」「いやでも血をすってるって……、そんなはちみつまずいんじゃ……」「うそうそ血なんか吸わない」「うーんどうだろうね」、血をイチゴだと思って……ホットケーキにかけて食べようかなと思いました。なので、しかたなく女の子ははちみつをもらってホットケーキにかけて食べました⑥。その味は、はちがんばって集めたのでとっても濃厚で、鉄の味でした。

とっぴんぱらりのぷう

このリレー物語の構造めいたものを教員が解釈したのが以下のものである。

①主人公が他者とのかかわりを求めて外界に出る。
②他者が現れて要求や駆け引きを経て様々な感情を味わう。
③主人公は他者とのかかわりに失敗してある意味で傷つき撤退する。
④安全な場所に引きこもって守られるが、他者とのかかわりに未練もある。
⑤新たなかかわりに向けて踏み出すか否かを迷っているところに他者からの呼びかけを経験する。
⑥他者からの呼びかけを受け入れ、若干の欺きはありつつも、落着する。

次にもう一編リレー物語に挑戦した。

〈リレー物語②〉

むかしむかしあったとさ

いぬが、ねこと一緒にあそんでいました。すると鳥が飛んできて、「ねえ遊ぼうよ」といわれましたが、いぬはねこと遊びたいので、「ことわろうかな、そうしようかな、でもかわいそうかな、でもどうしようかな、いいづらいな」。

じゃあそこでねこは、鳥を食べてしまいました。「いやあ！」鳥がいなくなったのでいぬはねこといっしょに遊ぼうとしましたが、するとそこに蛇がやってきて、「あそぼ！」「へえ、おまえとかよ」「よくも鳥を食べたな。」へびは怒っていました。「さっきのたまごおいしかったのに、もうたまご食べられなくなっちゃうじゃん。」「でもぼく、おなかいっぱいなの」じゃあそういうとへびは、舌うちをして帰っていきました。

するとそのあと、みみずがやってきてこう言いました。「さっき道を歩いていたらね、へびがすごい怒ってたんだけど、どうしたんかな？　ぼくを踏みつぶしそうだったんだよね、しっぽがちょっときれちゃったんだよね、どうしてくれるんだよ。雨でもふらないかな、そしたら助かるな」とみみずがいうと、いぬがへびといっしょにどうしよう……と作戦をはかってみみずを投げました。

と思ったら、いぬがねこに「実は隠しごとが今まであったんだ」って言いました。するとねこは「なに、それは？」と答えました。「実はみみずとね、ぼくはね、実は昔からつきあっていたんだ。体がちょっと切れちゃうなんて、ぼくはむごいことをしたな、どっちが顔かよくわかんないけど、それでもぼくはみみずを愛しているんだ」。

ねこは切れてつめでひっかこうとしましたが、いぬのしっぽにひっかかってころびました。それでもねこはひっかこうとしましたが、ほんとはいぬがすきだったので、やめました。

するといぬはほんとうのことをいいました。「実はね、みみずよりね、きみのほうがね、好きなのかもしれない」「うれしい」ねこは泣いて喜びました。

とっぴんぱらりのぷう

二作目に関してはもう少し単純な解釈になった。ひとことで言えば親しい友人または、一組の男女関係とそれをじゃまするもの、そして波乱を経て平穏な二者関係におちつく二人である。二編ともに、対人関係に奮闘しながら落ち着いたはまりどころをみつけようとする彼女達の現状を表しているように感じたが、もちろん別の解釈もありうるだろう。

このアクティブメニューの感想をメンバーより募ったところ、次のような内容が出された。

・すぐに思いつかない場合、登場人物の会話の一言を言うことが何人か続くと誰の会話かだんだんわからなくなって物語が破綻しやすい。

・どこでやめていいのかわからなくなる。

・メンバーによって「話の流れをひっくり返す」、「優しいセリフを出しがち」など傾向が見られて面白い。

③大塚英志による「お話の体操」を利用したプロット設定

その場で出来上がるリレー物語のみでメンバーのドミナント・ストーリーを見つける作業には無理がありそうだと判断し、次なるアイデアを練る過程で大塚によるプロット設定を教員が提案した。メンバーが自由に作れて、かつ破綻のないストーリーをめざすためである。大塚英志は、『物語の体操――みるみる小説が書ける6つのレッスン』において、キーワードを記したカードを無作為に引いて、タロットのように配列することを通してお話のプロットを構成することを提唱している（大塚 2003b：27-44）。

大塚は構造主義のもとになった物語の形態学をベースに登場人物の状態を抽象的に表したものをお話の構成単位とし、任意のキーワードを記載した二四枚のカード(2)を提唱する。これは知恵、生命、信頼、勇気といった言葉である。これらの言葉そのものは大塚が任意に設定したもので、それらの言葉から登場人物の状

図3

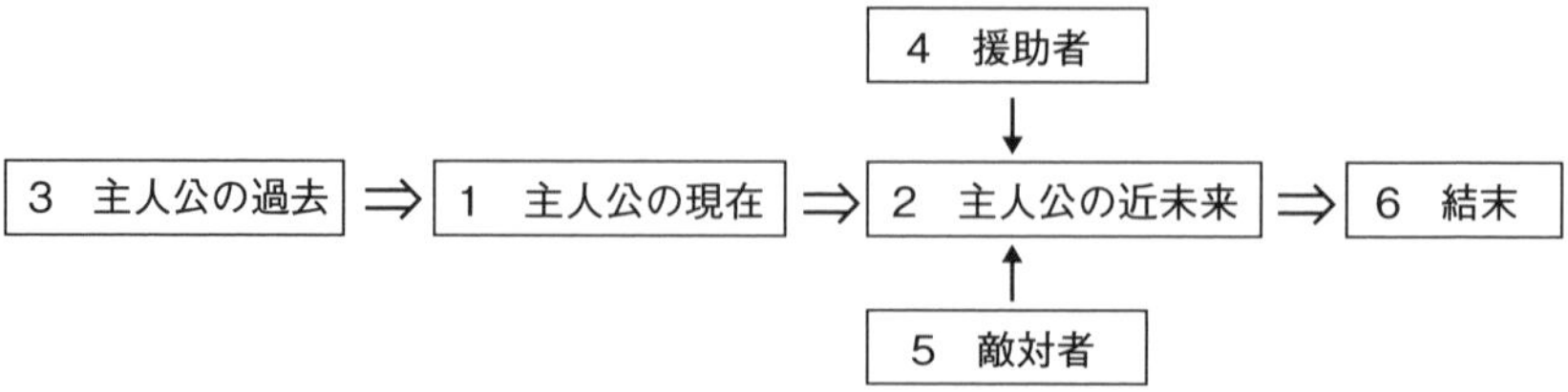

大塚英志著（2003b）『物語の体操—みるみる小説が書ける6つのレッスン』朝日文庫、p 35より

態を想像できれば良いのであって、選定に必然性はない。これらのカードをシャッフルし、裏返しに六枚選ぶ。これらをタロットのように、1.「主人公の現在」、2.「主人公の近い未来」、3.「主人公の過去」、4.「援助者」、5.「敵対者」、6.「結末」の順で並べる。表にしてキーワードが逆向きに出た場合はそのキーワードの反対の意味を設定する。カードの配列は、記号論を提唱したグレマスの「行為者モデル」に基づき、お話を作るのに最低限必要な登場人物とプロセスをワンセットにしたものである（図3）。

ここで問題になるのは、ドミナント・ストーリー探しを目指す取り組みにおいて、このようなカードの配列をもとにしたプロットの設定を前提としながらメンバーの中にあるドミナント（少なくともプチドミナント）・ストーリーを読み取るとしてよいか否かという点である。これに関しては、次のように考えた。各キーワードの配列は、グレマスの行為者モデルで言うところの物語の構造であり、物語る上の「文法」のようなものであって、前述の通りガーゲンによる適切な語りが満たすべき条件すなわち「収束ポイントの設定」「収束ポイントに向かった説明」「因果関係の存在」を満たして破綻のない物語を作る規則のようなものである。さらに、キーワードそのものは抽象的であり、そこにどのような連想も可能である。したがってここで利用することには問題がないとすることにした(3)。

④第一回お話作り

小山（教員）が事前に用意した上述のカード二四枚をメンバーの代表が

図4

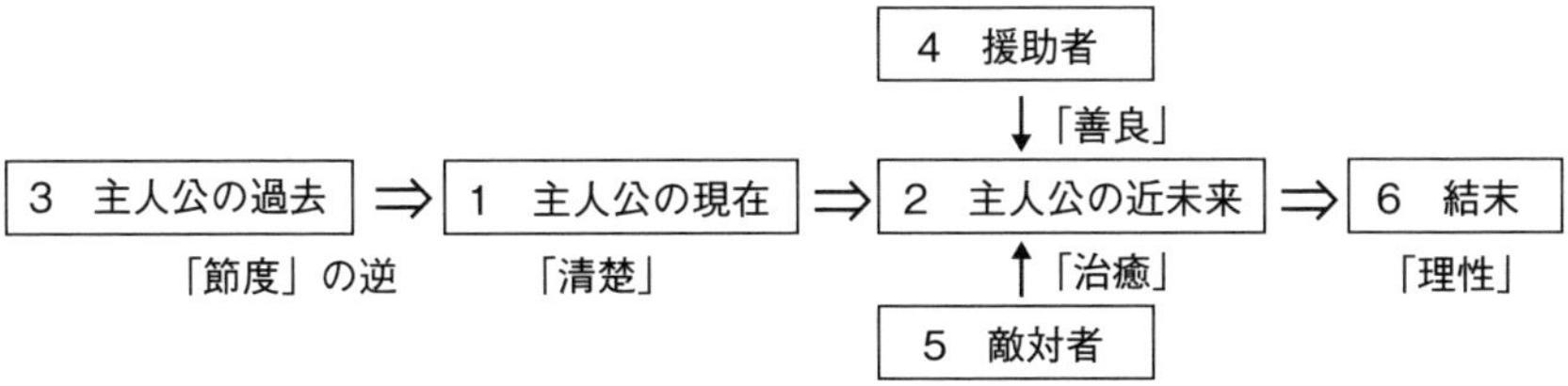

シャッフルし、みなの前で1〜6まで配置した。それを表にして今回設定されたのは図4の配列である。

これらのキーワードをもとに少し考えて作れる程度のお話を作ることをメンバーに課し、二週間程度の期間を置いて、教員あてメールにて添付ファイルで提出願った。

⑤第一回お話①〜⑨をランダムに配布した加筆バージョンの作成

初回に提出された物語九編はA4用紙に1枚〜3枚程度のものであった。これらを、名前を伏せた上で九人分USBメモリーに入れて配布し、プリントアウトした九編をランダムに全員に配って自分の作品でないことを確認の上、大筋を変えない範囲で若干の加除筆をこころみることを提案した。これは、各メンバーが他者の物語を楽しみ、また特定の他者に遠慮気兼ねすることなく、各自が対等で同等の参加を保障され、かつ責任を担うメンバーとして「グループ全体の物語」を育てるための工夫である。このようにして、よりグループ内のドミナントに近づくことができると考えた。これも二週間程度の時間をおいてメールに添付で提出願った。

⑥加筆バージョンを全員が共有し、発見したドミナント・ストーリー及び一連のプロセスを経て気づいたことを語る

このようにして出来た加筆バージョン九編をメールに添付して全員に送り、それぞれから次の課題を再度メールにて提出願った。

1. 配当された物語の感想（当初の物語の感想のこと）
2. 物語加筆について、① どのようにして行ったか、② 行う過程で何を感じたか
3. 物語に見るドミナント・ストーリー ① どのようなドミナント・ストーリーが見えるか（見えないもあり）、② 各キーワードが何に当たると思うか
4. まとめ

（2）お話

各自が作り、それらをランダムにメンバー内に回してできた加筆バージョンのほうを掲載する。他者の作った物語に手を加えることにはほとんどのメンバーが遠慮がちであったものの、九作品のうち二つ（物語四と物語九）については中付けか後付けかの別はあれ、統一性を保ちつつ新たな物語に生まれ変わっていた。本章の最後に全編を掲載する。タイトルは加筆前の初回バージョンの作者にそれぞれつけてもらい、記名に関してはメンバーの了解を得た。言わずもがなのことではあるが、ここでは物語そのものの巧拙は一切問わない。前述の手順を踏んでどのように皆が参加できるのか、支配的物語について語れるか（気づくかではない）を重視している（物語の掲載は順不同である）。

3 「お話」から見えたこと

（1）キーワードの「つもり」と「読み解き」

表2は、初回バージョンを作った本人による各キーワードへの状況対応である。抽象的なキーワードを作中人物のどんな状況にあてはめるのかということに関して、厳密には「あてはめ」に、やや疑問のあるとこ

ろもあるが、しかし全体を通して大体キーワードから連想される状況に見るドミナント・ストーリーについて考察することに問題はないと考えた。

いくつか対応における特徴が見られた。「節度の反対」に関しては大体主人公の行う反倫理的行動ないしは違法行為を示している。物語5は仕立てが少々違い、ストーリー全体を通して表現されるナンセンスさ全体を現す。「清楚」に関しては、多くの人が女性をイメージしており、その中でも外見と内面のどちらを中心に考えるかに違いがある。物語8は主人公個人ではなく、ナースという職業に寄せられるイメージ一般を示している。「善良」というワードの「援助（者）」との結びつきは、主人公に対する許し、共感的理解、代弁、助言など他者からの働きかけを示す場合と、性向や変化、決意といった自分自身の動きを示す場合が半々であった。「慈愛」が物語における「敵対者（障壁）」となる結びつきは一見考えにくいようであるが、これは本来肯定的な感情を向ける存在である家族や親族の過度な保護や心配といった身近な人との関係におけるジレンマとしてあらわすことがひとつのやり方であった。また、「援助（者）」と同じように自分自身の愛情ややさしさといった性向が事態の障壁となる場合があることも示されていた。「治癒」を「近未来」と結びつけることはストーリーを良い方向へ持って行き、ハッピーエンドに近づけることのイメージがつきやすかった。その流れで「結末」としての「理性」も波乱や事件が収束してまっとうな価値に落ち着くことが示されていた。

(2) 今そこにあったドミナント・ストーリー

メンバーの最終リポートでは、前述のキーワードとの結びつけ、また作品の共有を通してドミナント・ストーリーと考えられることがいくつか語られた。

表２　各キーワードへと状況の対応（初回バージョン作成者による）

	過去	現在	援助(者)	敵対者（障壁）	近未来	結末
キーワード	節度の反対	清楚	善良	慈愛	治癒	理性
物語１	一つのことにこだわりを持ち度の過ぎたことをする	冷酷ではなくやさしい心をもっていること	偏見を持たず、平等に接すること	人、動物、物を愛する心を持つこと	小動物の愛らしさに気づき、嫌いではなくなった	誰が考えても納得するような行動をすることができること
物語２	中学２年時の素行不良	少年の無心な心と月	殺してしまった先生の母親からの許し	両親が子どものことを思って、その記憶を消したこと	少年が、生きることに向き合えるようになったこと	学校にきちんと行き始めた
物語３	好きでもない相手からもみさかいなく贈り物をもらい、さらに手紙も返さないずぼらさ	美しい姫であること	教えを説く式部の君	恋は盲目の言葉のように、２人の貴公子を愛する気持ち	式部の君が傷心の姫を受け入れ、慰める様子	大福や男に惑わされずに、自分の道を行く決心
物語４	不良から絡まれた過去の出来事と、それによってできた門限	彩華の「いいこ」なふるまい	一緒に親を説得してくれる友達とコーチ	親の反対	親の理解を得られたこと	「信頼される」ということは「約束を守る」責任によって生まれる
物語５	強いて言えばストーリー全部（サメと旅、各種の川、自分を食べてしまうことなど	白くて白くて見えないくらいきれいな出目金	ピンクになったこと	カラスと出目金の恋、ペルシャ猫の涙	紫になってしまう感染症から元のピンクに戻ること、シッポが切れたこと	赤出目金、黒出目金に憧れを抱いていたが、やっぱり白でいいと納得したこと
物語６	節度のない人々の存在	清楚な女の子	アドバイスをくれた少年	ダメな人をダメだと割り切れないやさしさ	今いるホッとできる人たちとの出会い	何事もしっかり考え、受けとめようと思うようになったこと
物語７	わがままだった女の子	物静かな女性を演じている女の子	おばだと思っていた人が母であったこと	おばの愛情が重く苦しい様	傷ついた女の子が幼馴染の青年に救われる様	新しい人生に一歩踏み出そうとする女の子
物語８	ナースが白衣に飽きちゃったこと	「白衣の天使」と呼ばれるナースの存在一般	自分でピンクの白衣を着ようと決断したこと	ピンクの白衣が周囲に認められなかったこと	白衣を自分で作ったものの、結局以前と変わりなくなったこと	マイケルの存在
物語９	麻薬にかかわるバイト	飾り気のないそのままの女の子	わかろうとしてくれて、アドバイスをくれるおばあさん	おばあさんから愛されていた状態がなくなってしまうこと	自分の問題に気づく	前に向かって頑張ること

・悪は滅び、正義は勝つ。
・ハッピーには恋愛が必須である。
・家族や身近な人との絆を大切にする。
・未来は自分次第である。
・変化して良くなろう。
・個性を大事にする。
・他者への憧れはあるが、結局今のまま（あるがまま）でよいのだ。

それぞれの言葉で語られたドミナント・ストーリーの読み取りについて、枝葉をはらい明確化したのが右記の文である。これらを統合しあえてグループのストーリーとするとどうなるだろうか。

> 成長せよ。前進せよ。良くなれ。大きくなれ。そのために精一杯の努力をせよ。苦労や波乱はあってもそれぞれを楽しもう。結局良いものは生き、悪いものは滅びるのだから。そんな中でも各自の個性は大切に、無理して違う者になろうとするな。悩みはあっても、あるがままのあなたが素晴らしい。そんなあなたと支えあえる素敵な恋人を見つけ、暖かな家庭を築きなさい。

このようにつなげて語ればあまりにまっとうで、かつ陳腐とさえ言えるかもしれない「当たり前の」ストーリーを前にして、私たちはさらに何を語ればよいのだろうか。ひとつには、それぞれを並立させて眺めた時に直面するある種の矛盾である。これらは別の読み方をするなら、「変われ、でもそのままでいろ」とも言えるわけであるし、また、成長や変化を推奨されながら、一方で低下したり悪くなったりする状態（例えば老化とか障害とか死とか）も受け入れなければならないからである。私達は各自の持ち味を生かしながら最大限の努力をし、それぞれの立ち位置を了解して健康に生きていくことを習ってきた。しかし、「変わろうとせずに変わる」そのぎりぎりの限界、境目のようなものを見定め、納得する作業は案外難しい。成人してまだ間もないゼミのメンバー達は、仕事（探し）においても、恋愛においても、現在含まれる家族との関係変化においても、いずれも不安定な要素に囲まれている。百瀬真由美は、未来に行きたくない感じを物語２の少年の学校に行かない心境に投影できたと語る。

二つ目は、「良い」「悪い」を誰がどうやって決めるのか、また誰にとっての「良い」を語るのかという問題である。これは社会構成主義につきつけられた課題でもある。「勧善懲悪」と「ハッピーエンド」というタームを出したのは清水裕子である。清水はリポートの「まとめ」で次のように語った。「『勧善懲悪』というテーマがはっきりと分かりやすく出ている物語もあれば、よく読んでみると、埋もれている物語もあったと思う。やはりどんな物語でもこのテーマは常にあるものなのだろうか、と思った。それと、皆物語はハッピーエンドで終わっていた。未来が『理性』なら当然そうなるのであるが、さらにどんでん返しでバッドエンドにはならないものだと思った。例えば、『塩狩峠』（三浦 1973=2003）[4]の物語では主人公の犠牲で客車が止まる。多くの人が助かった。主人公は信仰をつらぬいたので、主人公にとってはハッピーなのかもしれないが、見方によっては、死んでしまうのだからバッドである。今回、そこまで複雑さを求めていないこともあるが、未来（結末）の『理性』をバッドに持っていかなかったのは、皆が心の底で理性といえばハッピーエンドじゃなくては、と思っているからなのだろうか。」清水の言う勧善懲悪は「欠けているものが回復する」という代表的な「物語の法則」（大塚 2003a：192-215）[5]ととらえるともう少しニュートラルになる。それにしてもこの「回復」と「ハッピー」というお定まりに、何となく落ち着かない感じを抱いていることが興味深い。

このこととの関連で、小林裕美と笠原祥子は物語5（佐藤優香作）と物語8（市川迪子作）の異質性を指摘する。特に物語5に関して「物語とはうまくまとまるもの」「ストンと落ちるもの」というドミナント・ストーリーが揺さぶられる感覚が指摘されている。佐藤によると、これを作ったときには「ありきたり」ではなく「面白くしたい」という気持ちがあったという。授業でリレー物語を作ったときに各自がワンセンテンス（ワンワード）ずつ言ったことを思い出して、自分以外の人だったらどう考えるか、と考えながら作った結果である。これは、ある種の予定調和を避けて、ユニークな運びをしようとした試みであり、上述の清水が行間ににじませた「落ち着かない感じ」に呼応しているとも言えるだろう。こうしたユニークさは、しかし同時に何が正しいかという価値の問題に直面するので、佐藤本人が言うようにストーリー全体が「節度の反対」（自分を食べてしまうなど）となっているのも興味深い。日常私たちが違和感を抱く予定調和の「くささ」とは、おそらく単純な価値の押し付けを嗅ぎ取るところに由来するのだろう。その一方でしっかりした価値（社会正義）に裏打ちされた安定がないと根無し草になる。この両者の間で丁寧な検討と決定をし続けなければならない。

三つ目は、私たちが直面する強い「家族主義」の風潮についてである。身近な人との絆、それを作る代表としての恋人関係、それが発展して形成される「家族」。それらに向けた希求と、同時に強い絆であるゆえの葛藤を同時に経験しつつ、それでも最後はそこに戻っていこうという言説に満ち満ちているのが現在ではないだろうか。それらが大切であり自分も含めて逃れられないことを第一に認めたうえで、あえてネガティブな側面を言明するならば、「家族や身近な信頼できる人がいない人を排斥する可能性」とでも言おうか。私たちになじみの領域で言うなら、児童福祉における社会的養護について学ぶ時に、どこまでいっても「血を分けた家族」やその人々が構成する「家族」には追いつけない感覚と、それに対する疑問である。

（3）実践全体を通して

こうした物語づくりを通してドミナント・ストーリーを読み取り、自ら語る作業は次のように表現された。「このように決められた言葉（キーワード）を個々に与えても、導きだされた物語にはそれぞれの『言葉の支配』や『ドミナント・ストーリー』が顕著に現れる。これは無意識に構築している考えを解きほぐす一つの手段になるのではないだろうか（笠原）」「物語に組み入れ、考えていることや持っていることを書くと、頭の中が整理でき、スッキリすることができた。物語を作ることは思った以上に自分の思っていることや経験などがあらわれていくと思う（百瀬）」「今回同じお題で物語を作り、同じような登場人物を使うことがあったが、それは女子大だからなのだろうか（松永）」「物語を紡いでいくという作業は樹形図に似ていると感じた。無数に選択肢があり、その選んだ先にも無数の選択肢がある。この選択を決定付けているのがドミナント・ストーリーのような気がした（市川）」「言葉や物語の流れを決められると、ドミナント・ストーリーや私たちが持つ言葉のイメージなどがよく現れるのだと感じた（小林）」

曲がりなりにもドミナント・ストーリーを見つけた私たちは次に何をするか。市川迪子は次のように語った。「ドミナント・ストーリーを見つけ自覚することができても、それに従ってしまい、自分を傷つけてしまったりすることがある。ドミナント・ストーリーを発見する糸口は見つけた。次はどのようにその支配から逃れることができるのか、カウンセリングの場面ではなく、身近な生活の中でそのような役割を代替してくれるものはないのか、みんなで探してみたいと思った。」前述のように、「後退の語り」を誘導してオルタナティブ・ストーリーを捨象しがちな援助シーン一般への疑問から始まった後期の授業である。このオルタナティブ・ストーリーに光を当てる作業をソーシャルワークの中にどのように位置づけるのか、方法論は何かこれらを問うことが次の課題である。

4　おわりに

皆の中にあるドミナント・ストーリーを読み解くには、理論的なベースにおいても、それらを適用した方法論においてもさらなる研究が必要であることを痛感させられた。それと同時にこうした領域横断的な教育実践の醍醐味を味わうことも出来た。また、今後の課題が明確になる取り組みでもあったといえる。大塚は、本章で引用した「物語の体操」の文庫版あとがきで次のように語っている（大塚 2003b：222）。

——無論『物語の体操』は順接として読まれてしまうことをあらかじめ想定はしていた。徹底して実用的であろうというのがぼくの本書における第一の立場だ。（中略）その程度には本書のレッスンは実用的だが、そうやって、あなたたち自身が「物語る力」を身につけることが、実はまんがやアニメや映画の形をしていない（時にはしていることもあるが）、「物語」に対する抵抗力となる技術を身につけることにもなるのだ、というぼくの意図については、もはや逆説でなくはっきりと述べておくべきなのかもしれない。「物語」への抵抗力とは、つまり「批評」する力、ということで、その意味で『物語の体操』はじつは『批評の体操』であるともぼくは考えている。（傍線筆者）

小山（教員）は3章で述べたようにその教育実践の中で「物語る側」からの技法を逆利用することによって現実を理解したり、援助実践に取り組む力をアップさせたりすることの可能性を感じ、ささやかな適用を試みてきた。今回の物語作りの実験においても、自分たちがどのようなストーリー仕立てにからめとられて生きている可能性があるのかということを少しでも自覚したいという思いがあった。大塚が逆説をわざわざ明言化する中で強調したような「物語に対する抵抗力」を若い学生たちが身につける第一歩となったことを願っている。

[註]

（1）ドラマケーションという新たな試みやネーミングに対して、日本演劇教育連名では当初評判が良くなかった。同連名は七〇年の歴史を持って、演劇教育を専門に研究してきた民間団体であり、そうした「専門」の枠からはみだしてあらゆる分野に幅広く活用されるものであるという点が評判の良くない理由だったという。しかし正は、この「枠をはみだしている」ということを今の教育で大事なことととらえている。正は同じく「演劇を特殊なるものから解放すること」をライフワークとして「飛び入り、飛び出し自由の表現場」ところざわ太陽劇団を主宰している。これらのことは、いわゆる「専門性」というものについて考える時にソーシャルワークの領域が直面しているジレンマと通底するものを感じて興味深い。
正嘉昭（2007）「パネルディスカッション」『ドラマケーション』p17

（2）二四のキーワードは次の通りである。
知恵・生命・信頼・勇気・慈愛・秩序・至誠・創造・厳格・治癒・理性・節度・調和・結合・庇護・清楚・善良・解放・変化・幸運・意思・誓約・寛容・公式

（3）ホワイトらの述べるドミナント・ストーリーの概念と、グレマスによる物語の構造概念の関係については引き続き詳細な検討が必要である。

（4）三浦綾子（1973=2003）『塩狩峠』新潮文庫
明治末年に北海道の塩狩峠で暴走する列車の前に体を投げ出し、自らの命を犠牲にして乗客の命を救った鉄道職員永野信夫の行為。

（5）大塚（2003a）は、お話の「おもしろさ」を二タイプ上げている。ひとつはフィクション、ノンフィクションを問わず、ドキュメンタリー的に読む人の生活のおもしろさというものである。もうひとつは、「欠けているものが回復する」という多くのお話に共通する法則を踏まえたおもしろさである。

[文献]

Gergen, Kenneth J（1999）*An Invitation to Social Construction*, Sage publication.（=2004 東村知子訳『あなたへの社会構成主義』ナカニシヤ出版）
野口裕二（2002）『物語としてのケア――ナラティヴ・アプローチの世界へ』医学書院
大塚英志（2003a）『キャラクター小説の作り方』講談社現代新書
大塚英志（2003b）『物語の体操――みるみる小説が書ける6つのレッスン』朝日文庫

正嘉昭他著／渡部淳監修（2006）『ドラマケーション――5分間でできる人間関係づくり』晩成書房
正嘉昭・園田英樹・小川新次他著／渡部淳監修（2007）『ドラマケーション2』晩成書房
正嘉昭（2008）「ドラマケーションって何?」『月刊ホームルーム』7,30-39, 学事出版
White, Michael & Epston, David（1990）*Narrative Means to Therapeutic Ends*, Dulwich Centre Publications（=1992 小森康永訳『物語としての家族』金剛出版）

物語1

「まちを救った一匹のねこ」

渡邊惟子作、百瀬真由美　加筆

むかしむかしあったとさ。ある国にお城がありました。そこに王様が暮らし、国を統制していました。王様はまちの人々に好かれていました。今の王様の前の王様は動物がとても嫌いで動物が現れたらその場で殺すか他の国に売ってしまえという法律を出していました。その影響で今の王様も動物には抵抗がありました。しかし、とてもきれいな心を持っていたので、殺したり売ったりするのはあまりにもかわいそうだといい、王様がまちに出る時は必ずペットは家に入れておかなければならないという法律と、野良犬や野良猫などが発生した時は必ずまちの人が飼わなければならないという法律がありました。これらの法律によって、人々の家のペットはどんどん増えてゆき、人々にも動物を飼うのに限界がきていました。

ある日、王様が、付き人たちとお城を出てまちへ向かいました。「王様が来るぞー」というまちの人の声で、人々はいつものようにペットを急いで家の中に入れました。

「今日もわたしのまちはにぎやかだなぁ。いいことだ、いいことだ。」と王様はまちを見渡しながら満足そうに歩い

ていました。

するといきなり王様は「ぎゃぁ！　何ということだ！！」と叫んで足を止めました。付き人たちはどうしたのかと王様を囲んで辺りを見渡しました。まち角に置かれたバケツの裏に小さな小さな猫が隠れていたのです。付き人たちは慌てて子猫を捕まえ、「みなのもの！　この動物を飼う者はいるか?!　いたらすぐここに来ておくれ！」と大きな声で叫びました。だが、まちの人々はお互いに顔を見合うだけで誰も名乗りませんでした。王様は硬直して動くことができなくなってしまいました。

「私たち皆、家の中にたくさん猫や犬がいて、もうこれ以上飼う余裕がないのです。どうかこの気持ち分かってください！　王様なら私たち国民の気持ちも分かってくれるはずです！」

若い男の商人が王様に言いました。すると、他のまちの人々も同じようなことを王様に言ってきました。困った付き人たちは、「王様、一度この猫を飼ってみてはいかがでしょう？　猫を見捨てることなど王様にはできないでしょう？　まちの皆も限界のようです」と王様を説得し始めました。きれいな心を持つ王様は、「わたしにも見捨てることもできないし、まちに放しておくこともできない。しかたがない。城へ持って帰ろう」と硬直したまま言い、城へ帰っていきました。

付き人は子猫をメイドに渡し、体を洗うよう命令しました。メイドは動物が大好きだったので、喜んで子猫を抱え、お風呂場へ行きました。王様は落ち着きがなく、子猫のことがきになる様子でした。その様子をみた他のメイドは、「王様、猫は可愛い動物ですよ。お風呂場を覗いてみてはどうでしょう?」と笑いながら言いました。すると王様は、「わたしは動物は嫌いだ」と言い、どこかへ歩いていきました。

王様はお風呂場を通ろうとしていました。気になるのか、立ち止まって様子を見ようとしていました。中で、メイドがとても嬉しそうな顔で、体を洗っていました。子猫の体はとてもきれいな白で透き通るような青い目をしていました。王様の気配に気づいたメイドは、「王様、この子を抱いてみませんか？　とても大人しくていい子ですよ。」と言い、猫を王様に渡しました。王様は硬直して恐る恐る猫の目を見ました。猫は青い目でじーっと王様を見つめていました。王様と猫はしばらく見つめ合っていました。

翌日、王様は子猫がいる部屋へと向かいました。子猫はクッションの上に座って王様をまた見つめていました。「大人しい子だな……」とつぶやきながら猫に近づいていきました。そしてそっと猫の頭を手でなでました。今まで動物に抵抗があった王様は生まれてからずっと動物にきちんと向き合ったことがなかったので、初めてこの子猫に見つめられ、子猫をなでたことで動物の愛らしさや温かさを知ることになったのです。

日が経つにつれ、王様は猫にだんだん慣れてきたのか、二人で遊ぶ光景が見られるようになりました。

「可愛い猫だ。わたしは今までこんな可愛い動物を見放してきたのか……」と反省するかのように言いました。そして「よし、これからは国のみなに、野良がいたらこの城で飼うということを伝えに行こう。そして二つの法律を廃止しよう」と以前では考えられなかった発言をしたのでした。こうして二つの法律がなくなったことによってまちには以前より活気があふれ、王様昔と比べものにならないくらい信頼され代々この国に語り継がれていったのでした。

とっぴんぱらりのぷう。

物語2

「月が沈む時」

百瀬真由美作、松永幸　加筆

朝七時、いつものように皆が活動をし始めるころ、ちょうど僕は眠りに入る。

僕。〇〇〇〇一七歳。世間一般では高校二年生ということになるのだろう。しかし半年前から学校には行っていない。なぜ学校に行かないのかと言われてもなんとなくと答えるしかない。勉強がいやだったわけでもない。遊びたいわけでもない。いじめに遭ったわけではない。家庭に問題があったわけでも、おそらくない。そう。ただなんとなく学校に行かなくなったのだ。こうした生活、いわゆるひきこもりの生活を始めたのは学校に行かなくなってから一か月が過ぎたころだ。両親はなぜ学校に行かないのか問いただした。両親の心配は分かっている。しかしなぜ学校に行かなくなったと聞かれても答えに詰まるだけだった。そんなの自分でもよくわからないのだから人に説明できるわけがない。こうして今の生活が始まった。

深夜二時。僕は活動を始める。月に導かれるようにして外に出る。人々が寝静まった夜は僕にとって最高の空間だった。この地球で僕だけしか生きていないような気がしてこのわくわく感がたまらないのである。その日は特別静かな夜だった。毎日行く公園にたどりつくと、そこに人がいた。僕と同じくらいの年の男の子だった。その少年は月の光を受け輝いているように見えた。いつもだったら人がいても目にも留めないのだがその日は吸い込まれるようにしてその少年をみていた。すると少年は僕に気付いて近づいてきた。

「〇〇だよね。俺ずっとここで待っていたんだ」

そう言って微かな笑みを浮かべた。

「僕もだよ」

とっさにそう口から出た。でも、でまかせなんかじゃない僕もなんだかずっとこの少年を待っていた気がした。

この少年は××と名乗った。××という名前に聞き覚えはない。でも知っている。僕はこいつを確かに知っている。

「俺はお前の記憶を持っている。それを返しにやってきた」

「僕の記憶?」

僕の記憶。僕には記憶がない期間がある。一四歳の記憶がすっぽり抜けているのだ。両親は一年間だけ記憶がないということを信じてはくれなかった。でもやはり僕の記憶はなくなっていたんだ。そして××が僕の記憶を持っているんだ。

「記憶どうしたら僕に返ってくるの? 何で君がもっているの」

聞きたいことは山ほどあった。でもこの月に照らされた空間では多くを話してはいけない気がした。神聖な場所のように感じられたからだ。

「おまえ、記憶を取り戻したい？」

「うん」間髪をいれずに答えた。

「記憶がどのようなものでも後悔しないか？」

「うん」

「それならば、記憶を返そう。返すと言っても俺自体が記憶なんだ」

あたりの電灯が消え僕らは月の光に包まれた。

××は強い光になり僕の中に入ってきた。

ぐわんぐわんぐわん。

頭の中に記憶か入ってくる。痛くはない。しかし不意に涙がこぼれた。


僕は人を殺した……。

気がついたら部屋にいた。どうやって家に辿りついたのかわからないくらい混乱していた。あいつは何でこの記憶を僕に返しに来たんだ。あいつは……あいつは何のためにこの記憶を僕に。

僕は中学に入り、平穏無事な生活を送っていた。しかし中学二年生になったとき、周囲の友達にも影響され、たばこに夜遊びカンニングを繰り返した。警察に補導されることもしばしばだった。そんなある日テストでカンニングしていることがばれた。先生はみんないる教室で僕だけを怒鳴り、カンニング以外のことで僕を罵倒し続けた。

プチン。

何かが切れた音が自分でも聞こえた。あとは無我夢中だった。筆箱に入っているカッターを持って先生に突進していった。我に帰った時、そこは血の海で僕も先生の血で真っ赤になっていた。

両親は僕に辛い思いをしてほしくないと記憶を抹消した。そして住んでいた土地から遠く離れたこの地で何もなかったように再び暮らし始めたのである。


僕は朝を待った。そして両親が起きてきて聞いた。

「ねえ父さん、僕は人を殺したんだね」

「○○なぜそれを……」

「やはり僕は人を殺したんだ」

頭が真っ白になった。

「なんでなんでそれを今まで黙っていたんだ。何で記憶を取り除いたりなんてしたんだ。確かにこの記憶がなければ僕は」

両親が僕にしたことをものすごく恥じた。そして許せなかった。

すぐに先生のご家族に謝らなければならないと思い、僕は亡くなった先生の家を訪れた。そこにはこどもに先を越された先生の母親が一人で暮らしていた。先生の母親は僕を見ると目が一瞬にして凍りついた。

「憎くて憎くてしょうがない。いっそ君を殺してやりたい」

僕はそれでこの人の気が済むなら死んでもいいと思っていた。先生の母親は話し始めた。

「でも君を殺しても息子は帰ってこない。それより私が殺してやりたいといったとき、君は殺されてもいいと思ったね」

驚いた。殺してやると襲われるかと思って覚悟していたのに、僕の心境を当ててきたのだ。どうしてこんなことを言うのか理解できなかった。僕は死んで謝ろうとしていたのに。その人はつづけた。

「息子が死んでからは毎日毎日泣き続けたものだ。そうしているうちに涙が乾いて今度は心まで乾いてしまった。生きている気力もなくなった。そのうち何でそうなったかもわからなくなった。息子が殺された悲しみさえ見失って、ただただ生きる気力を失ったんだ」この人はどうしてそんなことをこの僕に話すのかと問いたくなったが、やめて静かに話を聞き続けた。

「ある夜、お月さまが綺麗でね、外に出てみようと思ったんだ。いつもだったらそんなこと絶対思わないのだけれど月に導かれるように外にでたわ。すると光が近づいてきたの。それはね息子が残した記憶だった。その記憶を見てまた生きようと思ったわ。息子の分まで生きようってね」

「息子は私のために記憶を残してくれた。あなたの両親が記憶を消したことは本当いけないことだけれど、あなたを守るためにしたことよ。だから恨んではいけないわ」

「そしてあなたもしゃんと生きるのよ」

涙が止まらなかった。生きることをもっと真剣に考えようと思った。これからはどう生きていくのか、自分で考え自分の足で歩こうと誓った。僕は前を向いて歩かなくちゃいけない。今日から僕は学校に行く。何か月振りだろうか、こうして家を出るのは。「行ってきます」と家を出た。

学校への道は、とても懐かしかった。もう半年振りだ。空白の一年を取り戻し、すべてを受け止め、これからを考えていこうとしてこの道を歩くと、以前とは景色が違う。楽しそうに友達と通学する子、駅へ向かいながら仕事の顔になるサラリーマン、慌しく駆けていく大学生、園児を送り届けるお母さんたち。今まであまり他人には関心がなかったが、自分のペースで落ち着いて歩いてみると今まで見えなかったものや、感じなかったことを見つけることができる。僕は周りと一緒になって、自分のペースで歩くことができていなかったのだ。そんなことを言ったところで、僕が犯してしまったことは到底許されるわけではない。でも、先生のお母さんが僕に気付かせてくれ、与えてくれたものがある。本当に大切なことは何か、を。

いけないことをしたり、許されるはずのないことをしてしまう人に僕が出会うこともあるだろう。何が起きても、いったん受け止めなければいけない。僕にその強さがあるのか、今はまだ自信がない。でも、過去の過ちを心から悔い、そして改めようとしているのならば、僕は受け止めたいし、恨むばかりにはしたくない。恨むことや、疑うことから開放されるまで、とてつもなく苦しむだろう。けれど、僕は人間の可能性や、心を信じたい。そんなことを考えていると、あっという間に学校だ。友達たちは、半年間のことをどう思っているのか、不安なことはたくさんあるけど、僕にはいつも支え守ってくれている両親、そしてこれからの僕の生き方を見ていてくれるだろう先生のお母さんがいる。僕は、変わった。もう以前の僕じゃない。自分の考えや、信じたことを信じていく。今日が、新たな僕の第一歩だ。さぁ、教室へ行こう！

物語3

「だいふくの君」

清水裕子作、市川迪子　加筆

むかしむかし平安時代に、あるお姫さまがいました。お姫さまはとても美しくて、国中の男の人の憧れの的！

だから、数多くの求婚者がいるのでした。

「お姫さま、ぜひぼくと結婚してください」

「いいや、ぼくと結婚してください！」

男の人たちは、お姫さまに気に入られようと、遠い異国の宝物とか、美しい声で鳴く小鳥とか、きれいな着物とか、素晴らしい贈り物をたくさんするのでした。

多くの人々から美しいと言われ、素晴らしい贈り物を差し出されてお姫さまは悪い気がしません。今日も、左大臣の息子の中将からお姫さまにとって、「実に魅力的な」物が贈られてきました。それは……

「まぁ！　なんておいしそうな大福！」

そうです。お姫さまは、無類の大福好きなのでした。

「（中将はわかっているわ……）いっただきま～……ちょっと！」

なんとお姫さまがおおきな口を開けて食べようとしたら、取り上げられてしまったのです。

「もう！　せっかく大好物の大福をもらったのに、ひどいじゃない」

「お姫さま、この大福は誰からいただいたものですか？」

「左大臣の息子の中将よ」

「それでは、中将の君と結婚したいと思うのですか？」

「え……イケメンだけど……別にそこまで好きじゃないし……」

「だったらその大福は中将の君に返してください。その贈り物である大福を食べるということは、中将の君と結婚します、と意思表示をすることと同じですよ」

「なによ、もうケチっ！　あんたなんか、ただの小間使いのくせに偉そうに！」

「高貴な身分にあるお姫さまが、そんな言葉遣いをしてはなりません……だいたい……」

あらあら、お説教がはじまってしまいました。

そうです。このお姫さまに説教している人物は、お姫さまがあまりに多くの人から贈り物を受け取ってしまうのを見かねて、お姫さまのお父さまが、呼び寄せた教育係の式部の君なのでした。

以前のお姫さまは、いろんな人から贈られてくる贈り物を全て受け取っていました。その贈り物はどれも見事な品ばかり。年頃のお姫さまにとっては、無理からぬことでした。

でも、あまりに贈ってくる人が多すぎて、ひとりひとりに手紙のお返事をすることができません。お姫さまはもともとめどくさがりだったこともあり、返事をしませんでした。

そうすると、お姫さまに求婚した人々は「どうしたんだろう？　お姫さまはぼくと結婚してくれるのかな？」と疑問に思い、悪い噂が流れ始めたのでした。

そうなると困ってしまうのは、お姫さまのお父様です。

「ああ、困った困った。今までは姫の自由にさせていたが、我が右大臣家の悪い噂が流れるのはかなわん。そうだ！　気の利いた教育係をつけて姫のやつを少し黙らせよう！」

という訳で、非常に優秀な学者の娘・式部の君をお姫さまの教育係にしたのでした。

「よろしいですか？　殿方から贈り物をいただくのは結構なことです。しかし、いちばん愛する人以外からいただいてはなりません」

「……いいじゃない、ただ今回は、とらやの大福だったってだけよ……。それに愛する人はひとりでなくてはいけないの？」

「そ、それは……。普通はそういうものなのです。愛する人が複数いるなんてことは考えられないことですよ」

「そんなこと、誰が決めたのよ！　そうしなきゃいけないって思ってもそうはいかないことだってあるわ」

お姫さまはすねて、寝室に引きこもってしまいました。

「なによ、もう……あんなやつ、嫌いだわ……」

そう愚痴をこぼすと、とても綺麗な薄様に書かれた手紙を眺めはじめました。

「親王さまも右大将さまも二人とも素敵……他の人たちは、私が右大臣の娘だから求婚してくれけど、この人たちは本当のわたしを見てくれている感じがする……それに、いつも大福くれるし……どちらもイケメンだし、ああ……この方たちのうち一人になんて絞れない……」

悩める年頃です。確かに二人ともお姫さまに愛情あふれる手紙を送ってくるのです。四季の花々を愛でる手紙、野分の時には身を案じる手紙をくれました。他の人はただ結婚してくれ！という手紙でしたが、この二人はお姫さまの事を本当に思ってくれているようでした。

「はぁ……どうしたらいいのかしら。一夫多妻制はあるのに、なんで一妻多夫制はないのかしら。まぁきっと生物が生存していくために効率が悪いからよね、男性は赤ちゃん産めないし。でも、人間の世界だけ逆があったっていいじゃなーい。とりあえず、大福もらいながら、うちの国が一妻多夫制を導入できないか、お父さまにお話してこよーっと」

お姫さまは、お父さまのところへ行きました。

「お父さ……はっ！（いやだわ、お客さまだわ）」

どうやらお父さまの所にはお客様が来ているようでした。暗くて様子がわかりません。そーっと覗いてみると……。

「……どうぞお願いします……左大臣はもうじじいです。じきに引退するでしょう。我が右大将家と右大臣家が親戚関係になれば、我らで高い位を独占できます！」

「いやいや、私こそ姫君にふさわしい相手。今の東宮が帝になってしまえば、次の東宮になるのはこの私です。そうしたらお宅の姫君は東宮妃！　ゆくゆくは右大臣殿が帝の外戚になれるのですぞ！」

なんと！　お客様はお姫さまがいいな、と思っていた右大将と親王さまではないですか！　お姫さまはつい叫んでしまいました。

「ひどい！　結局お二方とも位が目当てだったのね！　私の事を思って書いてくれた手紙は皆嘘だったのね！」

「お姫さま⁉　そこにいらしたのですか⁉」

「この不安なご時勢、高い位についてないとやってられませんぞ！」

「そうそう。だいたい、ああいう手紙を送るのは貴族として当然の嗜み。どうせ建前……おっと、つい本音が！」

なんということでしょう。結局はこの二人も高い位が欲しかっただけなのです。

お姫さまは取り乱して、泣きながら、部屋から出ていきました。

「お前たち！　よくも姫を泣かしてくれたな！！　腹黒い人たちに姫はやらん！」

右大臣は怒って、右大将と親王さまを追い出したのでした。

「うっ……うっ……皆ひどい。どうせ男の人なんか口ばっかり……」

「ええ、ええ……」

傷心のお姫さまは式部に頭を撫でられながら、慰められています。

「……結局、私に言い寄ってきた人たちは皆、家の高い位とお金が欲しかっただけなんだわ……。本当の私なんか見てないのよ……。男女に本当の愛なんか存在しないんだわ。」

「よしよし。大丈夫ですよ……お姫さま。この式部はちゃぁんと、お姫さまの良い所を存じております。大福につられるところも……怒りっぽいところも……」

「式部まで私の悪口を言うのね！」

お姫さまは涙をぬぐいながら、式部をにらみつけました。

「いいえ。悪口ではありません。あなたが大福につられるのは、自分に正直だからです。あなたが好きなものを好き、という気持ちです。あなたが怒りっぽいのも、自分に正直だからです。あなたが正しいと思ったことをつらぬこうとするのです。よろしいですか？　これからも自分に正直にありなさい。ただし、己の欲求に目をくらませてはなりません。想像力を働かせるのですよ。この大福の裏には何があるのだろう？　と。それに、自分の本当の気持ちにも常に敏感でいなくてはなりません。二人のことが気になると先ほどおっしゃっておりましたが、人間そんなにいっぺんに誰かのことを考えるということは難しいものです。たとえ、一時そう思えたとしても、その気持ちが続いていくことはないでしょう。それに、お姫さまはどちらのお方のことも本当に愛していられなかったのでは？　自分の表面的な気持ちに踊らされて、本当の気持ちに気づかないようでは、幸せは訪れませんよ」

「わかったわ！　私、これからは、男の人に依存しないで生きるわ！　それにたった一人の運命の人を見つけてやるっ！」

お姫さまは立ち上がりました。お姫さまは大福に目がくらんでいた頃の弱々しいお姫さまではありません。

こうして、お姫さまは自立した女性となり、女官として内裏にあがり出世したのでした。その後、女性としての幸せもに手にしたのでした。

とっぴんぱらりのぷう

物語4

「ある家族のお話」

舟橋美音作、笠原祥子　加筆

あるところに女の子がいました。

女の子の両親は、華のように可憐な女の子に育って欲しいと思い、彩華（あやか）という名前を女の子につけました。

彩華は両親に大切に育てられ、両親の思い描いていたような優しく清楚な女の子に育ちました。そんな彩華には一歳年下の妹がいました。名前を光華（みつか）と言い、彩華と同じように光り輝く素敵な女の子に育って欲しいと両親が付けました。しかし、両親の期待通りに育った姉といつも比較され、光華は次第に言うことをきかないわがままな女の子になっていきました。そんなわがままな光華に対して両親はきつくあたっていたのですが、彩華は変わらずに優しく接し、そんな姉を素直に受け入れられない光華はわざと彩華を避けるようになっていきました。

高校生になった姉・彩華はテニス部に入りましたが、家の門限が六時だったのでいつも部活を早退していました。

門限は他の子に比べたら厳しいものでしたが、彩華は自分のせいでできた門限だからしかたない、と諦めていました。というのも、去年の夏に彩華は部活だとウソを付いて夜遅くまで友達と遊び、不良にからまれて危険な目にあったのです。その事件以来、彩華の両親は門限を六時に決めてしまい、門限を破ると厳しく叱られました。

しかし、この話には裏があり、それは周りからいつもちやほやされ可愛がられていた姉を疎ましく思っていた妹・光華が不良仲間をけしかけ、姉を危険な目にあわせたのでした。この事件を起こした後、光華は姉に成り代わったかのように優しい振る舞いをするようになり、両親は期待していた彩華から光華を可愛がるようになったのでした。清楚に振る舞えば振る舞うほど優しくしてくれる両親、何を言っても理解してもらえなくなった姉、光華は立場が逆転したことに少しの優越を感じていたのでした。

幸い、部活の仲間や先生は彩華の家のことをよく理解してくれていて、部活を早退することを許してくれていました。彩華は「いい友達に恵まれたなぁ。いい部活を続けていられるのだから、贅沢は言っちゃだめだ」「どんなに頼んだところで信頼を失った私の話をお父さんもお母さんも聴いてはくれない」と門限をこれからもずっと守って行こうと思っていました。つらい出来事が起きてもくじけない、周りから愛される、そんな姉の姿を見つめながら、光華は妬みと羨望、ふたつの思いに駆られていたのでした。ところが、彩華にとってどうしてもその考えを変えたくなる出来事が起きました。

なんとコーチが次の試合の選手に彩華を選んだのです。その試合は出場するのさえ難しいと言われていて、彩華の憧れの先輩が出た試合でした。彩華はどうしても試合に出たくなりました。しかし、試合に出るためには今より練習しなくてはいけません。すると今のように部活を早退することは難しく、そうなれば門限を破ることになってしまいます。

「両親の言い付けは守りたい。でも試合にも出たい。どうしたらいいんだろう?」

せっかく選ばれた代表の座。選ばれなかったテニス部の仲間のためにもみんなに認められる試合をしたい、と彩華はひとり悩んでいました。そんな姿を見ていた光華は思いました。「自分のせいでお姉ちゃんは大切な試合に出られなくなってしまった」「自分が良い思いをすることばかり考えてしまった」と。自分がどんな姿でも変わらずに接してくれた姉。そんな姉を疎ましいとしか思えず、拒絶していた自分。今になって光華は彩華にした行為の重さを知ったのでした。一方彩華は友達に相談すると、友達は一緒に彩華の家に行って両親を説得してくれると言いました。さっそく明日一緒に説得しに行く約束をして、彩華は家に帰りました。明日両親に交渉することを考えると、落ち着かずなかなか眠れませんでした。


「お姉ちゃん、眠れないの？」

「光華。久しぶりだね、あなたから私に話しかけてくれるなんて。うん、そうなの。明日お父さんとお母さんを説得しようと思うと緊張しちゃって。私のこと、信用してくれてないから……」

「……そ、そんなことない！　お姉ちゃんがお父さんたちとの約束を守ろうと頑張っていたことは傍で見ていた私が知ってる！……元はと言えば全部私のせいなんだもん……」

「どういうこと？」

「ごめんなさい、お姉ちゃん。私、ずっとお父さんたちに可愛がられてたお姉ちゃんが羨ましかった。優しくされても無視してた。お姉ちゃんが不良にからまれたの、あれは私がやってって友達をけしかけたからなの。だから全部私が悪いの！！」

「そうだったんだ……。やっと本当の気持ちを打ち明けてくれたね。光華が私にやったことは許せないことだよ。でも、そんな苦しい思いにさせていたのは私のせい。お互いにこれからは全部話せる姉妹になろう？」

「お姉ちゃん、ありがとう」

ふたりは初めて心からお互いを思いやる気持ちを持ったのでした。

翌日、待ち合わせに現れた友達は一人ではありません。一緒にコーチを連れてきてくれていたのでした。コーチは「彩華さんの普段の頑張りと、素晴らしい能力を持っていることを、私も一緒に説得しますよ」と笑顔で話してくれました。彩華はとても力強い気持ちになり、自分の家に二人を招き入れました。

彩華、友達、コーチの三人は彩華の両親を必死で説得しました。彩華がどれだけテニスの練習を頑張っているのか、どれだけ部員の期待に応えようとしているのか、そしてどれだけ才能を持っているのか、たくさんの思いを両親にぶつけました。最初は頑なに門限を破るのは許さないと言っていた彩華の両親も、少しずつ三人の説得に耳を傾け、最終的には試合が終わるまでなら門限をなくすことを約束してくれました。彩華はとても嬉しかったけれど、素直に喜べずにいました。

両親の言い付けを守れないことが申し訳なかったのです。

「お父さん、お母さん、試合のことを許してくれてすごく嬉しい。でも、家族の決まりを守れなくてすごく悲しい。私はそれくらい家族のことを大切に思ってるんだよ」

彩華は今の素直な気持ちを両親にぶつけました。そして両親を説得する様子をじっと見守っていた光華に対しても言いました。

「あと、光華の本当の気持ちも聴いて欲しい。今までたくさんのことを我慢してきたのは光華なんだよ」

彩華の言葉に後押しされたように、光華は涙をためながら、自分が姉にひどいことをしたこと、いつも姉と比べられてつらかったこと、もっと本当の自分を見てほしいことをすべて両親に打ち明けました。するとお父さんが「彩華、おまえは部活も家族もどちらも同じくらい大切なんだろう。家族以外でそれだけ大切なものができたのは素晴らしいことだよ」「そして光華、おまえのやったことは許されない。父さんはその事実を許すことはできない。でもそんな寂しい思いにさせたのは父さんと母さんだ。すまなかった」。お母さんも「私が心配していたよりも、彩華は自分の意思を持ってしっかりしていたのね。自分が夢中になるものがあることで、家族に申し訳ないと思う必要はないのよ」「いつも光華には二言目には『お姉ちゃんを見習いなさい』ばかり言っていたわね。それがあなたを苦しめていたのね。これからはお互いを思いあっていける関係をつくっていきましょう」と彩華と光華に優しい声をかけてくれました。

彩華にはもう迷いはありませんでした。そして光華の心もくすぶっていた思いがなくなっていくのを感じていたのでした。

次の日から彩華の忙しい日々は始まりました。彩華は、自分がやりたいことで両親に心配をかけないため、普段の生活や振る舞いをしっかりして、両親に信頼してもらうよう心がけました。そして光華も、そんな姉の姿を見つめ、勉強をして来年の高校受験に向けて計画をしっかり立て、ぶれない自分になれるように心がけました。今まで以上に部活が楽しく思えるようになった彩華は、来月の試合に向けて今日も厳しい練習をし、今まで以上に近づいた姉妹はお互いを思いやって支え合っていくのでした。

「お姉ちゃん、試合に勝たなかったら許さないよ！」
「分かってるって。もちろん、光華もしっかり勉強しなさいよ！」
「もちろん！」
おしまい

物語5

「出目金の不思議で奇妙な旅」

佐藤優香作、舟橋美音　加筆

むかしむかしあったとさ

あるところにとんでもなく、白くて、白くて見えないくらい、綺麗な出目金がいました。でも、でも、その白すぎる出目金は、赤出目金くんと黒出目金くんと金出目金様にあこがれて、水槽から逃げて旅に出ました。サメと一緒に。白出目金は、あこがれの、三人に会うために、ナイアガラの滝をのぼり、ナイル川を渡り遊びました。ガンジス川で、踊りました。白出目金は、旅の途中、鮭に会いました。すると、すると、鮭の卵を食べると憧れている、三人の、どれかに、なれると聞き、信濃川の、鮭を全部食べました。すると、ピンクになりました。ピンクになって、調子にのって、歌って、いると、変なおやじに、誘拐されました。目覚めると、はく製に、されそう、でした。ピンクを、大好きなペルシャ猫が、よだれを、たらし、嬉しそうに、自分を見ていた。食べられた。「おいしい」しかし、「そんな簡単に死なないぞ」とかいって、出てきました。ペルシャ猫は、満足して、泣きました。しかし、猫の、友達の、カラスが、ピンク出目金に、恋をしました。ピンク出目金とカラスは、同棲しました。でも、ピンクに、飽きて、離婚しました。一〇年後、ピンク出目金は、太りすぎて紫になりました。それは、出目金の、有名な、感染症だった。紫出目金は、神に、祈った。「アーメン」「南無大師遍照金剛」「南無阿弥陀仏」すると、苦しくなって、眠くなって、お腹がすいて、自分を、食べた。「パクリ」「メリメリメリ」すると、元のピンクに戻った。しかし、しっぽが、切れた。「イタイ」「死ぬ」「さようなら」そして、三〇〇年後、ピンク出目金は、生きていた。サメは、水族館にいた。実は、ホントは、ピンク出目金は、サメの、子どもだった。ピンク出目金は、遊んでいた。懲りずに、黒に憧れて、イカとタコと遊んだ。しかし、しかし、「こんな人生じゃ嫌だ」泣いて、考えた。いや、「白でいいや」「やっぱ白が一番じゃ」我慢して、我慢して、ピンク出目金は、白に戻った。

サメは水族館にいた。ともだちはひとりもいなかった。サメはともだちがほしかった。

「こんにちはヒラメさん。あのさ、あのさ、ぼくとともだちになってくれない?」

「いやだよ、サメ君とともだちになったら、食べられちゃいそうだもの」

「こんにちはクジラさん。あのさ、あのさ、ぼくとともだちになってくれない?」

「いやだい、クジラがサメと友達だなんて、笑いものにされてしまう」

みんなはサメが怖いのでともだちになってくれませんでした。

そこでサメは、古くからの友人のカメに相談しました。

「ぼくの顔が怖いから、みんなともだちになってくれないんだ。みんなぼくの見た目ばかりで中身をみてくれない。ぼくは怖いことなんてしないのに……」

するとカメは、笑いながら言った。

「昔の君も自分の見た目ばかり気にしていた。ピンクになったり、紫になったこともあったのう」

サメは恥ずかしくなった。それからサメは、なるべく優しくいいサメに見えるように努めた。ある夜、水槽の水が漏れだした。

「大変だ!水槽の水が漏れている!」

「係員さんはみんな帰ってしまったし、このままじゃみんな干上がっちゃうよ」

みんなはパニックになった。サメはひらめいた。

「体の大きいぼくが隣の水槽までの橋になってあげる。みんなはぼくの上を渡って逃げて」

みんなは慌ててサメの背中を渡り、無事に隣の水槽に逃げることができた。

「サメくんありがとう!」

「サメくんがこんなに優しいなんて、知らなかった！」

魚たちは口々にサメを褒めたたえた。次の朝、水族館にやってきた係員は水槽の水がないことにびっくり。でも、もっとびっくりしたのは、サメの協力でみんなが無事だったということだった。

係員は「水族館でいちばん勇気があり優しい魚」というプレートをサメの水槽に貼りだし、サメは魚たちにも、水族館に訪れる子供たちにも人気者になった。

とっぴんぱらりのぷう

物語6

「学び、そして未来へ」

松永幸作、清水裕子　加筆

あるところに、女の子がいました。女の子は、いつも身だしなみをきちっとしていて、誰からも話しかけやすく、みんなと仲良しで、真っ白な小花のような子でした。女の子はいつも微笑んでいて、一緒にいる人たちもいつも幸せそうに微笑んでいます。

しかし、そんな彼女にも、あまりよい記憶ではない過去がありました。彼女の周りには、節度を知らない、わがままで、自分勝手な人が何人かいました。彼らは彼女が何も言わないのをいいことに、ある時は、使い走りを命じました。またある時は、彼女の清純さを妬んであらぬ事実を作り上げ、嘲笑の対象としました（自分で行けるのに……いいわ。みんな私のことを頼りにしてくれているんだから。わたしを笑うことで、あの人たちの気が楽になるのだったら、それでいいの）。

彼女は、その人たちを苦手だと感じつつ、理解しよう、きっとどこかはいいところがあるのだと思っていました（きっとあの人たちも疲れているんだわ。私がそれを受け止めてあげればいい。私が我慢すればいいの）。

そしていつしか、彼女もその人たちの自分勝手さが通るものなのだと、慣れてしまいました。

それから、今住んでいるところへやって来て、友達になった人と以前近くにいたわがままの人たちのことを話しました。すると、友達は

「その人たちはいけない人たちだね。でも、君も君で、信じたりする前にちゃんと考えられる全てのことを考えたの？　疑うことが多くて、でもそれを踏まえたうえで信じるなら、信じてあげなよ」

と言いました。また、ダメな人はダメってわりきりなよ。とも言いました。

女の子は、今まですべてを鵜呑みにしてただただ信じようとしていたので、ちゃんと考えなければいけないと受け止めつつ、ダメな人をダメだと割り切ることの難しさに悩んでいました。でも、これからはやはり、一緒にいてほっとすることができる、癒してくれる人たちと一緒にいたいと思うのでした。

だから、何事もよく考えてから、信じていいのか、この人とはどのように過ごしていくことがいいのか決めようと思いました。もし嫌なことがあったとしても、そのことをしっかり受け止めてから、新しい一歩を踏み出していこうと思いました。

その後、春の野原で女の子は優しい男の子に出会いました。彼は、とても優しいのだけど、その優しさが、やはり女の子と同じように彼を苦しめていたのでした。女の子は言いました。

「好きなものは好き、嫌なものは嫌って言っていいんだよ。大丈夫。私もそう、言われたんだよ」

女の子のこの言葉を聞いて、男の子は涙を流しました。女の子は大丈夫、大丈夫、とそれ以外は何も言わずに男の子の背中を撫でてあげました。

そこを、女の子の友達が、木の陰から微笑みながら見守っていました。

「優しさがどんどんつながっていくね」

こうして、優しい女の子と男の子はいつまでも幸せに暮らしましたとさ。

とっぴんぱらりのぷう。

物語7

「過ちとそのわけ」

笠原祥子作、渡邊惟子　加筆

むかしむかしあったとさ。ひとりの女の子が母親を亡くし、父親と二人で暮らしていました。父親は大変なお金持ちで、一人娘の女の子は甘やかされて育ち、大層わがままな性格になっていました。そんな性格で幼なじみの男の子も巻き込んでいたずらを度々繰り返していました。ある日、男の子を連れて家の蔵に忍び込み、いたずらを仕掛けようとしていたとき、古いアルバムを見つけました。その中身には自分の母親とは別の女の人と移っている父親と赤ん坊の姿が……。ショックを隠しきれない少女は、真実を父親に聞くことができないまま、年月が過ぎていきました。

数年後、アルバムを見つけて以来、わがままが鳴りを潜め、少女はおとなしく上品な女性に変わっていました。しかし、それは隠しているだけの話。彼女はいつか父親に自分の本当の母親について聴かなければならないと考え、良い子を演じているだけなのでした。あるとき、女の子が通う大学で、自分の過去を知るという青年に出会いました。「君の本当の母親は僕の母さんなんだよ」そう言う青年の言葉に驚くも、真実を正直に話す青年を信じようと女の子は思います。彼に連れられて彼の家に行くと、いきなり部屋の中に閉じ込められてしまいました。「何するの!?」「俺の母親がおまえの母親なんて嘘に決まってるだろ。おまえは俺の両親を殺した男の娘だからな。今度はおまえが苦しむ姿を親父に見せてやるよ」その言葉に驚く女の子。女の子の父親はお金持ちの裏で次々と中小企業をつぶしていたのでした。この青年の両親もその被害にあっていたのでした。「父さんはひどいことをしていた人だったのね……」父親の罪を知り、ますます自分の出生の真実を知らなければならないと考える女の子。青年は女の子の父親に身代金の用意をさせようと一度家から出ていきました。その時、同じ大学で彼女が見知らぬ男についていったことを知った幼なじみの青年が助けに来たのでした。「大丈夫か⁉　逃げるぞ！」二人でその青年の家から脱出したのでした。

母親のこと、父親の真実、さまざまな問題が女の子を苦しめていきます。そこに女の子が捕まったことを知り、心配になって駆けつけてきた叔母と名乗る母親の妹がやってきます。そこで彼女から思いもよらない真実が！「あなたの本当の母親は私なのよ」

そこで聞かされた内容は、死んだ母親は身体が弱く子どもができなかったこと、父親が妹に手を出したことを知っていてそれでも子どもが欲しいと妹に頼んだことでした。「あなたの母親は二人いるの。それだけは分かって欲しいの。私があなたを産んだことは本当だけれど、死んだ姉さんもあなたのことを愛していたのよ」

死んだ母親と目の前に現れた生みの母親、そして様々な悪行を働いていた父親。多くの真実を知ったことで自身の人生には悲しみと苦しみしかないのか、と絶望を感じた女の子のそばですべてを見届けていた幼なじみの青年が女の子にこう言いました。「つらいこと、苦しいことはいつか君の力になるんだ。あのころ、わがままだったのも本当の自分を見て欲しいと思っていたからだろ？　僕が一緒に君を支えていくよ」その言葉に励まされ、女の子は新たに自分の道を見つけていくことを強く心に誓います。「私は私の人生を生きていくんだ！」そして、自分の生きる道を自身で確立した彼女は、二人の母親のこと、父親のこと全てを受け入れよう、そして自分の気持ちも伝えて分かってもらおうと心に決めました。父親の悪行で怖い思いをしたことを父親に言い、彼女を含め、たくさんの人をどれだけ傷つけてきたかを分かってもらいました。そして、母親に関しては、産みの母親でも育ての母親でも、愛されたことを感謝し、これからも産みの母親（叔母）とも仲良くしていきたいと素直に伝えました。父親も叔母も涙が止まりませんでした。しかし、このひと時は、親子の絆を最も深めることができた時でした。

それからというもの、彼女は、幼馴染みの青年とお付き合いをし、お互いに支えあう仲になりました。そして彼女は自分を偽ることなくありのままの彼女として自分の道を歩んでいきましたとさ。とっぴんぱらりのぷう。

物語8

「白衣に飽きちゃったピンクが好きな大人気ない看護婦さんのお話」

市川迪子作、小林裕美　加筆

むかしむかしあったとさ。

山奥の谷に小さな村がありました。村の長い坂を登ったところに病院がありました。その病院は小さいけれど、隅々まで掃除が行き届いた綺麗な病院でした。金魚と亀も飼われていました。その村の病院に一人の看護婦さんがいました。その看護婦さんはいつも白衣を着ていました。看護婦さんずっと前からその白い白衣に飽きていました。看護婦になるずっと前から。自分がまだ子どもで看護婦さんにお世話をしてもらってたときから。「いつもいつもおんなじ白くてこざっぱりした白衣なんて着ていたくないわ。みんな一緒で、型抜きされたおにぎりみたい。あーつまんないつまんない。なんで汚れやすい白なんて着ていなきゃいけないのよ。仕事してると汚れるのよ。まったく。それに白衣の天使とか言うけど、看護婦だって人間なのよ。悪魔になるときもあるわ。患者さんに対してむかついたりどうしようもなく悲しくなって消えたくなってしまいたいときもあるわ。ぷんぷん。白衣を着てるといつも笑顔で可憐で愛らしく天使でいなきゃならないみたいじゃない。窮屈だわ」

そこで看護婦さんは白い白衣を着るのをやめようと思いました。「色つきがいいわね。汚れも目立たなくなるし何色がいいかしら。うーん、あたしっぽくピンクとかいいかしら」看護婦さんは次の日からピンクの白衣を着ることにしました。「ということは白衣じゃなくてピンク衣になっちゃうわ」看護婦さんはそれを来て仕事をしたらいつもより仕事がはかどった気がしました。「やっぱりピンクが好きだからかしら。でも少し目立つわね。ドクターや同僚の目も冷たいわ。患者さんも驚いた顔してたし。わたし変なのかしら。小さい子どもにも「あの看護婦さんピンクーッ」て指差されて叫ばれたわ！　そしたらその子のママが「誰かに指差しちゃだめーッ」って叫んでたわ。なんて不憫。フビン。ふびん。ん？　ピンクの白衣可愛いのに。その子どもも可愛かったのに。だめなのかしら。まぁ」看護婦さんは少し落ち込みました。そのあと結構憂鬱になりました。周囲の目は冷たいし、自分の個性を否定された気分になりました。「何がだめなのかしら。そうねぇ、やっぱりピンクがいけなかったのかしら。みんな白のが好きなのかしら。きっとわたしだけ目立ちすぎてみんな嫉妬したのね。まぁ！」

そこで看護婦さんは次の日からまた白い白衣を着ることにしました。そうしたら久しぶりに白い白衣を着たのでそれが新鮮で少しうれしくなりました。それなので、看護婦さんはまたしばらくこの白い白衣を着ることにしました。しばらくその白衣を着て仕事をしたのでした。そしたらまた飽き始めました。「やっぱり飽きちゃうのよねぇ。悪くないのよ。シンプルで。白で可愛いし。コスプレっぽいし。コスプレ？　って何だ。でも何かつまらないわねぇ。良くもなく悪くもなくって感じかしら。もと自分に似合っててわりとシンプルで可愛らしいデザインないかしら。自分らしい白衣をオーダーメイドしようかしら。仕立屋のグロースターさんに頼もうかしら。でもあのおじさん愛想が悪いのよね。オーダーメイドはお金もかかるし。やっぱりやめるわ。そんなことしても無駄だもの。みんなに冷たい目で見られるものちょっと嫌だし……あーでももうあの白衣には飽きたの。どうしましょう。」

そのとき、患者さんのおばあさんに「看護婦さんって、清潔なイメージで白い白衣なんだろうけど、べつに違う色でもいいわよね。きっと個性も大切よ」と言われました。「そうですよね！　女性はおしゃれするとドキドキワクワクして楽しい気持ちになる人が多いと思うし、仕事大変だし、かわいい白衣なら気分も明るくなりそう」するとおばあさんは「そうね。おしゃれすることは、自己表現のひとつだし、存在の確認作業的なところもあると思うわ。あなたらしい白衣を着ればいいと思うわよ」と言いました。

そこで看護婦さんは自分で白衣を作ることにしました。ワクワクしながら、生地も糸もボタンも自分で手芸屋さんに買いに行きました。看護婦さんは三日連続で寝ないで白衣を仕立てあげました。そうしたら！　なんとっ！　なんとっ！　いつも着ている白衣と大して変わりませんでした。あー残念。「まぁしょうがないわね。自分で作ってこれじゃあしょうがないわ。でも満足したわなぜか。きっとあたしこのデザインが結局気に入ってるのね。明日からはいつもの白衣とこの作った白衣二着あるわけだし、お洗濯も楽ね。ふぅ。疲れた。看護婦やめてアパレルの仕事に転職しようかしら。冗談よ。フフフフッ」すると小さな子どもが彼女を指さして、「ママあの看護婦さんコワーイ。一人で笑ってるよ。」するとその子のママが「まぁ。なんて不憫なのかしら。フビン。ふびん……。きゃ」と言いました。「おとなって気持ち悪いなぁ変だなぁ」小さな子どもが言いました。その子はマイケルと言いました。とっぴんぱらりのぷう。

物語9

「自分色」

小林裕美作、佐藤優香　加筆

むかしむかしあったとさ。私にとっては昔の話。私は、小学生だった。習い事して、塾にも通って、親の前ではいい娘。親は、私の前では無関心。周りの目ばかり気にして、大人って嫌だなって思ってた。塾の帰りに駅のホームでベンチに座って電車を待っていたら、若い男の人が話しかけてきた。

「いつもこの時間帯に駅使うの?」

「はい」

「バイトしない？　この袋の中にある封筒を一枚ずつこのベンチの裏に貼り付けるだけでいいんだ」

「いくらもらえるの?」

「1万円」

私は、あぶないものなんだろうと思ったけれど、面白そうと思い、引き受けてしまった。封筒の中身は麻薬で、小学生の私は、中身は何かわからないがあぶない物だろうとわかっていながら、好奇心やスリルと一万円に満足して、ベンチに封筒を貼り付けていった。

ある日、ベンチに封筒を貼り付けていると、隣におばあさんが座ってきた。私は、バレたかなとドキドキしていた。しかし、おばあさんは塾の名前の入ったかばんを見て
「勉強頑張ってえらいね。」と話かけてきて、封筒には気づかなかったようだ。

おばあさんは「こんな時間まで勉強頑張ってえらいね。きっと自慢の娘さんね」と言った。

「そんなことないです。親は、私にあまり興味ないんです」と言うと、

「それは、興味がないんじゃなくて、興味のありかたが少し違うのかもね」とやさしい顔で言った。私は、納得した気持ちと、淋しいような気持ちがした。そんな私の顔を見て、

「自分側からだけじゃなくて、相手側から考えたり、相手を信じることでわかり合えたり、自分を大事にできるのよ」と言った。

なんだか説教っぽいなと思いながらも、おばあさんには自分のことを少し話してもいいなと思えた。それから、駅のホームで会うたびに話をするようになり、その日あったことや、相談などいろいろな話をするようになった。おばあさんと仲良くなるうちに、おばあさんに封筒を貼るバイトをしているような自分を知られたくないと思うようになり、バイトを辞めなきゃと考えるようになった。残りの封筒を貼り終え、その後バイトはしなかった。おばあさんと仲良くなるうちに、いい娘を演じることもなくなり、自然な自分でいられるようになった。そして、私は今、中学三年生である。

今は、中学三年生の夏休み。夏期講習の後におばあさんに会いに行くのが、私の日課になっていた。家族のこと、塾のこと、進路の相談、話すことはいろいろある。おばあさんの家を訪ねると、おばあさんの声がしない。家の中に入ってみると、おばあさんは倒れていた。私は、はっとして、おばあさんの顔をのぞき込む。見ただけでもう息をしていないのがわかった。胸の中に穴が開いたみたい。空虚感におそわれた。まだいかないで。もっと一緒にいたい。そんなことばかり考えて、不安でしかたなかった。夏期講習も休みがちになり、おばあさんからの愛をもらえなくな

ったらどうすればいいのか不安だった。

そんなとき、普段あまり話しをしない母から「あのおばあさんは、自分の人生をめいっぱい生きたのよ。だから、あなたも頑張らないと」と言われた。それを聞いて、なにかに気づいた。おばあさんがいなくなってしまったのは、すごく心細くて不安だ。だけど、それは結局自分の問題なんだ。おばあさんが今まで与えてくれた愛は失われるわけではない。自分も頑張ろうと思えてきた。それから、夏期講習にもしっかり通うようになり、不安などに左右されずに、前に向かって頑張れるようになった。

夏期講習も終わりに近づいた頃、塾の帰りにベンチに座っていたら、またあの若い男の人に話しかけられた。

「また、バイトしてくれない？　今回は二万で！」

今回も封筒を張り付けるらしい、結局、お金につられてやってしまった。でも、今回の封筒は悪いものではなさそうだった。その封筒からは、甘い匂いがしていた。しかし、中を見るわけにはいかなかった。

ある日、ベンチに封筒を貼り付けていると、誰かがいる気配を感じた、後ろを振り返っても誰もいない。こんな日が、一週間続いた。そしてまたある日、誰かがいる気配がして、振り返ると、あの若い男の人がいた。その若い男の人は、淡々と話し始めた。

「実は、君に張り付けてもらっていた中身は、麻薬にみせかけた、こんぺいとうなんだ」

「え?」「は?」私は二度も言ってしまった。

「実は君が会っていたおばあさんは、俺の母親なんだ。」

私は、全く意味がわからなくなって、その場から逃げた。でも、若い男は後を追ってきた。私はあきらめて、話を聞いた。

「実は、俺が最初に君とあった時、もう俺は死んでいたのだ。」

「俺が君と同じくらいの年、駅のホームで死んでから、母親はふさぎこんでしまっていた」

「でも、母に元気になって欲しいと思っていた。何かできないか考えていた。そこに君が現れた」

「俺は考えたんだ、どうやったら母の笑顔を見れるのか」

「だから君に、封筒を張り付けてもらって、母と会うように細工したのさ」

「君に会うようになって、母の笑顔を見れることがとても嬉しかった」

「母と話していくうちに、君も母も変化していくのが、空からみてわかった」

「困惑させてゴメンネ」というと目の前から砂のように若い男は消えた。一瞬の出来事だった。しかし、いつの間にか、右手を握りしめていた。開いてみると、一粒のこんぺいとうが手から落ちて行った。

この出来事があってからというもの、この駅のホームには不思議な言い伝えができた。「こんぺいとうが空から降ってくる」という。

私は、この出来事で前向きに過ごせるようになった。自分に自信がもてるようになった。家族とも、いっぱい話すようになった。自分らしくいられるようになった。これは、神様が私を変えるために、与えてくれたチャンスだったのかもしれない。

たとえ、幻だったとしても。

第7章

語りの実験と物語　その3

――語りに立ち会うこと、語りを更新すること

1　取り組みの意図とプロセスの概観

5章、6章に続く三年次ゼミにおける教育実践である。当該授業では、例年通り前期にカウンセリング理論と技法に関する学びを深めた後、後期、冒頭で野矢茂樹による『論理トレーニング』（野矢 1997=1999）を利用して論文を書くとはどのようなことかについて二回の講義と演習の後、野口裕二による『物語としてのケア』（野口 2002=2003）をとりあげ、二～三名のグループで毎回二章ずつ担当して概要発表とディスカッションを行った。これは、前章で見たやり方と同様で、対個人支援のつぼを押さえた後にそれを現代の社会思想に位置づけ、ソーシャルワーク及び根底にあるコミュニケーションのあり方そのものを考察することを目指すものである。すなわち前期に学ぶ対人援助の理論が、単に個人の直面する不具合を病理ととらえ、環境適応にのみいざなうことを警戒する試みである。二〇〇八年度よりも当該文献そのものの学びに要する時間を縮め、一二月に入って以降の五回分について、当初は卒業研究のテーマと構成発表に当てる予定を組んだのは、三年次の後半にはいって就職活動が始まることを念頭においた学生メンバーからの要望によるもので

あった。つまり、四年次には社会福祉士や精神保健福祉士の資格取得を前提とした実習も予定される中で、より早くから卒業研究に取り組みたいという意向である。

しかし、実際に野口の文献輪読が終了した時点で小山（教員）がとらえた印象は、学んだ概念の理解深化がさらに必要ではないかという懸念であった。後期に社会構成主義に基づく文献を取り上げるのはミクロレベルの援助実践に寄せられる近年の批判(1)と真摯に向き合い、社会福祉における既存の援助枠組みにおいても、また日常の社会生活における市民としても、より「まっとうな」援助－被援助関係（あるいは互助関係）を作り上げることができるようになることを目指してきたためである。当該演習授業をリードする教員の中にはそのような課題意識があって、特に後者の意図、すなわち日常の人間関係において、より多様性を尊重しあえる語り合いを構成するひとりひとりのあり方追及にこだわってきたと言える。このような意図のもとで、この年度も、学んだ概念を実際の生活の中で理解し、活用できるようになること、そして前述のように卒業研究にむけてイメージをつかみウォーミングアップをすること、この両者を同時に追及できる試みとして「自ら語り、そして同時に語りに立ち会う」場の設定に思い至った。

何らかのテーマをめぐって「語る」という試みは5章でみたように二〇〇七年度の学生とともに「恋愛」を取り上げることをして一定の成果を上げている。そこで目指されたのは、自分たちの中にある「当たり前」を俯瞰し、その感覚が場合によって排斥する他者の存在に想像力を働かせたり、また逆に他者、他グループの「当たり前」感覚から排斥される自己の存在について認識したりすることであった。二〇〇九年度のメンバーにとって必要なことは何か。野口の文献の最終章を担当したメンバーがその中で提起されていた「言いっぱなしの聞きっぱなし」を実際にやろうとして時間切れになったことを受け、次のような手順で語りへの立会いと語りの更新を試みることにした。総じてここで目指そうとするのは、各自が他者の語りに耳を傾けるときの新たな作法を習得し、その関係の中で自らの語りが更新されることを体感するというものである。

一二月二日　学生による語り①「将来」というテーマをめぐる「言いっぱなしの聞きっぱなし」の語り合い（二巡）（ICレコーダーに録音。以下録音とする）

一二月九日　石川茂子による語り（大学卒業から今日に至るストーリー）石川は、小山（教員）が一九八五～一九八六年まで勤務したA県の入居型の障害者支援施設B園にて同僚だった間柄で、その後も年賀状のやり取り及び数年に一度のメールによる近況報告程度の付き合いが続いていた。石川が二〇〇三年九月からウェブログをスタートして以来は、断続的な読者としての関係である。ウェブログは様々な可能性を秘めた新たな語りの場であると認識されており（山下他 2005, 岡林 2009, 池田他 2005=2006）、また石川が同ウェブログで追及するテーマ及びその文章表現に見る自己開示の姿勢と方法に対して敬意と信頼を抱いてきた小山（教員）が、学生が語りを深化させようとするにあたり、ぶつかり稽古の相手として招くことを発意し、了承されたため実現（録音）。

一二月一六日　今までの語りを素材に論文を構成する場合を例にした卒業研究に関する講義及び、実際にまとめのプロダクトを作るかどうかに関する話し合い。同時に石川の語りに対するリアクションをB５に一枚で記したものを集め、その後石川に郵送。レスポンスを依頼した。年内最後の本授業終了後年明けの授業までの間に、メールにてメンバー同士若干のやり取りを経てまとめを文章にすることを合意。同時に石川からも共著者になることについて合意を得た。

一月六日　学生による語り①と石川茂子の語り①の逐語録、及び学生からのリアクションを踏まえた石川からのレスポンス（「石川茂子の語り②」と称す）としての文字原稿をすべてコピーしてメンバーに配った。「仕上げのプロダクトについて」というレジュメを配り、再度本とりくみの内容について説明し、手順を相談した。

また、一連の語りとその分析とは全く別件の同時並行事項として、現時点での卒論テーマと仮の章立

仕上げのプロダクトがもつ二重三重の目的

卒論のイメージをつかむ
ゼミの仕上げのプロダクトを作成

・一連の語りとそれへの立ち会いを楽しみ、それが各自にもたらしたものを探る（あなたにとって将来とは何か）
・社会構成主義に基づくナラティブ・アプローチの考え方を踏まえて、目の前にある語りをテクストとしてとらえたときに見出せることは何か考察する（ゼミでの学びを定着させる）

てを全員から集めた。さらに、これらの逐語録及び石川からのレスポンスすべてを踏まえて一月一三日を締め切りに最終リポートの課題を出した（課題①一連の語りに学んだ概念をどのように読み解くか？課題②あなたにとって「将来」とは何か？　分量は①②で二〇〇〇字程度とした）。

一月一五日　補講　学生メンバーから提出された最終リポートの内容を踏まえ、小山が教員として自らを語る場を作った（録音）。

これら全体を通して素材として我々の前に確保された内容は左記の通りである。

①学生の語り、一巡目と二巡目（逐語録）
②石川茂子の語りと学生の口頭によるリアクション（逐語録）
③小山（教員）によるまとめのプロダクトと卒論に関する講義（レジュメと音声データ）
④学生による石川へのリアクションペーパー（文字で一三名分）
⑤石川による学生へのレスポンス（メールに添付、「石川茂子の語り②」）
⑥一月六日の小山（教員）による講義（音声データ）
⑦学生による最終リポート（二〇〇〇字×一三名分）
⑧一月一五日の小山（教員）による補講での語り（逐語録）
⑨メールによる小山（教員）から学生メンバーに対する語りかけ、及び学生メンバーからの応答。

⑩ メールによる小山（教員）と石川とのやりとり
⑪ 石川によるウェブログ（2）

本報告は、前述のように二重三重の意図を持って、しかも生きて動いている授業プロセスの中でメンバー間の十分な相談と合意を踏まえステップを踏んで仕上げに向かったものであるが、ただ当初からまとめることを想定し、方法や手順を決めてあったわけではない。従って、研究としてみた時にやや不整合な部分はあるものの、何よりも授業進行の現実に丁寧に向き合うことを第一優先とし、全体を研究と実践が合体しているアクション・リサーチ的なものとしてまとめることにした（藤江 2007=2009, Kemmis and McTaggart 2006, Alston and Bowles 1998=2003）。

2 方法

文字データの分析方法については、素材によって以下の方法を組み合わせることとした。①の学生達の語りについては、文脈に十分留意をし、それぞれが前者の「何に」関連して、ないしは関連せずに「何を」語って行くかというシークエンスに留意しつつデータを説明し、パターンを見つける会話分析・ディスコース分析の方法を（鈴木 2007=2009）、④の書かれたリアクションについても記述内容をコード化するが、コンテクストの中で読み込み解釈するという意味で同様の方法をとる。⑦の最終リポートについては当初より課題を設定したため、「語りに学習済みのどんな概念を読み解いたか」と「各人にとって将来がどのようなものとして描かれているか」及びその他方法論への言及を指標にして分析する「small q」の方法を取る（山口 2007: 311）。

一連の語りにおいて、②と⑤の石川の語り及び⑧小山（教員）の語りも「語り」に参加した対等なメンバーによる内容として分析対象になりうるはずであるが、本報告においてはあくまでも学生にとっての授業成果の評価がメインの課題となるため、②（要約）と⑤はそのまま内容を提示し、また⑧は概観するにとどめる(3)。以下、語りと語りへの立会い、さらに語りなおしのプロセスとその内容を、分析及び解釈の方法そして結果とともに記す。

3 結果

（1）将来をめぐる学生の語り（一巡目と二巡目）

野口の著書第9章に説明されたセルフヘルプグループにおけるミーティングでの一手法である「言いっぱなしの聞きっぱなし」（野口 2002=2003 : 164-168）を体感したいという希望の元、当該の章を発表担当した学生二名がファシリテートする形で語り合いのテーマ選定から始めた。小山（教員）は録音をセットした後は後ろに下がって見学していた。一〇分程度をかけてゆっくりと全員が合意したテーマが「将来について」である。一巡目が終わったところで、小山（教員）が二巡目について同じように進めるのか若干の問いかけをしたものの、その後は再度背景に控えた。二巡目が終わったところで、教員も初めて学生メンバーの語りに触発された自分の語りを短く行った。以下逐語録からキーワードと話の流れを読み取ったものをさらにシンプルに表にまとめたものである。①～⑬は同一人物を表している。なお、この回では、一名の病欠と一名の次年度新規参加者の見学があり、全体は一三名となっている。病欠の一名については逐語録を見た後にメールにて将来を語るという形をとった。

「将来」というタームにかけて、ファシリテーターである語りだしのメンバーは次のように口火を切った。

表1　語りのキー概念と流れ

	一巡目	二巡目
①	福祉の仕事希望。将来は結婚、子どもも、幸せになる。	福祉に決めたが、福祉に逃げているのか？
②	一般職探す（福祉がベース）。	一般職に決めたが、いつ福祉をあきらめた？
③	福祉の中の介護職希望。周りの反対、迷い。	職種選定にあたり、人の評価に振り回されている。自分も本当にやりたいのか？
④	福祉に決める。しかし、適性あるのか？	社会福祉学科なのに福祉職に就く人が少ないこと、周囲の一般職への就活当然視に違和感あり、本ゼミに福祉職希望が多いことに驚き、安心。
⑤	一般職 vs. 総合職。転職嫌、専門職でスローライフ望む。	公務員一本で行く。
⑥	大学院進学後、福祉職へ。	福祉職を希望しているが家族の勧めで大学院へ。少し迷い。
⑦	一般職（金融）検討中。何年かしたら福祉職。	福祉は仕事以外でもボランティア等でもできる。金融と公務員の二本で行く。
⑧	福祉職に決めた。不安もある。	一般職に行かないのは自信がないから。
⑨	今は一般職で。根底に福祉の理念のある企業を探す。	他の領域目指した高校時代。実は福祉に興味なしということを隠してきた。一般職希望。
⑩	福祉職を希望。一方親の勧めで一般職も検討中　ミーハーに領域選び。	めざす福祉職の探し方、とりあえずやっている一般職の就活。世の中を甘く見ている？
⑪	福祉職。でも何で？に答えられない。	福祉職を何でやりたいのか再考するつもり。
⑫	一般職で就活。どこも皆「良く」見える　本当に何がやりたいのか？	自分が本当にやりたいことがなくてはならない。そうでなければ就活でも人に伝わらない。
⑬	福祉職希望した。しかし親の反対で一般職の就活。	一般の就活も福祉職の追求も態度としては今ひとつ　学生身分に甘えか？

――私は今のところ、将来は、福祉関係の仕事につきたいなあって思ってるんですけど、何かまあ具体的にどういう方向に行こうとかまだそんなに決めてなくって、でまあ、徐々に考えていけばいいかって感じなんですけど、で、うーん、結婚とかも出来たら良いなって思ってるし、こどももほしいし、何か幸せな人生を送りたいなあって思ってます。（大塚明佳）

社会福祉関係の仕事ということと、しかし分野や中身はこれから決めるということ、さらに結婚や出産を含めた幸せな人生という大きな部分に触れている。しかし、その後連続して行く語りにおいては、ワークライフバランスを含む長期的な展望というよりは、目前ないしは渦中にある就職活動に強く関連づいた内容が語られていった。

全体のトピックとしては、①社会福祉職(4)を目指すのかもしくは一般企業を目指すのかという二大選択の間での迷いや葛藤

表2　全体に見るトピックのレパートリー

トピック	内容例	解説
福祉 vs 一般	福祉関係の仕事につきたい。 福祉職と思ってきたがやっぱり一般職。 福祉の理念が生かされた一般企業を探す。	13人の中で、院の後でも含めると8人が福祉職を表明。4人が一般企業、1人が公務員を表明した。どちらにせよ選択の理由を表明。
確信度合いへの自省	福祉選択の理由が言えない。 自信がないから福祉。 福祉に逃げている。 家族に介護職を反対され迷い。 福祉に適性あるかどうか不明。 いつ福祉をあきらめた？	福祉・一般どちらもそれを選んだことを控えめに言う雰囲気には自分の感覚を押し付けたくないという気持ちがありか？
就活そのものへの態度反省	社会を甘く見ている？ 学生身分に甘えている？ 何が本当にやりたいのか言えない。	福祉と決めても一般企業を「何となく」探っている態度や、一般と決めても多くの領域を検討することに定まらなさを感じている。

（ここには派生する選択肢としての大学院や他大への進学もみられた）、②どちらの選択肢を選ぶにせよその確信度合いについての自省、③就職活動への態度そのものについて自己批判する内容が大きなところであった。表2にトピックレパートリーと語りの例を挙げる。

二巡目が終了したところで、小山（教員）の語りを短くはさみ、次週の進め方として、石川の語りの後、スピーカーの語りを受けて得たものを手がかりに、各自を短く語ることを決めた。

（2）石川茂子の語り①

石川は一九八五年に日本福祉大学社会福祉学部を卒業し、すぐにA県の知的障害者更生施設B園に就職した。

具体的な、技術的なこととか、何か自分がこうしたいという対象があったというようなことで社会福祉を選んだんじゃなくて、私はいつも自分は成長していなくちゃいけないと思ってたんですね。それで教育とかまあ福祉っていう分野は、自分が働きかけることによって自分を成長させてくれる分野なんじゃないかというようなことを考えてこの学問を選んだような人だったので、そう

石川　年表

1．知的障害者施設での仕事

1985　日本福祉大学　卒業
　知的障害者の入所型更生施設に就職
　（小山が１年間在籍、同僚として勤務）

1987　結婚

2．国際交流の仕事

1990　地方自治体の外郭団体に転職（国際交流の仕事スタート）

3．組織改正による所属先の変更

(1) 激務

1995　組織改正のため事業の改廃があり別団体に転職という形の異動

1999　男女雇用機会均等法の施行と同時に労働基準法の女子保護規定の撤廃があり、女性も深夜10時以降の残業が認められ、常態化

(2) 経理担当

1998　国際交流事業の縮小に伴い、総務課の経理担当へ異動
　土日もしばしば出勤するような勤務のかたわら年に６～７回海外旅行をする

1998　昇格試験を受けて主任に昇格

(3) 国際交流課へ異動

2001　希望が通り、国際交流課に異動
　地域国際化事業（外国人向けのリレー専門家相談会等、在住外国人支援事業実施）

(4) 所属財団が株式会社化

2003　財団法人の株式会社化にともない公益部門であった国際交流事業が廃止となる

2003　営業に異動し８月末まで勤務した後、退職

4．退職と家庭生活

(1) 家の片付け

2003　ある市の国際交流協会の職員採用試験に応募し、結果は不採用となる
　専業主婦となり、自宅にある不要な物を大整理
　料理教室に通う
　ウェブログをスタート

(2) 次なる活動の模索

2003　起業セミナー、ヨガ、整体、異業種間交流等に取り組む
　児童文学を書きたいと希求したが書けず

5．再就職

2006　８月よりある大学の在住外国人支援にかかるセンターに総務職として就職

2008　３月末で退職

6．渡英

2008　７月よりインターンシッププログラムに参加し英国に滞在。（１年間）
　イギリス公立小学校で小学生に日本語や日本文化を教えるボランティアとして働く

2009　７月帰国

いうゼミも選んで、働き始めたのが知的障害のある成人の入所施設ということで、最初のころとっても悩みました。あの、覚えてらっしゃるかしら（小山に向かって）。私は「労働の疎外について」っていう本を一生懸命読んでいた……。どうやったら労働の疎外が克服できるかわかった？　って小山さんが（言った）……。その小さな入所施設というところで三交代の勤務で働いて毎日生活の介助をするって仕事がその、自分をすごく小さく小さく限定してしまうような気がして、最初とってもあせっていて……。

当該施設では、比較的重度の障害がある利用者への日常生活の介助がメインの仕事である。石川にとって利用者が施設を出て就職や地域生活といった違うステージに上がって行くという姿が非常に見えにくいという現状がつらく感じられた。

今思うと、私が目指していたのは私も自分自身に「常に成長し続けなければいけないんだ」という思いを持っていたので、ただ毎日生活をしているだけじゃ、毎日食べて寝て、ちょっと遊んでってしているだけだったら、人間として生きる意味ないんじゃないかくらいに思ってしまって、その生活を介助するってことにあんまり価値を見出せなかったんですね。今思うと、そこで見ていたのは、その場で暮らしているその人そのものじゃなくて、あの人が言葉がしゃべれるようになったらどんないいだろうとか、この人が何か仕事ができるようになったらどんなにいいだろうとか、このひとが家庭に帰って、家庭内でも自立した生活ができるようになったらどんなにいいだろうとか、いつも今そこにいないその人、もっと良いその人、もっと変わったその人ばっかりを見ていて、今その生活を快適にするというようなことに全く目がいっていなかったので、それでその生活介助が主になる施設の仕事がつらくてつらくてたまらなくなっちゃったんだろうなと思うんですけど。お勤めして5年目くらいの冬に、夫やその友達大勢とスキーに行って、その帰りに車の中で、上越かなんかに行って、その帰りに車の中でうとうとしてたら、○○では文化的な施設の職員や学芸員を募集しますって言うラジオが流れまして、何か募集って聞こえたって思って、そのころ転職の試験ばかり受けていたので、電話番号ちょっとメモしてとかいって……。

②国際交流の仕事
そうして石川は自治体の文化財団に転職する。

あまりにも突然な職業の変更だったんですけど、実はその頃は、中東、イランとかから来た移住労働者の方たちが爆発的に増えている時期でした。上野の公園とかで仕事にピックアップしてくれる人を待ってたくさんの人たちがいつもそこにいるようなそういう時代だったんですけれども、そういうニュースを見るにつけ、外国人って言うのは日本にいると言葉とか生活習慣とか文化の問題でみんなハンディを負っているって言う風に思っていたんですね。で、そういう人たちの援助ができたらいいなあっていうのは思ってたんですね。ニュース見ながら。でも自分が受けたところは全然そんなところじゃないって思っていたんですが、行ってみたら自治体の高校や家庭が受け入れる、一年間受け入れるんですが、学校の関係の世話をしたり、ホストファミリーのお世話をしたり、というようなお仕事だったり、あと自治体の高校生を募集して試験を受けてもらって自治体との姉妹校都市に一年間ホームステイで留学するっていうそういうプログラムを担当することになって、まあ奇しくもちょっと興味のある分野に入ることができたんです。

諸外国から日本に来てホームステイしながら学ぶ高校生のために、受け入れ家庭との調整をする仕事では学ぶこと考えさせられることが多かった。

日本の家庭、日本の人たちって言うのは非常に日本的だというか、自分達が一般的だと思っている人がやっぱり多いので、どこの国に行っても自分達のスタイルは普遍的に通用すると思っている人たちが多く、実はそうじゃないことたくさんあるんですが、それが外国人の高校生が一人家に入ったとたんに、いろんな形でトラブルとなって現れるんですよ。で、それをその子が日本のことを知らないのが悪いという形で裁く人が非常に多かったので、ホストファミリーとのやりとりでも大変勉強しました。例えば、お風呂、皆さん知っていらっしゃると思いますけど、バスタブのお湯をみんなで使うってことはとても日本特殊なことですし、皆さんもホテルとか使ったことあるからお分かりだと思いますが、すごく不潔って思うこともあるわけですよ。でも一年もいればね、この方がずっといいね、暖まって、って言ってみんな好きになって帰って行くんですけど（笑）、そういうようなこともありますし、男言葉と女言葉があるけど、お母さんとばかり接していて、男の子が女言葉を覚えてしまうと、それ正しい日本語なんだけど、正しくないとかね。あと、直訳日本語、例えば先生に向かって「あなたさ」って言ってしまって、先生がすごく頭にくるとか。まあすごい小さなことですけど毎日生活して行く上では積もり積もって、トラブルになることもあるんですね。でも皆さん日本の方はそれを口に出して言わないし、それが違うからそうしてるんだと思えば、これはこういうものなんだよ、こういうふうに感じるよってことを説明できると思うんですけど、相手が常識がないとか、遅れているとか、そういうふうに考えると、ただ不快な気持ちをためていくだけで、言葉にもしないので、深刻な形で決裂する、そして家庭も替わるっていうようなことをたくさん経験して、日本の人のコミュニケーションの仕方とか、あと母語や母文化を持っている側の圧倒的な強さっていうことに気がつけるか気がつけないかっていうようなことをその、担当七年やらせてもらったんですけど、本当に学ぶことが多いプログラムでした。

③組織改変による所属先の変更

その後、当該団体は、組織の都合で、事業が離れたり改廃したりということがあり、国際交流の仕事そのものは別組織の国際交流財団に移ることになり、石川は意図せずまた転職（移籍）ということになった。

③―1　激務

企業とか他の場所で仕事をしてきた人たちをたくさん中途採用した財団で、当該施設をこれからどうやって売っていくかっていうことがメインの仕事だったので、国際交流事業が非常にお荷物的にとられてしまったんですね。皆さんがまあそういうふうに思っていた。その中途採用の人たちって言うのはすごくよく働く人たちで、うまく言えないいんですけど、当時の民間企業では皆さんそうだったのかもしれないいんですが、毎日毎日一二時、一時過ぎるまで働くのは当たり前、休暇も土日もとらず、年休どころか代休もとらず、ただただ働き続ける方たちが圧倒的で、女性も男性も。で、そのころ男女雇用機会均等法だったか何だか忘れましたけど、途中まで女性は一〇時までかな、二二時以降の残業はしてはいけないいって法律あったんですね、ずっと。だけど、それが廃止になってしまって、男女そんなに違わない仕事してるんだから、みたいなかたちで廃止になってしまったんです。それをウエルカムって歓迎するムードが女性社員の間にあったので、心底驚いたようなわけなんですね。

③―2　経理担当

当時の激務に加えて、石川は部署の異動も経験することになった。

その国際交流事業も、ですから形だけなので、事業としてはずっと続いていたんですけど、段々縮小縮小って予算も規模も縮小していって。で、私はその間に部門の間で異動をしまして経理を……、総務課で経理を担当になりました。実は私、算数と名のつくものだった時代から、本当に数字が苦手で、今でもモノを買って暗算とかほんとにできないんですが、まあエクセルとかありますから仕事は出来ますけど、やっぱり数字に対する勘が悪いので、それこそ私も毎日、一二時一五分に……夜のね、勤め先を出れば何とか家に帰れる人だったんですけど、それさえ乗れずにタクシー帰りっていうようなことを繰り返すような仕事を三年くらい続けましたかね。

もともとの激務に加え、苦手な職務内容に取り組むことになり、ずっと働き続ける生活が何年か続くのであるが、それにもかかわらず、ないしは、だからこそ、海外旅行をしたくなり、年に六〜七回出かけたこともある。

そんなに残業とかしてたので、全部はつきませんでしたけど、まあお給料もたくさんもらうじゃないですか。もらってたんですね。それをまるで飛行機から撒くように海外旅行してたと……。ほんとに実りの少ない生活だったと（笑）思うんですけど。

③−3　国際交流課への異動

その後石川は、主任昇格といった過程も経つつ、再度国際交流の仕事に戻ることが出来た。ただ、高校生の留学事業は終了しており、在留の外国人向け支援の仕事を手がけることになった。

東京に住んでるたくさんの外国人の人たちが、言葉が出来ないとか、特に専門的な言葉が必要な法律の相談とか医療の相談とか、そういったことで大変な思いをしているから、東京って言うのは、幸いなことにいろんな国に住んだことがある人がいて、いろんな言語が出来る人がけっこう潜在的にいる、そういう人たちを掘り起こして、ボランティア通訳の制度を作っていきたいねっていう、そういう人たちの掘り起こしの場として都内でリレー相談会っていうのをやったんです。弁護士会とも協力して……。

④退職と家庭生活

この事業は忙しく、また興味深い仕事であったが、勤務先が株式会社化することになり、国際交流部門そのものが廃止されることになった。その後石川はそこで営業職として数ヶ月勤めるものの、ある自治体の国際交流協会に新規の募集があることを聞き、応募して結果が出る前にそれまでの勤務先を退職することとした。しかし応募先の結果は不合格と出る。

④－1　家の片付け

私はその不合格通知を見たときに、「あ、収入ゼロになりました。」っていったら、まあしょうがないねってことで、それから三年間、私はあれを専業主婦と言っていいものなら（笑）専業主婦をやりました。で、八月末にやめたのに、すぐに友達と、ちょうど同じ頃にやめた友達がいたんで、インドスリランカの旅行とかしていたので、やっぱりあまり家にいなかったんですが、家にいるようになって一番私のつらかったのは……、家がものすごく汚かったんですね。（笑）ゴミ屋敷ではなかったんですけど（笑）、あのね、住んでるところって、普段見てない……、さっき言ったように、寝るだけに帰ってたでしょ、だから寝るだけに帰ってる分には別に困らなかったんですけど、一日いてみると、何ていうかすごかったんですね。ある一部屋にモノをたくさんおしこめて納戸部屋にしてた部屋があったんですけど、そこにトイレットペーパーがなくなったと思って買い置いたトイレットペーパーがどのくらい出てきたかな、何しろそれから三ヶ月か四ヶ月買う必要がなくらい、あるのを忘れては買い、あるのを忘れては買い、あるのを忘れては買いってしてたってことがわかって、一事が万事っていうか、着ない服たくさん、読まない本たくさん、使わないモノたくさんうちにあって、生活するのは、ほんとにね、食べるところと寝るところで、すんでたんだなーってことに向き合うわけです、三年の最初にね。で、一ヶ月もかかってまあ家の中を片付けたのが最初の試練というか仕事でしたね。

④－2　次なる活動の模索

その後の家庭生活では以前から続けていた料理教室での学びを深める等意義深いものであったが一方精神的に苦痛も感じるようになる。

ただ私はやっぱり自分は、「人間は成長し続けなければいけない」っていう呪縛からそのころも逃れていなかったので、何もしないでうちにいるってことにやっぱり精神的に耐えられないところがあって、当時すごくブームだった起業のセミナーとか、それからヨガも習いに行ったり、あと整体とか、ありとあらゆることに手を出した。異業種間交流セミナー、交流会っていうものにも、もう何回となく出ていたんですけど……。

石川は小さいころからイギリス児童文学が大好きであった。五歳で父親を亡くし、その後の生活にはある種の制約があったが、児童文学が自分を育ててくれたという思いが強く、自分も子ども達が生きて行く糧になるような物語を書けたらという望みを持つようになった。しかし、実際はなかなか書くというところには至らない。

ですけど、職業がないのであれば、何か人に認められることをしたいってやっぱ思っていたんです。だから起業セミナーとか一生懸命出て、私は何々をしていますって言う何かを持ちたかったんだと……、その方法に文学とか物語を書くって言うことを使おうとしていた。自分が書きたいこと、起業セミナーとかに行っても自分はそういう方（児童文学を書く）に進みたいなって、思いながらそういうの聞いてたんですけど、その三年間とっても時間があってうちにいたはずなのに、ほんとに一文字も何か書こうって事が出来なかったんですよ。何でなんだろうって、今は少しわかるんです。表現せずにはいられないっていうのではなく、人に偉いとか、立派だと思ってもらおうという思いが先にあったら一文字も書けないんですよね。

⑤再就職

その後、国際交流の仕事をしていた頃のつながりで、在住外国人との共生のための教育研究プロジェクトのセンターで総務の仕事につくことになった。そこは、在留の外国人支援について研究する五年時限でできたプロジェクトで、在住外国人児童の学習援助ボランティアを募集し、学習支援のコーディネートをしたり、研究者や実践者が協働で研究する場作りをするような事業を行っていた。しかしそこでの総務の仕事は石川にとってはまり役とは言えなかった。

そこでやっていることはすごく興味深いことだったんですが、私が担当しているのはそれこそ文房具そろえるとか、会議のために集まっていただく方たちに通知をして、お金を用意して、謝金っていうんですけど、会議室を押さえて、会議に必要な機材をそろえてってそういう仕事をずっとしました。まあ、そうしてるとですね、そこで勤めている人たちは英語はもちろんのこと、ポルトガル語が出来たり、ドイツ語が出来たり、そして専門的な、まあ研究者の人も多かったですから、そういう人たちで、その人たちの事務を一手に引き受けるんです。すると往々にしてですね、言われたことをやってればいいんだみたいな、扱いを受けるわけです。自分に専門性がないとか、そこでいえば語学、勿論重要なスキルである語学の力がないとか、それからまあその経験がない、在住外国人支援とか異文化とかそういうことを考えるに当ってほとんどの人は留学経験があったり、海外で仕事をした経験のある人たちがそこにはいたんですけど。ほとんど、というか私以外全員だったと思うんですけど、そういう経験が全くないということに非常にいづらい気持ちになるというか、自分を劣ったものと感じて、それがつらかったんですね。

⑥渡英

三年の約束で勤めたものの、二〇〇八年の三月一杯で退職をし、同年七月から石川は、一年間インターンシッププログラムに参加という形で渡英することとなった。ホストファミリー宅に滞在しつつ地元の小学校で日本語や日本文化を教える仕事である。行くまでは大変不安であったが……。

行ってみたら、イギリス良かったんですね。いろんな経験する人がいると思うんですけど、私が一番あっちに行ってよかったと思うことの核は、ホストファミリーに……、最初二ヶ月は語学学校のホストファミリーにセントオーバースってロンドンから一五分くらいの町でお世話になってたんですけど、その後の一一ヶ月はコベントリーっていう、昔自動車生産で有名だった、ランドローバーっていう会社があったところなんですけど、そこで一一ヶ月お世話になって、ご夫婦二人のおうちだったんです。お母さんのジュディさんのほうは私がお世話になった学校のナーサリーって一番下の三~四歳のクラスの先生だった方で、今は教育委員会みたいなところでアドバイザーをしてるって方で、だんなさんのほうは、ランドローバーのエンジン開発の技術者って方だったんですけどね。その方たちと一緒に暮らしてほんとによくイギリスのこと英語のこと、こどもたちのこと教育のこと教えていただいたし、一番良かったのは、ジュディって人は自分と九こしか違わないんですけど、ほんとに道理のわかったおかあさん、sensible mum って呼んでたんですけど、どんなことを聞いても適切なアドバイスが返ってくるんですね。自分の友達との事とか、こどもに教えた時に起こったこととか。文化の違いの中で、子ども達にした対応が間違っていたのではないかと思うような場面に関しても適切なアドバイスをくれて、大きな学びを得ることになる。

私はボランティアだったので、遠慮もあるし、日本人の発想って言っていいかわからないんですけど、子どもが全然言うこと聞いてくれなかったら、自分の指導力の問題なんだって割りと自分を責める、私はそういう人だったんです。でもまあ罰しなければいけないってことで、そのグループの中で全然言うことを聞かなかった子を、母教室の担任の先生のところにお返しして、それで授業を続けたことがあって、そのことを授業が終わった後でその先生に、私の指導力がなくて、あの子をちゃんと指導できなくてすみませんでしたって言う風にいったら、その子が途中で帰って来たことに先生は気づいていなくて、それくらい移動が激しい、小グループでの取り出し授業がたくさんあるので、よくわからないんですけど、先生がすごくそれを問題視された。その子にも怒ったし、向こうの学校は親が毎朝毎晩送り迎えするんで、お母さんにも伝えて、ジョージってその男の子がすごく泣いて、私は何てひどいことしちゃったんだろう、告げ口したみたいだってすごくショックを受けて帰って、そのことをジュディに、今日こういうことがあってって言う風に話したら、教生の先生とか新しい先生、また先生が休む時に臨時で来る先生っていうのは、子どもたちからやっぱり試される、子ども達はそういうことをして、先生がどの程度出てくるかって言うのを試すんですって。で、何かそういうことがあったら、ホントにちゃんと叱らなくちゃいけないし、本人にわからせなくちゃいけない、何かしたら何が起こるのかっていうことをわからせなければいけないから、そのときに取った担任の先生の対応も、担任の先生がそれをお母さんに告げたことも、全部正しいことです。あなたは何も自責の念にさいなまれることはありませんっていうふうに言われたんですね。

で、日本的な発想でいろんなことを考えていると間違っちゃうんです。そこの場で大事にされていること、その場で当たり前であることとっていうのを一生懸命見て一生懸命感じ取ってそしてそれをまねる、自分もそれを尊重するっていうことを早いうちにそれが大切だってことに気がつかせてくれ……。

また、何よりも良かったのは、包み込まれるような家庭の温かさを体感したことである。

お父さんのジェフのほうは、ものすごく寛容なというか、なにがあっても、どんなに遅くなっても車で迎えに来てくれるし、あんまり細かいこととかは言わないんですけど、最後は絶対守ってくれるって言う感じの、まあそういう意味ではすごい甘い人だったので、娘に甘い……。父親って言うのは娘に甘いんだって事を私は、父親を五歳で亡くしているので知らなかったんですけど（笑）、こんなに甘やかされるものなのかって、ほんとに心地のいいものですね、甘やかされるって言うのは。（笑）甘やかされることの、何ていうのかな、嬉しさっていうのを知ったし、父親と母親の愛情っていうのはこんなに違うんだ、皆さんね、もしかしたら皆さんご両親そろっているお家に育ってらっしゃるかもしれないけど、そんな当たり前のことで考えたこともないと思うんですけど、わずか一ヶ月両親そろっている家庭にいた私としては、父親っていうのは……私は acceptable dad って言ってたんですけど、ほんとに寛容で、で、やりすぎるくらい甘やかそうとするからお母さんが、やっぱ、ぴしっと、それはダメでしょうみたいに、入るんでるけど、何でも話すのはお母さんのほうで。で、適切なアドバイスをしてくれるのもお母さんのほうなんだけど、最終的にそれを全部お父さんは知っていて、必要なところは全部カバーしていて。

こうして、当初考えた路線とは違う形で現在を過ごしているが、それに大変満足しているという語りで石川の話は結ばれた。

家庭とか両親の愛情っていうものを経験できて、そのなかで　イギリスの文化や社会、教育、英語って言うことを学ぶことができた一年は、私の人生で一番幸せな一年だったんですね。で、帰ってきて今何もしてませんけど、何もっていうか職業についていませんけど、家にいてお料理作ったり、お掃除したり、ってことが初めて楽しいと思うようになったんで、そういうおうちに一一ヶ月いて毎日六時半から七時の間にお夕食食べて、それから一〇時まではリビングにいてテレビ見たり、お話したりしてっていう暮らしをね、家にいるのが一番好きで、家族が一番会いたい人で、っていう心地よさを経験できたことが何か良かったなって、そう思うと、そのセンターで非常に強くコンプレックスを刺激されて、じゃあ条件があるならコンプレックス持ったままでいるよりも、行っちゃおうって思って行けたことがほんとにラッキーだったなと思って、っていうのが私の今まで経験したことのお話です。

（3）学生から石川へのリアクション

よせられた一三名分を何回か繰り返し読んだ後に、ディスコース上の特徴、ひっかかりになるところに番号を振り、順にリストアップしていった。つけたコードは石川への謝辞から始まって、暫定的に四〇分類、一三二項目となった。それらを通読の後、大まかな上位概念にカテゴリー分けし、分散していたものでそこにはいる項目を移動させた結果、全体が一一カテゴリーとなった。相互の関連を考慮しつつ上げると次のようになる。

①謝辞（17）

②直近の就職活動における不安（8）
③石川の話が参考になったり、触発されたりしたこと（40）
④石川の経た多様な経験の指摘（6）
⑤転職や移籍へのネガティブな見方（9）
⑥転職（多様な活動興味）へのポジティブな視点（6）
⑦自分の性格や考え方の傾向指摘（9）
⑧成長志向や積極性について（11）
⑨将来をめぐる「正しさ」について（7）
⑩出会いについて（7）
⑪その他（12）

右記カテゴリーの構成を全体像として大きく捉えると、学生メンバーは石川に「感謝」し、「今直面する様々な不安」を表明し、自分たちの持つ「性格や考え方の傾向」を自覚して言語化しつつ、石川の経た多様な経験や考え方を印象深く受け止め「参考にしたり、触発されたり」したということになる。特に二〇〇九年の一二月現在、就職先を決定するプロセスにあって石川の経てきた経験に照らした時に「転職、移籍」に対して抱いてきたイメージや価値観がプラス、マイナス両方ともに表明されている。

こうした流れの全体像、特に転職や移籍に対して抱く両面価値を縦軸に配置し、その関連で語られたいくつかのタームと抱き合わせで十字に切った縦軸の上下に配置したのが図1である。横軸には縦軸上の感覚や価値観をもとに行動することへの自己による肯定と否定を対置した。肯定は「楽しむ」、否定は「不安がる、悲観する」といった感覚とも地続きのものととらえて併記した。

図1

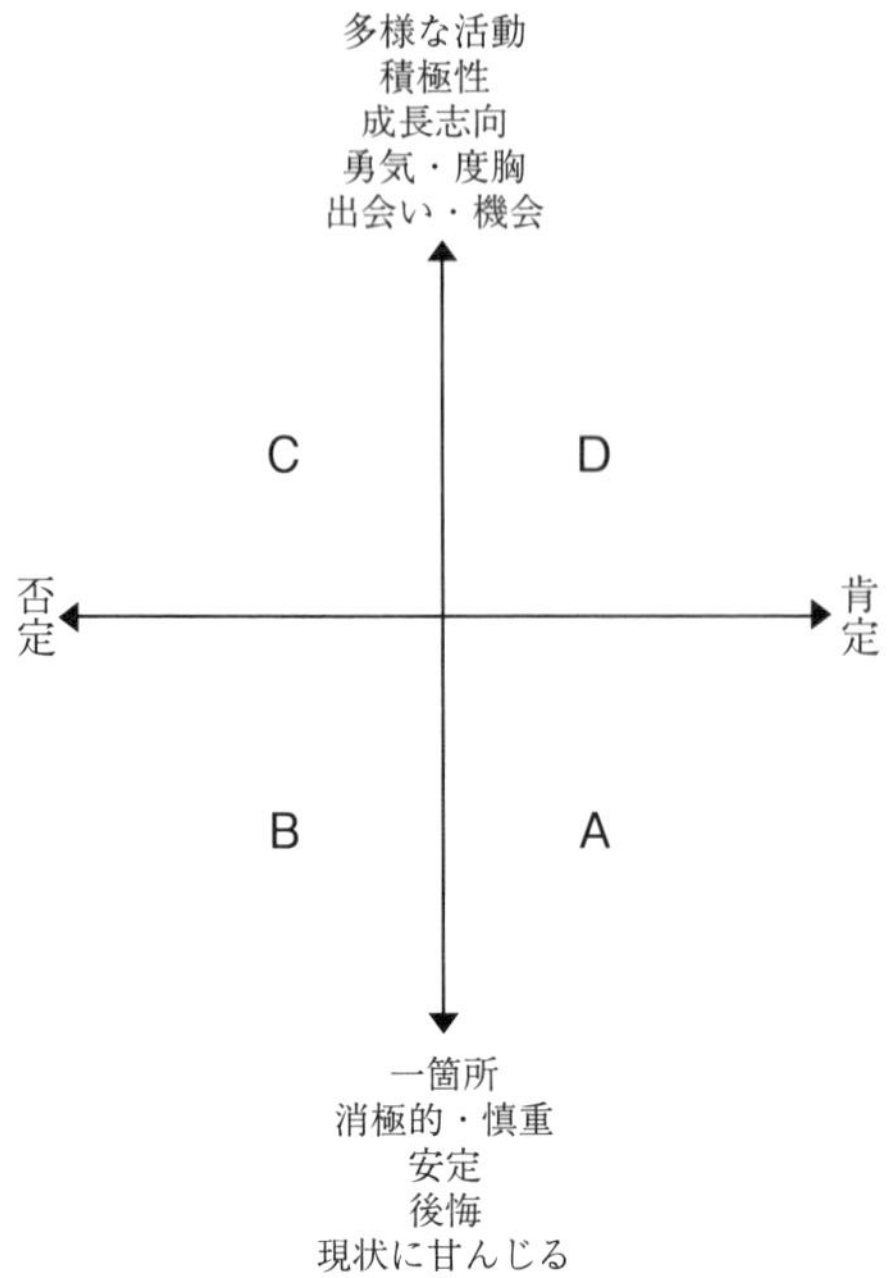

上記カテゴリーの中で、「石川の語りが参考になった、触発された、刺激や励みになった」という③カテゴリーの項目が40と最も多いところから、その部分に関する反応を中心に再度この四象限を指標に、学生が各自の現状をどう見て、またどのようにこの先を表明したかを読み解いた。

(A→D型)

・現在の就職活動を経てついた先が「人生」になると思ってきたが、道は決して一本しかないわけではない、興味の対象も一つでなくて良い、とした。今決めている道で合わなかったらという不安が強かったが、その場合は無理に続けることはないと心が軽くなったことを表明。

(A+B→D型)

・現状に疑問を感じてもそれに甘んじてしまう性格を自覚し、同時に骨を埋められる職場(=転職を嫌う)を探したいという気持ちもあるが、今後は積極的に様々なことにチャレンジするとした。足かせが軽くなったとも表現。

（B→D型）

・慎重派でやる前からあきらめることのある傾向を自覚し、それは可能性を縮めていることと表現。今後は様々なことにチャレンジしたいと表明。

（A＋B＋D自覚型）

・良くも悪くも一度決めたら最後までやりぬき、日々成長を求める自己を言語化し、もう少し柔軟な考え方への移行を表明。

・転職が人生プランの中になかったが分岐点に立った時にはひとつの選択肢と表明。

（AからDを見据えつつAにとどまり型）

・安定を理想ととらえる面を言語化、同時にそのようなものが手に入るのかという不安表明、色々な可能性を考えてもいいのだと感じること、しかし考え方の根本は変わらないと表現。

・石川の状況をD象限ととらえ、純粋にそれをすごいとプラスの評価（自己の行動についてはAにとどまる可能性も感じさせる文章）。

（D型）

・不安はあるが若くやり直しはきくので自分が決めた道を信じて行くという表明。本当にやりたいことを明確にするために積極的に行動するという表明（自分のいる位置を表明せず石川の示した語りの姿勢に共感型）。

・将来への不安の中で、石川の語りが押し付けがましくなく自然体であったため、話がストンと落ちた。

・単に自分の物語を順番に語っただけなのに自分に意欲がわいてきて不思議と表明。

全体を通して伺えるのは、真面目に自分の適性と意向にフィットしたことを見つけて長くそこで努力して行くという「健全な」方向性をもつことである。しかしそのような方向で進もうとしても、見合った職業が見つかるかどうかにおいても、またそれが継続可能かどうかにおいてもいずれも保障がないことへの不安とセットになって、場合により彼女達の手足を縛る感覚が表現されていたと考えられる。選んだ道が「正しい」かどうかということについて視点の変換を表明したのは落合である。

私は今、本当にやりたいことは何なのか模索中で、周囲からのプレッシャーも加わり、正しい道を進まなければいけないという考え方をしてしまっていたように思います。正しい道と言うものはなく、正しいかどうかを判断するのは自分であり、修正できるのも自分なのだと思います。これから進んで行く方向が正しいと思っていても、実際中に入ってみると間違えていたということだってありうることです。正しくなくても自分のとらえ方によって正しくなったり、少しずつ環境を変えていくことで、理想に近づけるのだと思いました。（落合歩）

図1の横軸に対置した肯定、否定という判断は、落合の述べるような「正しさ」概念の再考を経るなら、道の選択決断の後に訪れる具体的な「結果」をどのように主体的に引き受けるかどうか、ということと大きく関わるのではないだろうか。

（4）石川茂子の語り②

学生からのリアクションは、そのまま石川に郵送し、それに応答してもらう形で次の文章を得た。

皆さんからの感想のコメントを読ませていただき、それぞれの方が、私の話の中から自分に必要なメッセージを受け取ってくださっていることを感じ、大変うれしく思いました。

その中でいくつか、特徴的な感想があり、それを読んでまた私の中で思いだすことや改めて考え直したところがありますので、二点についてお話したいと思います。そのうえで私の将来について、今考えていることをお話します。

みなさんの感想の中で多かったものが、「転職を繰り返していることに驚きを感じた。自分は就職したらずっとその職場で働くものだと思っていたけれど、もっと柔軟に考えていいのだと思った」というものでした。実は私も「一つのところに就職したら、ずっとそこで働くものだと思っていた」人間の一人です。また、女性といえどもずっと働き続け経済的な自立が必要だと思ってもいました。それが結果的に転職を繰り返したかのようになってしまいましたし、今は無職となっているのですから、なかなか最初に思ったようにはことが運ばなかったと言えるでしょう。ですが、それでよかったのだと今は思っています。

最初の就職が三交代勤務の障害者の生活施設の指導員でしたが、結婚しても子どもができても続けようと思っていました。それこそ、悲壮な覚悟で……。

二五歳（就職して二年目）で結婚したので、夫となる人から「その仕事は辞められないの？」と結婚前に聞かれ、「女性の仕事を単なる腰掛のように考えているのか！」と結婚を考え直そうかとまで思ったこともありました。その時私の未熟な考えを諭してくださったのが、小山さんで「結婚生活と三交代勤務とがあなたにとってとても負担だと心配してそう言ってくれたのではないの？」と言われるまで、彼の思いやりに気付きませんでした。彼に「そういうことだったの？」と聞いたところ「そんなこともわかってもらえなかったのか」と落胆されたのを覚えています。

考えてみたらこの結婚も、自分の人生設計とはだいぶ違っていました。卒業のころは、仕事をして食べていくだけでなく、理論的な勉強と現場での実践を自分の中で結合させて研究し、最終的には発表して世に問うような働き方をしたいと思っていたのでした。「ただ、働くだけで終わりたくない」と思っていたというのが、今思えばなんともお恥ずかしいところで、自分を特別な存在だと示したくて仕方がなかったのです。大いなるコンプレックスの裏返しでした。

その野望を実現するためには、仕事に集中する必要があるから、結婚は三〇歳過ぎてから考えようと思っていました。ところが結婚につながる出会いは思いのほか早くあり、早く一緒に暮らしたいという一心で早々に結婚を決めてしまいました。そしてこれも思いがけないことでしたが、結婚したら不自由になるどころか、一層自由が拡大して、私がしようと思えば、どんな挑戦も出来るようになったのでした。経済的、精神的に一人でないということが、選択の自由を拡大してくれたのでした。これも思い通りに行かなくてよかったことのひとつです。

結局施設での仕事では「ここにいても勉強にならない」と結論を出し、転職を選びました。この転職理由も、私の「成長願望」がなせる技だったのでした。

転職した時も子どもができてもずっと続けられる仕事をしようと思い、公務員労働に近い男女同一労働の職場を選び、職住接近のため、松戸市から都心の品川区に引っ越しをしました。子どもができても働き続けられる環境を選んだのです。夫も田町で勤務していたので、夫婦ともに通勤時間だけはとても短くなり助かりました。ところがここでも思惑通りにはいかず、結局子どもは授からず、夫婦ともにただただ都心で働き続けて今に至るのです。

就職を決める時も、転職を決める時も、決していつ辞めてもいいと考えてしていたわけではなく、それどころか女性が一生働き夫から独立した収入を得るのは当たり前だと強く思いこんでいた私です。

でも状況の変化やそれにつれて自分自身も変化していき、気がつけば何度も転職をし、仕事の中身も種類も変わり、それにつれて興味関心も移り、今では異文化間交流やコミュニケーション、そしてイギリスを中心とする児童文学に大きくシフトしてきました。そこから生まれた夢の実現のためには、必ずしも職業に就く必要がなくなったのです。

友人知人も、同じような関心を持つ人々が増え、気がつけば国内外にいつでも話せる友達がたくさんできました。夫は相変わらず、私が新しいことを始めるのを、楽しみながら応援してくれています。

最初に思った通りにならなかったことが、今の自分にとってとてもよかったと思えるのはありがたいことです。思い通りに行くことばかりが幸せではないし、全てのことは必要があって起きたのだと、後から思えると、今では思っています。

そしてもうひとつ。皆さんのほとんどが気にかけてくれた言葉に「成長し続けなければいけないと思ってきた」と私が繰り返したことが挙げられていました。「成長し続けなければいけないという呪縛」とも表現しました。何人かの方がとても共感してくれて、自分にも同じような気持ちがあるが、そうしなくてもよいのかと気が楽になったと言い、また何人かの人は「そういう気持ちがあったから、常に新しい挑戦ができたのでは」と肯定的にとらえてくれていました。私はこの言葉を自嘲的に使ったのですが、肯定していただいたことには驚きました。

なぜ「成長し続けなければ」という強迫的な思いを抱き続けたのか。それは自分をありのままで肯定できなかったからではないかと思います。自分の今を肯定できないで、常に先を見て「もっと優れた」「もっと有能な」「もっと人の役に立てる」「もっと人から尊敬される」自分になりたいと思い続けたのでした。専業主婦になった時私が友人に「私には人に言えるような、何の実績もないし、所属も肩書もないことにとても不安や焦りを感じる」と言ったことがありました。すると友人は「そんなの当たり前でしょう。ほとんどの人がそうなんじゃない?」と呆れられ、初めて自分は特別な人になりたかったのだと気がついたのでした。

今のままの自分では嫌で、いつも「足りないもの」「未熟なもの」「未達成なもの」「劣ったもの」という風に自分を考え、それを否定するに足る何かを得ようともがき続けていたように思います。それが「仕事で組織の役に立つこと」だったり「起業すること」だったり「児童文学作家になる」ことだったりしたのでした。

人に見せるための「形」を求め続け、自分自身を見つめ、認めることがずっとできませんでした。そのことへの反省が「成長し続けなければいけないという呪縛」という言葉になって私の中にありました。でもそうしてもがいていた自分を否定することもまた、自分を受け入れられないことだったのだと、皆さんの感想を読んで思ったのです。

そのような満たされない思いがあったからこそ、興味の向くまま、コンプレックスを打破したいという思いに突き動かされて、イギリスまで行ってしまったわけで、そして結果的にはそれが自分をとても幸福にしてくれたわけですから、その呪縛もマイナスばかりに働いたわけではなかったのです。

ただその思いに突き動かされて進んできたことがわかった今、もう「人に見せるための自分」や「誰かに評価されなければ存在価値を見いだせない自分」を卒業したいと思っています。

創作ということに向かおうとする時、人の評価を求めていては、決して自分の中からわき立ってくるような表現は出てこないからです。もちろん、創作のためだけではなく、自分を好きになり、そのままの自分を肯定できなければ、渇望感やコンプレックスで何かを得ようとするでしょう。そうして得たものでは、決して自分を満たすことができないとわかりました。逆にそれが一層自分の飢えや渇きを刺激し、終わることのない欲求となって自分を苦しめることを。何度も繰り返してやっとわかったのです。

さて、そこで最後に将来についてです。「将来」は私にとって、遠い未来ではなく「今」そのものだと思っています。今の生活を楽しむこと、味わうこと。家族と話すこと、友達と話すこと。そしてたくさん笑うこと。その延長線上に、どうしても表現したい思いが出てきて、それが創作という形になったら素敵だなと思っています。私の「将来」は「今」を犠牲にして得るものではなく、「今」をないがしろにして味わえるものでもありません。丁寧な「今」の連続こそが、私の夢見る「将来」です。だから今の自分を限りなく幸せにすることが、今の私の最大の課題と言えるでしょう。ずいぶんわがままで自己中心的な考えだと思われるかもしれません。

どちらかと言えば私のこれまでの人生は「自分を後回しにして」「自分を犠牲にして」「他人の役に立つ」「喜

ばれる」「評価される」ことばかりを望んできた人生でした。それが美しいと思っていましたし、そうやって人に評価されない限り、自分の存在価値はないかのように思ってきたのです。ところがそれは自分を人さまに預けてしまう考えですから、決して安心することができません。人の心は計り知れないので、どれだけ尽くしても相手の心のうちまではわかりません。ずっと疑心暗鬼が続き、感謝されないと言って不満や不信を募らせて傷つき果てるといった、一人相撲を延々と取り続けることになりました。これでは疲れますし、どんな人ともうまくいきっこありません。どの職場でも行き詰ってしまったのも、この私の、決して満たされない他人任せの考えが原因だったのではないかと思います。

イギリスでの一年間のホームステイを通じて、相手に好かれようと緊張し続ける必要のない関係を知りました。きっと家族を通して多くの人はそれを知るのでしょう。私は実の親に対しては、ずっと緊張をし続けて育ったので、そのことに気がつくのがとても遅かったのですが、ホストファミリーのパイパー夫妻のおかげで、リラックスして自分を受け入れることができるようになりました。緊張のない関係の心地よさもわかりました。相手の思惑を気にしなくなった途端に、誰とでも心を開いてすぐに打ち解けられるようになったのです。私の将来は、だから「今」の連続。緊張のない心地よい自分であり続けることなのだと思っています。

(5) 一連の流れを踏まえた学生のリポート

①リストアップした概念と語りへの適用

もともと①学んだ概念への適用と、改めて②各自にとっての「将来」とは何かに答える課題リポートである。分析においてはその両者を念頭に、リストアップされた「概念」(考え方)とその適用、解釈の仕方を抜き出し、何に対してどのように当てはめ理解しようとしているかについて検討した。また、将来の語りについては当初の語り(自分達の語り一巡目と二巡目)からの変化を指標にしながら分析した。

表２

	ドミナント・ストーリー	オルタナティブ・ストーリー
1	就職したらずっとその職場で働く（転職は望ましくない）。	転職を繰り返し、当初の人生設計とは違うことになっても、良い人生が送れる。
2	人は成長し続けなければならない。	人の評価に振り回されず、今を楽しみ、心地良い自分であり続ける。
3	成長や評価に縛られるのは苦しい人生である。	成長を目指すからこそ多様な経験が出来、世界が広がる。
4	就職や進路に関しては、親からの有形無形の影響を強く受ける（親のアドバイスを無視することは難しい）。	親のアドバイスに従って安定した道に進むのではなく、不安定な道を進んでみたいと思う。
5	他者から認められる特別な存在となるべきである。	他者からの評価が高かろうと低かろうと、自分の中での志望度を判断基準に進路を選ぶ。
6	社会福祉学科で学んだ後は、福祉職につくのが当然である。	一般企業でも社会福祉学科で学んだことが生かせている。
7	大学３年になったら一般就職の就活に励むのが当然である。	大学院をめざすなど就活しないこともありうる。
8	将来について、様々な意見を踏まえて「正しい」進路を選ばねばならない。	将来についての悩みに答（正解）はない（誰が見ても同じ一つの答はない）。

①―１　ドミナント・ストーリーとオルタナティブ・ストーリー

最も多くの学生が指摘したのが「ドミナント・ストーリー」と「オルタナティブ・ストーリー」である。表２のような読み解きがみられた。

ドミナント・ストーリーとは、一義的には「私達の人生を制約する物語、人生の下敷きとなるような物語」（野口 2002=2003：80）である。ナラティヴ・アプローチの考え方において学んだのは、自分の経験を枠付ける意味の固まりとしてのストーリーの中に人々は出演者として入って行き、また他者のストーリーの出演者にもなるということであった（Epston, White 1997=2003：140）。このように人生は経験をストーリー化し、それを演じることでその人自身のものとして定着するが、人々の知っているストーリーパターンには限度がある。それでも人々の人生が同じにならないのは、すべてのストーリーに含まれる不確実要素という穴を埋めるために各自が書き換えをしているからである（Epston, White 1997=2003：147）。この書き換えのもとにあるものがドミナント・ストーリーであると言えるだろう。

学生メンバーによって示されたドミナント・ストーリーの1、6、7は就職という直近にある将来を見据えた語りの中に容易に見つけられた支配的物語である。それが二巡に渡る語り合いと石川の語りへの立会いを経てそれぞれのオルタナティブ・ストーリーの表明に至っている。ただし、これらはゲシュタルト療法に言う図と地の反転のように、背景に「気づいた」というまでのことであり、今後の行動に変化がでるか否かについては未知数であるとも言える。それに対してドミナント・ストーリーの8は現時点における学生メンバーの中にある支配的物語を俯瞰しており、同時に生み出されたオルタナティブ・ストーリー「将来についての悩みに答（正解）はない」という表明は、語りのその場（リポート記述の中）で受け止め自体を変えるという、まさにパフォーマティブなものである(5)。4についても、親のアドバイスは無視できない強力な存在であることを支配的物語として認めたうえで、「それでもその意向にかつてのようには従わないで行くという気持ちもあることに驚きを感じる」という表明をしており、これは、「親の意向に従う（ことが安全だし正しい場合が多い）」というドミナント・ストーリーの中では、生きられた経験が十分に表されていないことの表明と考えられる。

2は、石川の語りの中に多くのメンバーが読み解いたドミナント・ストーリーである。しかし、このドミナント・ストーリーを何人かの学生メンバーは、だからこそ多様な経験に向かって積極的に自分を駆り立ててチャレンジすることが出来たと肯定的にとらえたため、石川本人が「語り②」においては、成長にこだわってもがく自分をも受け入れることが必要であるというように語りを更新した。そこに着眼した読み解きが3である。ドミナント・ストーリーの5は、親をはじめとする周囲の人の評価によって職種を迷っている学生が、今一度自分の中での志望度そのものに立ち返って後悔のない進路選択をしたいという決意表明であった。

一連の語りを試みた私達は、特に何らかの「病」や「問題」に直面したもの同士として対峙しあったわけではない。「言いっぱなしの聞きっぱなし」というセルフヘルプグループでよく使われる手法を通して語りの場を味わってみたのである。「ユニークな結果」を無視することで単一のものとして成り立つドミナント・ストーリーはしばしば我々を苦しめる。互いの語りに立ち会うことで「社会的出来事」（野口 2002=2003: 81）としてオルタナティブ・ストーリーが成り立つのは、治療や援助の現場であろうと、学生同士の語り合いであろうと同じである。

①-2　リフレクティング・チーム

リフレクティング・チームとは、セラピーの場で通常は固定している観察する側（専門職者側）と観察される側（被支援者側）の関係を形態として交代させることによって、援助方針の膠着を解き、支援される側に主体的な力を取り戻すための手法である（野口 2002=2003: 112-113）。これは治療チームの中で意見の不一致があったり、どう対応してもうまく行かなかったりする事態を打破するためにアンデルセンが提唱したものであり（Andersen 1992: 89-114）、援助する側とされる側の力関係を解くという大きな変化を可能にした。今回の語り合いはもちろん治療や支援の場ではないので、文字通りのリフレクティング・チームが成り立ったわけではない。しかし何人かのメンバーは次の語りの構造の中に同概念を読み解いた。

ひとつは、二巡にわたる学生達の語り合いの日に病欠をした塚本が後から逐語録を見て述べたコメントである。

まず何を話すのかというテーマ、言いっぱなしのルール、定義を学生が決めているのが印象的だった。これは教員がある種の強制力を持って創る「授業と言う場」から開放され、授業にもかかわらずその場を支配したり統制したりする人がいないというリフレクティング・チームの体験だった。（塚本奈緒子）

同じ回を、脇田は次のように述べた。

三年生メンバーによる二巡目の語りが終わった後に、小山（教員）も語りに加わる場面があった。この時、今まで小山（教員）に語りを聞かれている立場だった三年生メンバーが、反対に小山の語りを聞くという体験をした。このことにとって、教員と学生という立場が生み出しがちであるワンウェイ・ミラーの放棄がなされたのではないかと感じた。小山が語りの輪に入り、客観的な観察者という立場から降りたことによって、この位置関係にゆらぎが生まれたと考える。観察する側とされる側の交代をする体験によって、教員と学生の両者を含め、交代する前とは違った意識を持てたのではないかと感じた。（脇田真衣）

このときに、小山（教員）が語ったのは、学生メンバーの語りに対するコメントなどではなく、自らが大学生活を終えて就職に向かうときにどのような意識を持ちどのような活動をしたかということに関する失敗談も含めた内容である。

①−3　言いっぱなしの聞きっぱなし

言いっぱなしの聞きっぱなしとはセルフヘルプグループで取り入れられることの多い手法である。誰かの意見に対して、意見を述べたり、感想を述べたりせず自分の順番が着たら自分の話したいことを話し、参加メンバーはそれにじっと耳を傾け、そこで議論はしないというシンプルなルールである。これは通常の会話が持つ評価と査定をさけることで、そうした相互作用によって制約され生み出される「適切な語り」や「無難な語り」という一定の枠をはずそうというものである（高松 2004=2009）。これはナラティヴ・アプローチが述べる「無知の姿勢」にも似ている（野口 2002=2003: 166-167）。これらの意味することや効果というものについて体感したという意見は多く聞かれた。木原はそれについて次のように述べている。

ゼミで、「語りを聞き届けること」を体感できたことは非常に大きい。「語り」の場において、物語を聞き届けるひとの存在が大きな役割を果たすことは言うまでもない。言いっぱなしの聞きっぱなしが成立したのは、もちろん「語りを聞き届ける空間・雰囲気（聞き届ける人々が創りあげるもの）」が前提にあってのことである。この前提の下、言いっぱなしの聞きっぱなしを体感として得られたことは、自らに大きな変化をもたらした。まず、相手に評価を下されたり、また相手を説得しようとしたり、それらを前提としない語りが可能であるということ。我々の日常生活では、それは一見不可能であるかのように感じてしまう。誰かと会話をすれば、何かしらの反応が返ってくるわけで、非言語的メッセージにせよそのまま言語として発せられるものにせよ、何かしら自らで受け止めなければならない。時には、そこで激しくエネルギーを消費してしまい、「語らない」という選択肢も出てくる。大学に入ってからの私は特にそうだった。「語らない」という選択を取ることによって、相手に裁かれたり評価されたりする恐怖から逃れてきた。それは非常に楽な行為であるが、自己を語らないがゆえに、自らをこの小さい「大学」というコミュニティーの中でさえ、どのように位置づけて良いかも分からず、既に出来上がっている「ドミナント・ストーリー」にしがみついてきたのだ。そんな私が、自らの「語り」を聞き届けてもらえた一種の「居心地の良さ」や、「まだ、語ってもいいかも」「前に向かっていけそう」という感覚を体感できたことにより、机上のナラティヴが、躍動感に満ち溢れたナラティヴに変化したのであった。（木原亜季）

同様に青木は次のように述べた。

普段人と話していて将来のことなるると、何で？　どうして？　とか、否定されたりとかすると、益々分からなくなってしまい、不安なことが増えたりする。なので、語りっぱなしというのはとても気が楽だった。そしてみんなの語りを聞きながら自分の（考えや気持ちをそこに）落とし込むことが出来るので、自分自身の力で物語を築ける感じだった。同じ不安をもつ人同士だったから、気兼ねなく話せた。おこした文字を読み返すと、聞き逃した部分なども読め、さらに自分自身でゆっくりと考えられるので、とても良かった。就職活動が終わって、また一年後ぐらいに見直して、また自分の物語を語ってみたい（カッコ内小山補足）。（青木恵聖）

落合は、学生同士の語り合いに見るセルフヘルプの性格と、そこに見る課題を以下のように表現した。

ＡＡの人たちは自らの行動が〝自分だけ〟異常であると考えることで不安を感じる。これを言いっぱなしの聞きっぱなしの環境において話すことで、同じ病気で悩んでいる人も自分自身と同じような内容で悩んでいたということが自然と理解でき、お互いに何も言い合わないことにより否定されないため一層の安心感を得られるというのが言いっぱなしの聞きっぱなしの本質の部分だと考えた。

では私たちが行った言いっぱなしの聞きっぱなしはどうだろうか。将来についての悩みには答えが無いと言っても過言ではない。私たちは日々様々な意見を聞き、その意見に翻弄され、影響を受けながら正解を探そうとしている。この状態は依存症の状態と似ているように思う。解決の糸口が見つかりにくいためである。だからこそ同じ境遇にある人の将来について聞くだけでも、悩んでいるという境遇を共有することができるだけで安心感が得られるのだ。（落合歩）

一方学生による語り合いの日に病欠だったため、期せずしてメールで語った塚本は次のように記した。

私自身の語りはメールでさせてもらった。事前に、皆から「メールで語りをすればいい」といわれていたのが背中を押して発信したが、恐らく場を与えられてのみんなの語りとは少し違うものになったと思う。その場で顔を見合わせての語りはどうしても非言語メッセージ（ボディランゲージ）があり、それが一つの問題になっていたが、何のメッセージもない中で一方的に語るというのは中々怖いものがあった。突き詰めれば私がした語りが一番言いっぱなしの聞きっぱなしに近いものなのだろうが、正直相手に対して何の影響も反応も与えられない発言は自分の中で記録以外のどんな意味になるのかわからない、というのが感想だった。（塚本奈緒子）

これは言いっぱなしの聞きっぱなしが誰の顔も見えない宙に向かって発せられるものではならないということを示していると言える。最初に話した人の話の「内容やレベル」が次を決めることの指摘をしたのは中田である。

今回の学生同士の言いっぱなしの聞きっぱなしをした時に、話す内容は「将来」という大きな枠にくくられていたにもかかわらず、一番最初に話した人が卒業後進路の内容について話してから、二番目に話す人、三番目、四番目…皆が軸を「卒業後の進路」にして話していた。もし、一番目の人が将来でもまた違うものを話していたらそれ以降に話す人も違うものを軸にして話していたのではないのかと考えた。これは一番目に話した人の内容のレベルがドミナント・ストーリーになっているのではないのかと感じた。（中田有紀）

この説明は「ドミナント・ストーリー」というよりは、会話分析における隣接ペア、呼びかけ-応答シークエンス（鈴木 2007=2009: 24-25）に類似した暗黙の話題選定や、話して良いレベルの統一が起こっていることの指摘であろう。塚本の指摘した怖さとはおそらくこの「レベル」の読みがきかないことに由来すると考えられる。対面の「語り」においては、こうした暗黙の促しは何かをしゃべるよう言葉で明示するよりもむしろ強い強制力を持っていると考えられるため、語りの場を構成する時にはその功罪に留意しておくべきであろう。

①-4　問題の外在化

ユニークな結果やオルタナティブ・ストーリーとの関連で言われる「問題の外在化」について、今回の取り組みの中ではむしろ二巡にわたる語り合い及び、それを文字データにして読むという「方法」との関連で指摘された。脇田はこれについて次のように述べる。

（逐語録となった原稿を手にしたときに）感じたことは、自分を含めたその語り合いの場が、少し日にちを置いたせいもあり、一つ昔の物語のように写る、という不思議な感覚だった。語っている瞬間には、自分の発言を中心にして、自分の側からの視点でしか他者の意見を感じることができなかった。（中略）しかし、テクスト化された物語を読んでいると、「あの場で語った自分」から少しはなれて自分を含めた全体の意見に対してすべてに同じ価値と注目度をおいて理解することができた。（中略）今回の語りではテクスト化された「物語としての自己」を、別の自分が読むと言う体験により、自分と、自分にまとわりついている問題を（分離し）問題を外在化することができたのではないか。（脇田真衣）

テクスト・アナロジー（White and Epston 1990：28-38）を適用して多様な読みに開かれる語りを体験しようとしたときに、前述の言いっぱなしの聞きっぱなしに加え、語りを文字にし、時間を置いて再読する方法の可能性を体感したということであろう。このような効果は石川が継続しているウェブログにも類似のものがあると言える。

②将来について

このようにして一連の語りに立ち会った後の「将来」はどのように更新されたのであろうか。その全体像

図２

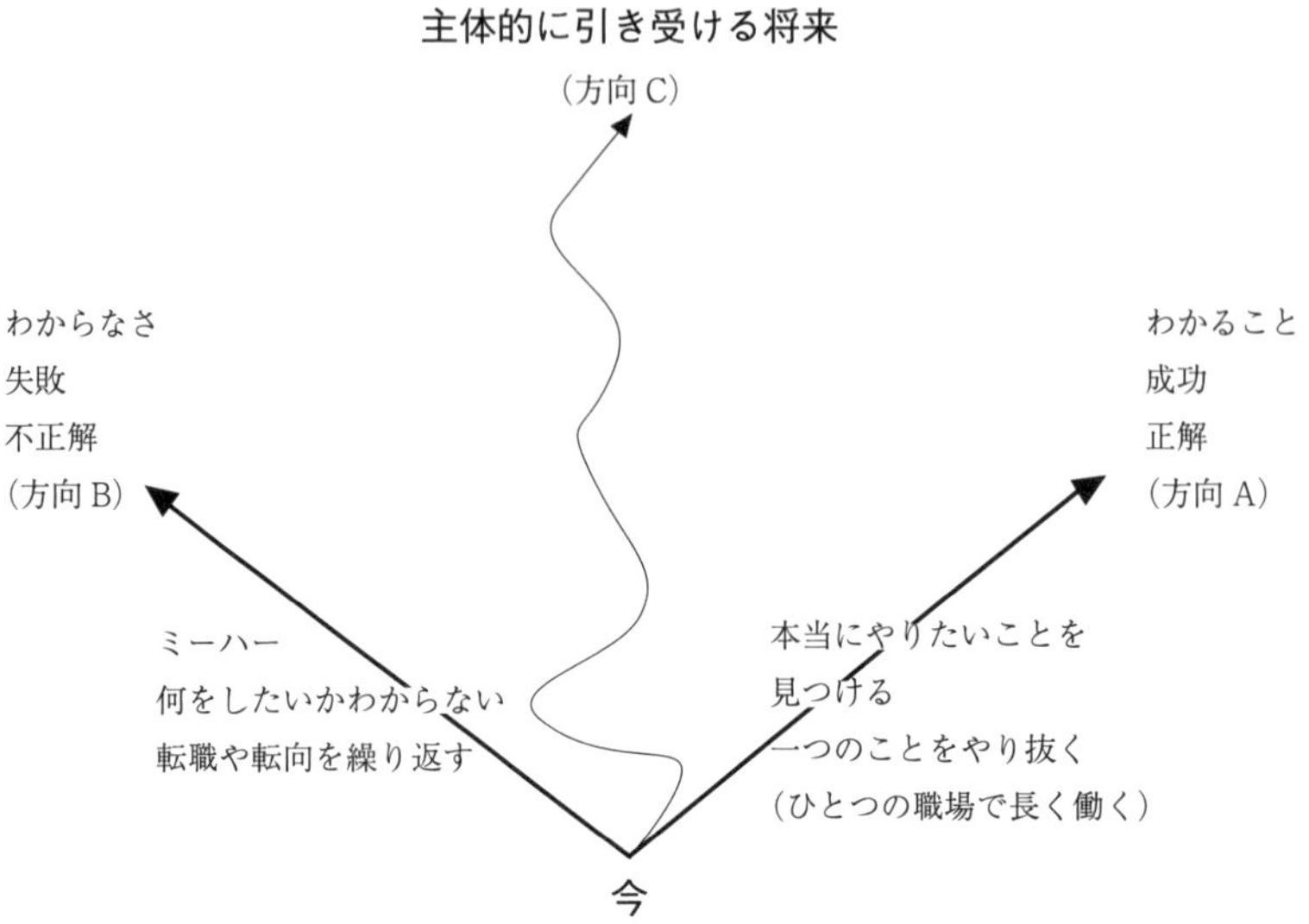

を示したのが次の図２である。

大きな流れとしては、各自にとっての「将来」が、「むしろわからないもの」になったととらえることができた。ゆえにそれは「不安」と抱き合わせであり、恐怖を伴う真っ暗闇であったり、壁を乗り越えるものであったりする。また、そのような不安を伴いつつも「将来」は悔いなく選び取って行くものであったり、明るいものであったり、自由なものであったりもする。これは、当初の語りの中で暗黙のうちに語られた「正しさ」をめざす「方向Ａ」が、そちらに進んだからと言って正解を保障されるとは限らないことへの気づきである。同時に、石川が示したような当初の計画と違っていても結果オーライとなる人生の魅力に接した時に、むしろ積極的にひきうけようとする「不安」であるともとらえられた。

好きなことをやったって生きていけますよね、きっと。
（塚本奈緒子）

前述の落合の語った「正解探しへの依存」が、誰にとっての正解か、またそれを判断するのは誰かといったことに思いを至らせることによって、「『正解』は存在しない」というオルタナティブ・ストーリーを生きようとする姿に変化したのではないだろうか。ここで言う『正解』とは、石川も語ったように、自分ではない誰か他者の目による判断、認定、賞賛等を示していると考えられ、たとえそれが手に入ったとしても自ら見つけ納得する「正解」と合致するとは限らない。もちろんこれは二者択一の話しではなく、相互作用もあるので、合致する場合もあることは言うまでもない。これに関連して木原は次のように語った。

人が皆それぞれのドミナント・ストーリーを持っていることは決してマイナスなことではない。ただしオルタナティブ・ストーリー（ユニークな結果）を取りこぼしていることが非常にもったいない。（木原亜季）

結局方向Aと方向Bの間にある多くの選択肢に対して柔軟に開かれながら、最終的には「主体的に引き受ける将来」という方向Cに向かうことが示されていたと読める。同時に石川が示したような「今を丁寧に積み重ねて行くこと」が将来そのものであるという認識に賛同する意見もあった。

4　考察とまとめ

今回の取り組みは、過ぎこし方と今の連なりをウェブログという新たな語りの場にて表現し発信し続けている石川の語りを軸に若い学生メンバーの語りを重ね合わせる形で「場」を作り、語りの更新を味わってみたものである。学生メンバーによって期せずして選ばれたテーマ「将来について」は、二〇〇九年度末現在の雇用をめぐる社会情勢と、同時に社会福祉領域の専門職性がはらむ課題を反映するものでもあった。

大学新卒女子の就職内定率がここ数年顕著に下がったわけではないが(6)、現時点での高止まりする完全失業率や減少する就業者数の実態から企業が雇用増加に慎重な姿勢を示していること(7)が学生メンバーの就職活動に影響していると言えるだろう。また、社会福祉領域における代表的な国家資格である社会福祉士及び介護福祉士を規定する法律の改正によって、科目要件や実習要件に対し、より強いしばりを設けた新カリキュラムがスタートする中で、しかし同時に当該領域のはらむ矛盾が解消されているとは言えず、「福祉か一般か」という語りの中にあった大きな問いはそうした一般傾向とそれに対して示す大学サイドの微妙なスタンスも反映しているものと位置づけることが出来る(8)。

社会福祉教育学校連盟の行った調査報告によると、同連盟に参加する四年制大学で、二〇〇二年度から二〇〇七年度の五年間を見た場合、福祉・医療系の領域に就職をした割合は四八・八%→五三・〇%→五一・一%→四五・八%→四二%→三七・八%と推移し四割を切っている。一方、一般企業に就職した割合は同じく四年制大学の場合、同期間で一九・一%→一五・〇%→二一・八%→二六・〇%→三二・〇%→三五・〇%と増加傾向にある(社会福祉教育学校連盟 2009)。これに関しては、単純に福祉離れとは取らない見解もある。なぜなら、上記の調査が三月卒業生を対象に行われているのに対して、福祉の実践現場では、現在多様な雇用形態を見込みつつ、社会福祉施設、機関への採用時期が必ずしも三、四月とは限らず、日常的に採用を検討するためにハローワーク、福祉フェア、人材センター等の利用をしているからである(小山他 2010：2-3)。学生メンバーの語りの中にも大学院修了後や、一般企業で経験を積んだ後に福祉領域に「戻る」可能性を示唆した語りがある。今回の語りにおいては明示的に示されることはなかったが、女性のライフサイクルを考えた時に、結婚や出産、子育てといった契機を経て勤務先や領域を変更する可能性については含意されていたのではないだろうか。福祉領域とはそのようなライフサイクルの変化の中で改めて選ばれる可能性のある領域であるとともに、逆に人の生活そのものを支えることが多いという特徴を踏まえると特有な厳しさも持っている。三交代勤務といった勤務形態、また児童養護の分野で顕著にみられるように、日常の業務をビジネスとのみ区切ることが場合によって難しい職務の性質がそれを示していると言えるだろう(9)。

語りの主要な部分を占めたこれらの要素を含め、語りの場を開き、そこでの語りとその更新から体感されたことを通して新たな語り合いの作法を形成することを目指すという当初の目的のひとつはある程度達成されたと言えるのではないだろうか。なぜなら、語りだしにおける不安の表明と自己批判が、石川の語りに立会い、さらに語りなおす中で、積極的な意味で「不安」をひきうけていく表明に近づいたからである。近づき方はもちろん個人によって違っており、単純にそのようなひきうけができればすごいと「感嘆」する立場から、実際にそうして見せようと「決意表明」する立場、また自己における多声を自覚しつつもだからこそ先は真っ暗闇であると「さらに強い不安」を表明する立場まで多様である。しかし、いずれにしてもそのようなバラエティーに開かれる場を誰に強制されることもなく味わったという意味は大きいのではないだろうか。

一方、もう一つの目的、卒業研究に向かう姿勢と方法について何らかの示唆をえたかどうかについては翌年度一年をかけて教育実践の中で見て行くことになる。

5　おわりに

今回、一連の語りに取り組むプロセスを通して、小山（教員）はメンバーひとりひとりの個性と魅力が輝きだすのを感じた。内容の分析に当って発言の逐語録やリアクションペーパー及び最終リポート等の素材に何度も目を通すことになり、多くの学生が示したようにそこに、各自の語りが確かな輪郭をもって存在することをいやおうなく感じたからであろう。それと同時にそれぞれの発言が場合によって背後に同等の重みを持つオルタナティブ・ストーリーを携えており、それらの全体像を丁寧にたどろうとすることの持つ可能性についても目を見開かれる思いであった。このように「語り、語られる」体感を是非今後の生活実践につなげていきたいものである。

また、今回は仔細に取り組むことが出来なかった教員とゲストスピーカーの語りを、場を構成した対等な構成員の語りとして分析する機会を持ちたい。それは、実践という相互作用の中にいる自らを不可視化しない取り組みの一つでもある。

学生一三名の中に、一名最終リポートを再提出したメンバーがいた。彼女は小山（教員）の出した課題の意味がよくわからなかったということを正直に表明し、自分を責めるような姿勢も示した。しかしこれは、彼女の理解が立ち行かないというよりは、案内役である小山（教員）の説明が不十分であることの証左とも考えられた。教育プロセスにおいてこのような場合を例外ととらえるのではなく、いかにとりこぼしなく次に結びつけるのかを考慮しなければならない。

本取り組みの限界と課題としてはさらに次のことがあげられる。語りを楽しみ、仕上げのプロダクトの意図を十分汲んで最終リポートに至る参加はできたものの、本報告を完成するプロセスで学生メンバー全員がデータの質的な分析に十分な参加を保障されたとは言いづらい。これは、こうした報告書を作成するか否かの部分から時間をかけて話し合い、実質の作業が後期終了後にならざるを得ないという状況も反映している。また、主体的な関与の度合いをもっと増すことが出来たとして、こうしたアクション・リサーチ的とりくみについては、やはり成績付与の権限を持つ教員と学生の関係を十分自覚の上で方法を吟味する必要がある。そうでなければ「意義ある取り組みである」という表明を暗黙のうちに強制することになりかねない。何人かが最終リポートで、リフレクティング・チームに近い感覚を読み解いた。これは、上述のような権限に基づく関係の現実を押さえた上でも、学生の主体的力を伸ばすためのしかけはさらなる工夫の可能性を秘めていることを示していると言える。与えられた実践現場をさらに大切にしたい。

【註】

（1）近年のソーシャルワークへの批判としては、①対制度政策の機能をうたいつつも、現実は対個人及びごく狭い範囲の仕事が中心である、②「答え」はひとつではないのに、専門職の判断で上から押し付けている、③環境サイドの不備による抑圧の経験を、個人が克服すべき悲劇にすりかえている、等が代表的である。

（2）「私のブログ」（楽天ブログ）http://plaza.rakuten.co.jp/wakuwakunikki/

（3）小山（教員）の語りは、大学での仕事を楽しみ打ち込む「現在」を、大学生時代にめざす「将来」として想定したこと、そこに到達するプロセスでは何回かの移籍を経験したことをまず語った。次に純粋に時間的な将来としては、いくつかの現状における課題（心身の老化に向き合うこと、家族の状況、親の世代のサポート）についてカバーした。「語り」の場で無敵の強者としての「専門職」（Gergen1999: 247-285）の位置を降りるためにまず大切なのは互いに伝達される情報の量と質が同程度であるべきであるということを念頭においての自己開示である。

（4）ここで言う「社会福祉職」とは、暗黙のうちに社会福祉士の受験資格取得のための実習対象施設を中心とする社会福祉領域の利用者へのサービスを担う第一線の実践機関、施設を意味していると考えられる。ただ、周知の通り、その社会福祉士資格自体が職域の拡大を目指しており、実際には従来よりも広い範囲の組織が対象となりうる。

（5）パフォーマティブ（遂行的）な発話という概念自体は、一九五〇年代に英国の哲学者J・L・オースティンによって展開されたもので、発話内容が何かを陳述し、状態を描写し、正しいか間違っているかのどちらかのみではなく、その発話がさしている行為を実際に行っていることを示す。つまり発話そのものが行為ということである。（Culler 1997:140）「〇〇を××と名づける」のように言葉を発する行為そのものが同時に何かをなしているような状態を示す。

（6）厚生労働省報道発表資料（二〇〇九年一月一六日）就職内定率の推移
http://www.mhlw.go.jp/houdou/2009/01/dl/h0116-3c.pdf（2010.2.10）

（7）米国・日本・ユーロ圏の雇用関連統計（一一月）二〇〇九年一二月一〇日
http://www.smam-jp.com/market/report/marketreport/1208891_1951.html（2010.2.10）

（8）社会福祉学科に入学した以上、ある意味で「最低限」取るべき資格として社会福祉士を位置づけ、全員にそのための学びを保障した上でさらに学びを発展、展開することを推進するという理想論に近い考え方がある。その一方で、名称独占資格としての「社会福祉士」が現実社会でどこまでの力を持つのかに対する懐疑と、また同時にいずれにしても改正社会福祉士・介護福祉士法における新たな定めの中ではより人数を限定しての学習にならざるを得ないという実務上の問題も抱えている。

（9）社会福祉施設においては、場合によって利用者の人生に丸ごと向き合う必要があり、それは支援を担当する専門職のキャリアアップや結婚や出産といったライフサイクル上の変遷をも含んだ自己実現とは矛盾することもある。例えば児童養護施設の中には支援者が結婚や出産を契機に退職することを利用者である子どものためを考えた時にむしろ当然とする職場もなくはない。

［文献］

秋田喜代美・能智正博監修（2007=2008）『はじめての質的研究法　臨床・社会編』東京図書

Alston Margaret and Bowles Wendy（1998=2003）*Research for Social Work*, Routledge.

Culler Jonathan（1997）*Literary Theory: A Very Short Introduction*, Oxford University Press（=2003 荒木映子・富山太佳夫訳『文学理論』岩波書店）

Andersen Tom（1992）「リフレクティング手法をふりかえって」McNamee Sheila and Gargen Kenneth J *Therapy as Social Construction*, Sage publications Inc.（1997=2003 野口裕二・野村直樹訳『ナラティヴ・セラピー　社会構成主義の実践』金剛出版）

Epston David and White Michel「書き換え療法——人生というストーリーの再記述」McNamee Sheila and Gargen Kenneth J（1992）*Therapy as Social Construction*, Sage publications Inc.（1997=2003 野口裕二・野村直樹訳『ナラティヴ・セラピー　社会構成主義の実践』金剛出版）

藤江康彦「幼小連携カリキュラム開発へのアクション・リサーチ」秋田喜代美・能智正博監修（2007=2009）『はじめての質的研究法　教育・学習編』東京図書、243-274

Gergen, Kenneth J（1999）*An Invitation to Social Construction*, Sage publications Inc.（=2004, 東村知子訳『あなたへの社会構成主義』ナカニシヤ出版）

Kemmis Stephen and McTaggart Robin『参加型アクション・リサーチ』Denzin, Norman K and Lincoln Yvonna S（2000）*Handbook of qualitative research, second edition*, Sage publications Inc.（=2006 平山満義監訳、藤原顕編訳『質的研究ハンドブック　2巻　質的研究の設計と戦略』北大路書房、229-264）

Silverman David「発話とテクストを分析する」Denzin, Norman K and Lincoln Yvonna S（2000）*Handbook of qualitative research, second edition*, Sage publications Inc.（=2006 平山満義監訳、大谷尚、伊藤勇編訳『質的研究ハンドブック　3巻　質的研究資料の収集と解釈』北大路書房、211-225）

池田謙一編著、小林哲郎他著（2005=2006）『インターネット・コミュニティーと日常生活』誠信書房
岩田泰夫著（2008）『セルフヘルプグループへの招待　患者会や家族会の進め方ガイドブック』川島書店
Kats Alfred H（1993）*Self-Help in America: Social Movement Perspective*, Twayne Publishers.（=1997 久保紘章監訳『セルフヘルプグループ』岩崎学術出版）
小森康永・野口裕二・野村直樹（2003）『セラピストの物語／物語のセラピスト』日本評論社
社団法人　日本社会福祉教育学校連盟（二〇〇九年一〇月）「社会福祉系学部・学部、大学院卒業生の進路等調査報告書　二〇〇八年三月卒業生対象」
能智正博編（2006）『〈語り〉と出会う　質的研究の新たな展開に向けて』ミネルヴァ書房
野口裕二（2002=2003）『物語としてのケア　ナラティヴ・アプローチの世界へ』医学書院
野矢茂樹（1997=1999）『論理トレーニング』産業図書
岡林春雄（2009）『メディアと人間　認知的社会臨床心理学からのアプローチ』金子書房
小山聡子他（2010）「新春座談会　経営戦略と人材確保〜今求められる人材とは〜」独立行政法人福祉医療機構『明日の福祉と医療を作るワム　ＷＡＭ』二〇一〇年一月、2-9
鈴木聡志（2007=2009）『会話分析・ディスコース分析　ことばの織り成す世界を読み解く』新曜社
高橋規子、吉川悟（2001=2003）『ナラティヴ・セラピー入門』金剛出版
高松里（2004=2009）『セルフヘルプ・グループとサポート・グループ実施ガイド　始め方・続け方・終わり方』金剛出版
White Michael and Epston David（1990）*Narrative Means to Therapeutic Ends*, Dulwich Centre Publications.（1992=2002　小森康永訳『物語としての家族』金剛出版）
山口智子『老年期と質的研究：高齢者は人生をどのように語るのか』秋田喜代美・能智正博監修（2007）『事例から学ぶ　はじめての質的研究法　生涯発達編』東京図書、297-315
山下清美他（2005）『ウェブログの心理学』ＮＴＴ出版

終章

援助のされ方を学ぶ

ここまで、筆者の課題意識に基づく援助論教育の実践内容を論じてきた。最終章ではこれらを振り返り、物語概念と密接にかかわる対個人支援の理論と技法の今後について短くまとめをしたい。

本書におけるそもそもの課題意識とは、筆者が学び、実際の支援実践において応用してきたソーシャルワークの方法論に対する内外からの批判を踏まえ、当該教育に携わる者として何を守り、何を変えて行くべきかについて考察しなければならないという危機感であった。二〇〇〇年代に入って以降、社会福祉教育の領域でも頻繁に取り上げられるようになったいわゆるポストモダンの社会思想に影響を受けた援助の理論と方法は、当該専門職の専門性というものを検討する時に自己矛盾を生じるものでもある（三島 2011）。それら思想が言うように、自分の立ち位置を不可視化した議論はもはやできないと気づいた時に、ソーシャルワーカーという援助の専門職としてのみならず、援助論教育に携わる教育専門職として自分はどうふるまうべきか、そのような思いを自覚した上で教育実践報告を試みた。それは筆者の、教育の現場にいる者として感じるある種の困難から出発した議論であった。つまり既述のように、ミクロソーシャルワーク教育における面接のイロハのような対個人支援の方法論が、ソーシャルワーカーが第一に目指すべきとされる社会変革をおざなりにしたまま、陰に陽に個人変容（のみ）を強要する技として批判をされた結果として、単純に棄却されてしまってはいけないという思いがあったわけである。

この思いは一体どこまで説明説得できたのだろうか。さらに、従前のやり方を疑いソーシャルワーク全体における位置づけを再考することについてはどこまでできたのだろうか。本書で取り上げた内容に従い、たどってみたい。

1　ソーシャルワーク批判との対峙

ソーシャルワーク批判には、ソーシャルワークに対する固有のものと、隣接するカウンセリング等と共通に論じられるもの、さらには近代的な専門職制度一般に対して向けられるものとがある。特に後者、専門職の脱近代化に関しては、医学など他の領域でも議論されていることであるが、いずれにしてもいわゆる高度専門職化の流れとは矛盾する方向であるとも言える。つまり、特定の状況にある人を正当に「くくり」、「名づけ」、あるべきサービスを規定した上で適正に届けようとする試みは、同時にそのことがらを専門的に判断し、扱うことのできる専門家を生み出すことになり、大局では強弱関係（権力関係）にまきこむとも言えるからである。一方、住み慣れた地域における互助や共助を涵養する言説においては、各種の社会問題を念頭に置き、近隣同士の見守り実践等がますます脚光をあびているものの、最終的に誰が何に責任を持つのかという点があいまいになりがちでもある。

単純な二者択一の議論をさけながら、見据える時間的スパンごとに一体何が言いうるのか、何を言うべきなのかということについて見極めることが大事である。すると、少なくとも社会福祉士受験の必修科目の中で取り扱われる各種援助論関係の座学や演習においても、前述の自己矛盾と迷いについてあるがままに、かつわかりやすく伝え、感じあうための努力が必要となるだろう。

ただし、専門職解体のような極端な議論でない以上は、今ある専門職制度を前提に、より良い実践、少しでも間違いの少ない実践を目指さねばならない。そうしようとしたときに、個人モデルの組織運営の中で機能するミクロソーシャルワークの持つ可能性を過小視すべきではないだろう。例えば、障害者支援施設スタジオクーカの施設長関根は、知的障害のある利用者が近隣の店舗や医院等でいわゆる「めいわく」をかけ、二度と来るなと言われるような場面を多く経験してきたが、それらに対して「二度と来るなと言われたら必ず行く」と述べる(1)。障害のある人を一定の枠に適応させる訓練をし、それが成って初めて「社会に出す」というのはお門違いであり、「そのような人もいる」ことに社会の側が慣れて行かねばならないのである。そうした小さな場面場面でソーシャルワーカーがどのようにふるまえるのかということは、マクロな制度を論じることと同等に重要なことであろう。もちろん常にジレンマ(本田他編著 2009)は想定される。ミクロな援助実践の中で、各種のジレンマから決して逃げない援助者たろうとすることは、前述のソーシャルワーク批判を受けて立つとき、最も重要な部分であろう。

2 文学文芸を取り上げること

大平が言うように、物語には物事の全体像を直感的に理解させる力がある(大平 2004)。それは「たとえ話」や「なぞらえ」のもつ効力であり、抽象的に縷々説明するよりも効果的な場合が多い。本書に取り上げたようなたとえ話としての物語利用に関しては、さらにレパートリーを増やす試みを継続しなければならないだろう。

一方、物語の利用とは、同時にだからこそ危険をはらむものでもある。例えば「ある日の夕方、小学生が踏切事故にあいました。その子どもには知的障害があり、その晩家を飛び出してしまったのを親は探しているところでした。」という報道があったとしよう。この架空の報道が、何となくなるほどと人々を納得させてしまう場合、踏切そのものの物理的構造の問題や、家族以外の人々による見守りの必要性を覆い隠してしまうだろう。従って、概念理解のためであれ、他者理解トレーニングのためであれ、題材の提示とその後のフォローアップに関しては十分な留意が必要である。

社会福祉援助に限らずカウンセリングやサイコセラピーなども含む対人援助を支える理論は、社会情勢と影響しあいながら大きく変化してゆく。本書で言う他者理解という行為も、その根底にある「価値」が、場合によっては社会福祉サービスを必要とする人々を排斥するような社会の「価値」の中に実は埋め込まれている場合があるのではないかという点に敏感になりつつさらに考察を進めなければならない。

他者理解における間主観性、すなわち複数の人間の間で互いの主観的状態が把握可能になることの可能性を否定する社会構成主義の考え方によれば、「理解の達成とは、私の個人的な志向の結果ではなく、調整された行為の結果であり、すなわち理解は我々が埋め込まれている社会的過程によるわれわれの達成である」とされる（Gergen 1999=2004：339-366）。例えば、ある自閉症の子どもが「うー」と声を発したのに対して、「なーに？」と返せばその「うー」は呼びかけの言葉だと見なされるし、一方「またか……」と無視すればその同じ声がただのうなり声として了解されてしまうように、そこにあるのはテクストそのものの本質や違いではなく、問われるべき「関係」そのものなのである。

よって、教育における課題設定で文学文芸を利用することの大きなメリットのひとつは、豊富な素材の中から学生が出会い、選び吟味した「物語」を通して、学生が何をどう理解した、ないしは理解しづらいと言っているのか自体を教員自身が見ることによって、「我々が埋め込まれている社会的過程」を推し量ることが出来るという部分でもある。つまり、果てしない相対化地獄に落ちることなく価値の仕分けをし続けていかざるを得ない現状を踏まえれば、ここそが狭い範囲の援助スキルやテクニックに卑小化されない可能性を秘めた部分であると言えるのではないか。

筆者の担当する授業科目は、二〇歳前後が中心の、それも入学試験を経ることで一定の学力を有すると想定され、さらに社会福祉を学びたいというゆるやかな目的意識を共有する、いわゆる「やさしい」女性達に向けて展開されるものである。そのようなグループに対して妥当な程度の効果があると考えられる教育実践の意味を、さらに広い社会福祉援助論教育という観点から見直してゆく必要もあるだろう。

3 演劇的な手法が持つ意味

物語はジェスチャーやパントマイムによっても絶大に伝わることを鑑みれば、必ずしも言語を要するものとは限らないことがわかる。非言語メッセージを中心とする「コンテクスト」という物語の共有について、演劇的手法を取り上げた4章で検討し、ドラマケーションによって学生が得たこと、「場」の変化についてはすでに既述したとおりである。ここでは、教える側を不可視化しないという筆者の方針に従って、付加的に言いうることを記しておきたい。

文学文芸を活用した他者理解教育における理解トレーニングは、前述のように埋め込まれた価値自体を総体として検討するうえで大きな意味をもっているものの、このようにして認知のステップを踏むことはスポーツのフォームをいくら頭で理解しても、実際の場面で一定のスピードも要求されながら遂行するとなったら困難が伴うように、それのみいくら強調しても不十分であろう。

筆者は、4章で述べた人間関係コースの二年次対象の導入授業（フィールドワーク）において、ゲスト講師（正嘉昭）のリードのもと、繰り返し学生と横並びの活動に参加してきた(2)。これは、いつもの教える側から降りてむしろ教わる側に立ち、まずはその「楽しさ」と「できなさ」を体感しようとしたものである。

しかし、同時にその教わる側としての自分は、既述のように障害児者支援の実践及び他者理解教育を進めてきた主体であり、各種のアクティブメニューを導入し、授業をすることのある教員、さらに効果的な活用をめざすファシリテーター役を取ると想定される立場である。「教わる役割」をとった「通常教えている役割の者（教員）」が、そこにあった「交互作用としての傷つきやすい実践」（高尾 2006：43）で喚起された自分の気持ちをそのまま取り出して表現することには意味があると考えた。さらにこうした思考の様式が、教わる側の気持ちへの想像力を高め、未だ教育形態としてその多くを占める知識注入型の授業から、獲得型の授業（渡部 2007：50）へと転換を図るときのヒントになるとも考えてきた。

さて、「出来る、出来ないという評価軸自体を用いない」当該プログラムの中で、筆者が顕著に「出来なさ」を感じたのは次のステージである。講師である正がプログラムの最後において、畑澤聖悟による『修学旅行』と言う脚本(3)の一部を用いて、それまでに学び体験したすべての内容を応用し、二人一組で一〇分程度練習をしたうえで、台本を持って半立ちの形で発表することを求めた。筆者はペアを組んだ学生と一緒に選んだシーンの登場人物の心情や場の状況をどのように読み解くか軽く打ち合わせた上で練習し、発表にのぞんだ。結果、筆者の中で起きた感情は次の二つである。①二日間を通して参加という面で、場合によっては気後れしたり二の足を踏んだりした学生達も、その多くが非常に積極的に役作りをし、生き生きとユーモラスに演じることができた。ある意味で突然「出来る」姿を見せた（やられた！）。②教員である自分は当初各種のメニューでむしろ「出来る」と感じ、少なくとも参加への抵抗感はほとんどなかったのに、最終的な発表の場では、台本のセリフを間違えずにしゃべろうとすることに精一杯で、何らその役になりきれない不全感をありありと味わった（参った！）。

筆者の「出来なさ」の原因は、ひとつには台本に書いてある文字から登場人物を、自分が教えてきたような認知のステップのみで「理解」することを試みた結果からくる、ある種の失敗であると分析した。これは小説ではない脚本というものの意味を半分取り違えていたところにある。しかし、筆者の「出来なさ」はそこのみに起因するのではなかった。おそらく「考える」ことにより、ある意味でダメにしている「理解」があるのではないかということ、もしくは考えることと同等の重みをもって位置づけられるべき身体感覚の覚醒が軽んじられているということである。「ボイスフラッシュ」(4)のように、頭の回路を通さずにイメージを形にするメニューは、そうした身体感覚を他者とのかかわりに生かすトレーニングであろう。

筆者が体験して揺さぶられた「出来なさ」の感覚は、台本の文言を「理解」した認知が、身体感覚や感情をも統合した丸ごとの了解には至っていないことをつきつけられた状態であると言えよう。

ゲシュタルト療法に言う「役割交換法」(國分 1980=1989：257)が、対峙している相手の気持ちを急に生き生きと実感させるのは体験したことがある。筆者の子が幼児の頃、何らかの理由で説教していたシーンで、自然発生的に「親」と「子」の役割を変えて説教を遊んでみたのである。そのときに、まだ小学校に入る前の子どもでも立派に親の言いそうな説教を口にし、一方それに抗弁する子ども役の自分には、生き生きと叱られる側の思いが実感されたのを思い出す。これが単に今目の前にいる相手のみならず、あらゆる立場の人と役割交換出来るのが「どんな役でも出来そうなこころと体」であると筆者は理解した。前述の認知面での「他者理解ステップ」と協働できる有効手段であり、これは渡部の提唱する身体をくぐらせた学び(5)に通底すると考えられる。

例えば障害のある人との共生を主張する人が、実際に障害児者施設を訪問した時に、よだれのついた手をさしのべて歓迎の意を示す当事者に対して、思わず嫌悪感をあらわにするというような場面を例に考えるとわかりやすい。言っていることとしていること、頭の理解と体の感覚が統合されるためには、今そこでわきあがる自分の思いに身をまかせ、それを深い他者尊重の態度と共に示せなければならない。授業を進めようとする教員と、その背中に向かって妨害しようと紙つぶてを投げる生徒の両者をグループで演じる体験はまさにそれであった。正の解説によれば、威圧的に押さえつけるのでも、迎合するのでもなく、素直に今そこで感じた不快感を表明しつつ、コミュニケートしていくことが重要である。そこに生徒側もかまえのとれた、場合によって傷つきもする教員の姿を見るのではないか。人間対人間の交流が生まれるとも言える。

こうした気持ちを実感し、対応も経験する、そのために無理なく順を追った各種のメニューが用意され、かつどれもがとても楽しく取り組めるという大きなメリットをもっているのがドラマケーションの示す演劇の手法であった。

4　語りの実験と組織変革

後半で見た語りの実験は、右記演劇的手法も取り入れながら社会構成主義の考え方に基づいて同じく教員としての自己を可視化するやり取りを試みた。これは言い換えるなら、組織改革を射程に入れたメンバー同士の関係の変容を目指したものともいえる。

加藤は「組織経営におけるナラティヴ・アプローチ」をめぐって「私が私について語る」場では、組織が活性化すると述べる（加藤 2009：231-256）。ある会社の企業理念継承をめぐる職場内研修において、参加者が通常の分析モードを離れて、ナラティヴ・モードに入るきっかけを作ることで「一人称」の語りを発生させるという。例えば、大きな業績のあったフェロー職をゲストとして招へいし、そのゲストに一人称の語りをお願いする。それは単なる先輩職員の成功談などではなく、「あの時、自分はどう考え、どう判断し、どう行動したのか？」というその時の感情を交えたパーソナルなエピソードとなる。そして、ゲストがこうしたパーソナルなエピソードを開示する度合いが深ければ深いほど参加者の中に共感や反発が生まれ、そうした感情的な反応こそが次には参加者自らの「一人称の語り」を誘発するというのである。

さらにこの「一人称の語り」は主語を三人称から「自分」へ、さらには「我々」へと変化させ、組織の未来を巡って「〜べき」から「〜したい」という主体的な物語を紡ぎだすようになる。また、こうした変化に貢献したゲスト側にも自分を振り返る機会を持てたとし、さらなる役割を認識するといったいわゆる「語りの更新」がなされるのである。これらの記述は、筆者が7章で試みた語りへの立会いと相互に起こった語りの更新と類似のものであると考えられる。

もちろんこうした「一人称の語り」称揚から始まる組織の活性化は、最終的には組織変革につながってこそ意味があると言える。加藤は引き続き別の事例において、ある金融系企業の女性管理職を横につなぐネットワークを作る試みについても紹介している。約一か月に一階の頻度で一泊二日の合宿形式の研修を実施し、日ごろ個人的に悩んでいることや困っていることをテーマに語りの輪を少しずつ拡大していく試みが、当初は不満や愚痴ばかりであった語りのプロセスにおいて、それでも主体的にその職場での仕事を選んでいる自分に気づく「はっ」とする瞬間を経ることによって対話の場が反転し前向きな議論が生まれるという。ここでの肝は、こうしたプロセスを半年間繰り返し、最終的に参加者がトップに対して自分の思い（願い）と具体的な改善提案を伝える機会を設定していることである。このようなナラティヴの位置づけにこそ、語りが単なる個人変容やましてやガス抜きなどに矮小化されない可能性が示されていると言えよう。

5　援助のされ方を学ぶ

本書において立てた問いへの回答を再度短く繰り返す。まず、各種のソーシャルワーク批判に対しては、その出所と趣旨を見極め、真摯に耳を傾けつつ次元と時間的スパンを絞った現実的な対応をすべし。第二にミクロな対人援助技法も含む援助論教育は、文学や文芸を適切に使うことによって小手先の「援助関係」などをはるかに凌駕する、時に厳しい現実社会の人間関係に思いをはせることを助け、その関係に埋め込まれた「価値」のあり方を考察すること、及びその「価値」の仕分けをし続けることへの道を開く。また文学文芸を活用した他者理解トレーニングは、実際の援助実践に入る前の筋トレのようなものである。ウエイトも様々、器具も各種取り揃えたマシンジムが使い放題の読書活動といえる。第三に、こうしたトレーニングを経ても、それが「書かれた文字」を認知機能によって読み解くことを通した「理解」に過ぎない以上、明らかな限界につきあたる。演劇的な手法における特に即興の体験は、傷つきを恐れる自己への気づきをもたらすし、そこには五感を開いてわかりあおうとするコミュニケーションの妙味がある。そして、それがひいては集団の持つ価値規範への気づきへと我々をいざなう。第四に小集団における語りは、あるがままの自己開示に触れた者同士が幾重にも渡って語りを更新する可能性を開き、こうした語りの更新が組織改革につながる可能性を予感させる。

ここまで見てきたように、ポストモダンの社会思想を基盤に置いて見る対人援助の仕事には各種の矛盾が横たわっており、単純に技を磨いて専門性の高みを目指すというシンプルな努力がしづらい状況が自覚される。しかし人生の一時を社会福祉関連の専門教育過程に身を置いた人たちにとって、ソーシャルワーカーを目指すのであればもちろん、そしてたとえ、社会福祉士資格取得を含むソーシャルワーク職に舵を切ることがなかったとしても、これらの援助論教育が有効に働くであろうことは、「援助」という行為が、一時的なりとも「する側」と「される側」の相互作用という「関係」の中にしかないことをかんがみれば確信出来る。つまり、筆者は資格教育を直近の射程に入れた一つの枠の中であれ、一義的にはいわゆる「援助の仕方」を教えることを通じて、確実に「援助のされ方」を学ばせているということになる。セルフヘルプ活動を巡る研究（中西・上野 2003）や、昨今の当事者研究の動向（綾屋・熊谷 2008、浦河べてるの家 2010）をみれば、援助という行為は他者に向かうとともに自己に向かい、かつ相互に受け渡されつつ社会変革に向かうべきものと言えよう。

以上、筆者が主観的な困難を覚えたミクロソーシャルワーク教育の筆者自身にとっての再生をめぐっては、この「援助のされ方」という概念から再出発してみたいと考えている。そこには、必ずしもソーシャルワーク教育でなければできないとも限らないこと、ソーシャルワークの専売特許でもない各種の理論と技が含まれるだろう。適用に留意は要するが、しかしかといって棄却していいものでは決してない、そんな数々の分かり合いと対応のあり方について、ソーシャルワークという文脈の中でさらにまっとうに教えることができると考えている。

［註］

（1）二〇一二年一一月七日、埼玉県立近代美術館で開催された「障害者アートマネジメントセミナー」にて関根幹司による講演にて語られた内容である。

（2）筆者が正の教育実践や地域活動に初めて出会ったのは二〇〇七年の七月で、地域の劇団におけるワークショップを体験しており、もともと正に対する信頼感が醸成されていたということが学生と横並びの学びを考える前提にあることを述べておかねばならない。

（3）『修学旅行』は、二〇〇五年第五一回全国高等学校演劇大会で最優秀賞を受賞した作品。沖縄に修学旅行に出かけた青森の男女共学の高校生が旅館の部屋で繰り広げるストーリー。

（4）ボイスフラッシュとは，ファシリテーターが表現者に向かってカメラのフラッシュをたくように次々と投げかける言葉を聞いて、考える間もなくわいてくるイメージにしたがった身体表現をするというもの。

（5）ドラマケーションのファシリテーター養成・認定講座における渡部による講義における説明。

［文献］

綾屋紗月・熊谷晋一郎（2008）『発達障害当事者研究　ゆっくりていねいにつながりたい』医学書院

Gergen, Kenneth J（1999）*An Invitation to Social Construction*, Sage publication.（=2004, 東村知子訳『あなたへの社会構成主義』ナカニシヤ出版）

加藤雅則（2009）「組織経営におけるナラティヴ・アプローチ」野口裕二編著『ナラティヴ・アプローチ』勁草書房

國分康孝（1980=1989）『カウンセリングの理論』誠信書房

三島亜紀子（2011）「障害者ソーシャルワークの提案する専門家像——フレックスナーの専門職論の呪縛から離れて」松岡克尚・横須賀俊司編著『障害者ソーシャルワークへのアプローチ——その構築と実践におけるジレンマ』明石書店

中西正司・上野千鶴子著（2003）『当事者主権』岩波新書

大平健（2004）『診察室に来た赤頭巾』新潮文庫

高尾隆（2006）『インプロ教育：即興演劇は創造性を育てるか？』フィルムアート社

渡部淳（2007）『教師　学びの演出家』旬報社

浦河べてるの家　編集協力・向谷地生良（2010）『べてるの家の恋愛大研究』大月書店

■章別初出一覧

章と節	タイトル	初出等
序章	1. 私とソーシャルワーク 2. ソーシャルワーク批判と物語 3. 方法かつ対象としての物語 4. 本書の目的と構成	書き下ろし
1章	対人援助と物語 1. 本書における物語	書き下ろし
	2. 対人援助への批判動向	「援助論教育における演劇的手法の意味をめぐって」日本社会福祉学会編『社会福祉学』52-2（2011）の前半部分に加除筆
	3. 問い直しの対象としての「受容・傾聴・共感」	「援助論教育と物語」日本女子大学社会福祉学科・日本女子大学社会福祉学会『社会福祉』47号（2007）の前半部分に加除筆
2章	概念理解と物語 1. きつねのおきゃくさまに見る援助論	「きつねのおきゃくさまにみる援助論」日本女子大学社会福祉学科・日本女子大学社会福祉学会『社会福祉』42号（2002）に加除筆
	2. その他の物語と援助論	「援助論教育と物語」日本女子大学社会福祉学科・日本女子大学社会福祉学会『社会福祉』47号（2007）の後半部分に加除筆
3章	物語を通した他者理解 1. 文学作品利用の意味と方法	「援助論教育と物語」日本女子大学社会福祉学科・日本女子大学社会福祉学会『社会福祉』47号（2007）の中盤部分に加除筆
	2. 実際の取り組み 3. まとめ	書き下ろし
4章	身体のコンテクスト――非言語メッセージのはらむ物語	「援助論教育における演劇的手法の意味をめぐって」日本社会福祉学会編『社会福祉学』52-2（2011）の後半部分に加除筆
5章	恋愛２００７	「恋愛２００７」日本女子大学社会福祉学科・日本女子大学社会福祉学会『社会福祉』48号（2008）に加除筆
6章	むかしむかしあったとさ	「むかしむかしあったとさ」日本女子大学社会福祉学科・日本女子大学社会福祉学会『社会福祉』49号（2009）に加除筆
7章	語りに立ちあうこと語りを更新すること	「語りに立ちあうこと、語りを更新すること」日本女子大学社会福祉学科・日本女子大学社会福祉学会『社会福祉』50号（2010）に加除筆
終章	援助のされ方を学ぶ	書き下ろし

あとがき

1　この本の成り立ちと最初の謝辞

私は、当初三年次ゼミの学生たちと一緒に作った語りの実験報告（5章～7章）のみを取り出して出版しようと考えていました。しかし全体を貫く一本の筋を見せなければいけないというアドバイスを複数の方からいただき、「援助論」、「教育」そして「物語」という三つの重要なキーワードを念頭に置き、一つの全体として組み立てる作業に取り組みました。結果、さながらいっこいっこバラバラだったパズルのピースが、一つの枠のもとに収まるように、何らかの絵を描くことができたのではないかと思います。

この間、最愛の母が他界し、父のもとに行ってしまいました。同時に東日本大震災が起こり自他ともに騒然とした雰囲気の中、またたくまに時はたち、焦りの時間が積みあがっていきました。そんな中で、何とか出版をと強く励まして下さったのは所属している日本女子大学社会福祉学科スタッフの皆様です。右記した「一本の筋」の大切さを強調し、生活書院に私を紹介して下さった岩田正美教授、顔を見るたびにもう原稿は送ったのか、ゲラは出たのかと尋ねて下さった沈潔教授、本当にありがとうございました。研究室が隣同士の渡部律子教授は二〇一三年の夏、私をご自宅に幾度となく招き、柱立てや論の進め方のあれこれについて、それこそストレングス視点でサポートしてくださいました。ややもすれば自分に「ないもの」について悩み、躊躇する私に対して、まさに「あるもの」をどう整え、どう見せるのかということが大事であることを言い続けて下さったのでした。

もちろん頭では分かっていました。それどころか、失ったものや足りないもの、欠けたものに焦点を当てる病理モデルではなく、今そこにある強さに焦点を当てるストレングスモデルは、援助論教育の中で私自身が最も大切に学生に伝えてきたことでもあります。それでも本書が扱おうとした「物語」概念の、研究対象としての複雑さ、奥深さはしばしば「手におえない感」という名の怪物として、私の足を引っ張りました。今確実にあるものに対して、きちんと枠をかけ、居住まい正して人様にお見せすることは大切であり有用であると同時に、場合によってはまやかしの危険性も持ちます。それでも、この枠かけの作業を何とか出来たことについて、支えて下さった仕事仲間や先輩の皆様に心より感謝申し上げたいと思います。

本書に一本の筋を与え、バラバラのピースをはめ込む枠を設定するにあたって障害学界隈で出会い、有形無形の影響を下さった多くの方々にもお礼を申し上げます。わが国で二〇〇三年に設立された障害学会において、当初生活モデルを振りかざして的外れな発言をしていた私に声をかけ、その後の研究活動に誘って下さった首都大学東京の杉野昭博教授をはじめ、この領域で出会った方たちとの議論やいただいた批判、そしてアドバイスが私の原動力となっています。

2　共同名義の論文を一緒に作った人たち

前述のように本書における5章〜7章は、私の教育実践の肝と呼べる部分です。これらの章を一緒に作り上げた人たちの名前を改めて記します。

［5章］
安書真妃・池田佳奈子・紺野桂子・齋藤彩加・齋藤加奈子・齊藤倫子・清水翔子・高原茉里
津田美由季・村岡美奈子・吉本祥子・渡部英里

［6章］
市川迪子・笠原祥子・小林裕美・佐藤優香・清水裕子・舟橋美音・百瀬真由美・渡邊惟子・松永幸
［7章］
石川茂子・青木恵聖・大塚明佳・落合歩・北村すみれ・木津明日香・木原亜季・塚本奈緒子・中田有紀
野島英里・細沼理恵・山本歩美・脇田真衣・渡辺瑠衣

これらを一緒に作った学生達はすでに卒業をし、それぞれの生活を送っています。二〇〇七年から二〇一〇年にかけて行った彼女たちとの仕事は、大変だけれどもとても楽しいものでした。そして共同名義であることに大きな意味があったのですから、今回それら論文を単著にまとめるに当たっても名前の記載はそのままであることが当然だと思いました。ただ、少し時も過ぎ、あの時に語った内容がそのまま掲載されることに躊躇の思いを抱く人もいるかもしれないと、万が一を考えて本名のままで単著に登場することの是非について、全員に連絡を取りました。また7章で語りのぶつかりげいこ役を担って下さった障害者支援施設勤務時代の元同僚、石川茂子さんにも打診をしました。結果として全員が快く掲載を了解して下さったのでした。光栄だし嬉しいという言葉も複数の方からもらいました。卒業生の中には結婚をし、姓の変わった方もいますが、名前の記載は旧姓のままとさせていただきました。石川茂子さんは、多言語多文化を互いに学びあう活動を居住の地域にて継続しつつ、語りの中で示した「今を大切にする姿勢」を貫き続けています。これら語りの実験の共著者としての彼女たちと一緒に、改めて本書の完成を喜びたいと思います。

3　教育実践の振り返りと、影響を与えた人たちへの謝辞

2章～4章に含まれる私の授業を受講した学生の皆さんにもお礼を言わねばなりません。教育という行為

も「関係」である以上は、学ぶ学生と伝える教員の双方が同等にその努力のあり方を問われるべきであることは折に触れ伝え、何よりふるまいで示してきたつもりです。ただ、誰の上にも平等に流れる時間は私と学生達との年齢差を刻々と広げ、その間の社会情勢の変化とも相まって、私の姿勢は微妙に変化してきたと思います。そこには良い変化もあれば悪い変化もあり、きれいごとではない仕事としての教育実践には「疲れる」時もあります。時に、講義に参加しておきながら机に突っ伏している学生の姿は、「あなたの授業はわからない」とか「つまらない」と抗議するでもなく、かといって授業をボイコットするでもないある種の悲しい無力さとして私に迫ってきました。そのような姿でも授業の「場」にいるしかない学生の無力さは何とか払拭しなければなりません。もちろん一義的には学生自身の力を発動することによって。さらには教員と協力しあう「関係」の中で。

いずれにしても、このように互いに変化しあう関係の中で、私の「教育という仕事」がどのようなものとして立ち現れたのかに関する評価は、私の前に来ては去って行った学生たちが時間の流れの中で行うことでしょう。ごくたまに、「あなたの伝えてくれたこと（叩き込まれたという表現のこともある）が、今の私（の仕事）を作っている」というような誉れ高い語りかけをもらうこともあります。このような「声」はもちろん輝くご褒美として大切に記憶にとどめることになりますが、しかし一方、教育実践としては不十分であったこと、学生たちにとって納得できなかったことの多くは私の前に特段明示はされずに潜在化していることも多いと考えます。それは、ワンパターンな授業評価からは汲み残された澱のようなものであり、これらをどのように自覚し次に生かすのかが問われます。

教育に向かう姿勢として、4章で取り上げたドラマケーションの開発者のひとり正嘉昭氏には、混沌としたつかみどころのない教育実践、きれいごとにまとめたり、押しとどめておいたりすることはできない、生き物としてのそれに体当たりしていく姿勢について身を持って教えていただきました。正氏は長らく中学校の国語科教員を務めるとともに地域における障害当事者との演劇活動や、「飛び入り飛び出し自由の表現場」ところざわ太陽劇団を主宰してこられました。一回一回の授業において、それまでよりも学生の呼吸をきちんと感じられるようになったのは氏のおかげです。

また、正氏の実践に触発された私がその後自発的に参加した東京コメディストアJでのインプロワークショップでお目にかかった方々、特に北米のインプロバイザーであるキース・ジョンストンに師事したという主催者の今井純氏にもお礼申し上げます。中高年期を迎えた一教員としての私は、そのワークショップでの多様な人とのやり取りを通して、いかに今の社会的役割に縛られているか、いかに人前で無様であることを恐れ、失敗を回避しようとしているかを思い知らされました。カッコ悪いことは嫌な、傷つきやすい存在であるということをありありと体感することもできました。これからも同じようにして学生の前に立ち続けるわけですが、この体感のあるなしが実践家としての私に変化を与えたことは確かだと思います。

「物語」のおもしろさについて、童話を通して教えて下さった、あまんきみこ氏にもお礼を言わねばなりません。あまん氏は、当時「きつねのおきゃくさまにみる援助論」を書くにあたって教科書会社を通して打診した私の手紙に丸い素敵な筆跡のお葉書をくださり、そこには「……きつねのおきゃくさまがこのような形でお役にたてるのでしたらうれしいことです。きつねたちもどんなにかよろこぶことでしょう。」と書かれていました。今回単著にまとめるにあたって再度掲載を許可していただきました。

4　残された課題と今後

さて、大学に勤務するものとして、研究と教育は一：一のバランスで取り組むべきものと考えますが、場合によってその両者は均衡を崩し、別物として立ち現れてきます。それでも誠心誠意教育実践に取り組むこと、教育者として倫理的であること、これらがイコール私自身の研究活動をより充実させるものとなるという図式をこの先も貫きたいと思います。「近頃の学生は……」というありがちなフレーズを、「近頃の教員は……」に言い換え、この少子化時代の大学教育について考え続けなくてはなりません。

終章に記した「援助のされ方」という概念は、私がこの間悩み続けてきたソーシャルワーク批判に応えようとするときのひとつの回答だと思っています。援助される側が新たな援助の形を模索することが明らかにポストモダンの社会思想が応援する一つの形である以上は、制度に規定された援助活動によって侵害されることのない被援助者を育てることが援助実践をより良いものにしていくという構図はひとまずあっているように思います。

ただし、本書が問いとして立てた援助論教育の今日的位置づけを、ソーシャルワーク教育のあり方、もっと言うなら社会福祉士や精神保健福祉士といった国家資格教育のあり方にまで落とし込んで考えようとしたときに、どこまで何が言えたのかには心もとないものがあると言わざるをえません。したがって次には私が担当している相談援助演習等の組み立てにおいて改変すべき事項のリストアップと教育の方法論を、具体的にシラバス及び一回一回の授業計画と方法レベルに落とし込み、教員仲間と共有する作業が必要になると考えています。そのためには、前述の「手におえない感」を招いた文学理論の探求を継続しなければなりません。また、演劇的手法の導入に関しては、演劇のみならぬアートの世界が社会福祉援助活動と呼応することの意義について、さらに丁寧な説明を積み重ねなければならないでしょう。アートの世界は「価値の増殖」（一三ページ参照）に資するという意味で大きな力を持っています。終章に登場した障害者支援施設スタジオクーカの施設長関根氏の言葉「福祉は究極のアート、アートは究極の福祉」という言葉を大切にしたいと思います。

5　最後の謝辞

アートつながりで言うと、本書の表紙絵は私が個人的にファンであるところの画家小方ゆりさんの油絵を使わせていただきました。次の作品です。

「Staccato」　2012　22.0 × 27.3cm　油彩、パネル、綿布

小方さんは、武蔵野美術大学大学院造形研究科修士課程美術専攻の油絵コースを修了したばかりの新進気鋭の作家（画家、イラストレーター）です。絵を描くとともに、ジャズサークルや有志で組んだアンサンブルなど多方面で活動されています。縁あって彼女の展示におもむいた折にほれ込んで購入した絵を表紙に使わせていただくことをご快諾くださいました。記してお礼申し上げます。

生活書院の髙橋淳さんは、最初にやり取りをしてから実に三年も経ったにもかかわらず、突然送りつけた原稿を短い時間で本に仕上げることに向け、最大限のサポートをして下さいました。有難うございます。

そして最後に、いつも私を全面的に受け止め支えてくれる夫、小山茂に心からお礼を言います。ありがとう。

小山聡子

二〇一四年三月

◉本書のテキストデータを提供いたします

本書をご購入いただいた方のうち、視覚障害、肢体不自由などの理由で書字へのアクセスが困難な方に本書のテキストデータを提供いたします。希望される方は、以下の方法にしたがってお申し込みください。

◎データの提供形式：CD-R、フロッピーディスク、メールによるファイル添付（メールアドレスをお知らせください）

◎データの提供形式・お名前・ご住所を明記した用紙、返信用封筒、下の引換券（コピー不可）および200円切手（メールによるファイル添付をご希望の場合不要）を同封のうえ弊社までお送りください。

◉本書内容の複製は点訳・音訳データなど視覚障害の方のための利用に限り認めます。内容の改変や流用、転載、その他営利を目的とした利用はお断りします。

◎あて先：
〒160-0008
東京都新宿区三栄町17-2 木原ビル303
生活書院編集部　テキストデータ係

【引換券】

援助論教育と物語

著者紹介

小山聡子（おやま　さとこ）

ミシガン州立大学教育学部大学院リハビリテーションカウンセリング学科修了（MA）
日本女子大学大学院文学研究科社会福祉学専攻博士課程後期満期退学
現在日本女子大学人間社会学部社会福祉学科准教授

主な著書・論文に、
「患者（家族）の方針決定過程の倫理的ジレンマ解決における『SW アセスメント』の役割と方法——事例を通して」国立身体障害者リハビリテーションセンター研究紀要 24 号、2003 年
「ソーシャルワーカーの語りを通して分析する対応困難事例——より良いスーパービジョン体制の確立に向けて」国立身体障害者リハビリテーションセンター研究紀要 27 号、2006 年
『対論社会福祉学 4　ソーシャルワークの思想』中央法規、2012 年（共著）

援助論教育と物語
——対人援助の「仕方」から「され方」へ

発　行——二〇一四年三月三一日　初版第一刷発行
著　者——小山　聡子
発行者——髙橋　淳
発行所——株式会社　生活書院
〒一六〇—〇〇〇八
東京都新宿区三栄町一七—二　木原ビル三〇三
ＴＥＬ　〇三—三二二六—一二〇三
ＦＡＸ　〇三—三二二六—一二〇四
振替　〇〇一七〇—〇—六四九七六六
http://www.seikatsushoin.com

印刷・製本——株式会社シナノ
カバー装画——小方ゆり

Printed in Japan

ISBN 978-4-86500-023-8
定価はカバーに表示してあります。
乱丁・落丁本はお取り替えいたします。